亚洲文明研究丛书

近代中国的生丝贸易与世界市场

顾国达 著

ZHEJIANG UNIVERSITY PRESS
浙江大学出版社
·杭州·

图书在版编目（CIP）数据

近代中国的生丝贸易与世界市场 / 顾国达著. — 杭
州：浙江大学出版社，2022.11
ISBN 978-7-308-22767-4

Ⅰ.①近… Ⅱ.①顾… Ⅲ.①蚕丝－出口贸易－贸易
史－中国－近代 Ⅳ.①F752.658.1

中国版本图书馆CIP数据核字(2022)第110125号

近代中国的生丝贸易与世界市场

顾国达　著

策划编辑	宋旭华	
责任编辑	周挺启	
责任校对	蔡　帆	
封面设计	周　灵	
出版发行	浙江大学出版社	
	（杭州市天目山路148号　　邮政编码　310007）	
	（网址：http://www.zjupress.com）	
排　　版	杭州林智广告有限公司	
印　　刷	浙江省邮电印刷股份有限公司	
开　　本	710mm×1000mm　1/16	
印　　张	18	
字　　数	315千	
版 印 次	2022年11月第1版　2022年11月第1次印刷	
书　　号	ISBN 987-7-308-22767-4	
定　　价	88.00元	

版权所有　翻印必究　　印装差错　负责调换

浙江大学出版社市场运营中心联系方式：0571-88925591；http://zjdxcbs.tmall.com

《亚洲文明研究丛书》序言

　　当今世界正经历百年未有之大变局，这增加了全球的不稳定性和不确定性，更突显了文明交流互鉴对于人类增进互信、迈向未来的意义与价值。亚洲是人类文明的重要发祥地。从农耕文明、草原游牧文明的产生，到陆上丝绸之路和海上丝绸之路的开辟，在数千年的历史进程中，亚洲人民创造了辉煌的成果，为世界文明发展史书写了浓墨重彩的篇章：中华文明、印度文明、波斯文明、两河文明等名闻遐迩的远古文明均起源于亚洲；印度教、佛教、犹太教、基督教、伊斯兰教等世界上有重大影响的宗教几乎都发源于亚洲。各种文明在亚洲这片土地上孕育生长、交相辉映，既是人类文明多样性交流互鉴的生动写照，也是构建亚洲命运共同体、人类命运共同体的重要人文基础。

　　2019年5月15日，国家主席习近平在首届"亚洲文明对话大会"开幕式上做了《深化文明交流互鉴 共建亚洲命运共同体》的主旨演讲。习主席强调："国际形势的不稳定性不确定性更加突出，人类面临的全球性挑战更加严峻，需要世界各国齐心协力、共同应对。"他提出四点主张：坚持相互尊重、平等相待，坚持美人之美、美美与共，坚持开放包容、互学互鉴，坚持与时俱进、创新发展。这些重要论述为推动亚洲文明的交流互鉴指明了发展方向。

　　高水平大学是文明研究和人文交流的重要力量。近年来，浙江大学积极对接国家战略需要，面向亚洲未来社会发展的重大挑战，聚焦国际学术前沿，建设性地提出以亚洲文明研究为基点，推动"亚洲文明学科会聚研究计划"。自2020年6月计划启动以来，学校积极整合多学科力量，围绕"亚洲文明的特质以及人类文明多样性"等方面的课题，深入探讨亚洲文明的重大理论构建和现实挑战问题；并于2021年1月正式成立亚洲文明研究院，进一步支撑上述计划的具体落实。

　　《亚洲文明研究丛书》是亚洲文明研究院推出的系列学术成果之一。该丛书秉承"亚洲文明学科会聚研究计划"宗旨，力图从亚洲文明研究的多元化视角出发，在思想观念、历史文化、语言文字、社会发展、民族宗教等问题上开拓新领域、提出新理论，为构建"新亚洲文明观"作一些新的探索。以下两个方面是我们重点考虑的。

一是转变观念与视角。从"欧洲文明"到"西方文明"，从"东方文明"到"亚洲文明"，历史的发展与演变推动着文明概念的形成与变化。19世纪以来，作为现代世界体系和西方启蒙思想的产物，文明观念承载了传播西方中心主义的功能。在西方主流学者的论述中，可以清晰地看到他们基于自己的价值标准，对不同文明进行价值判断甚至批评，以此衬托自身文明的优越性和先进性。进入20世纪以后，中国等古老文明的核心区在现代化进程中取得了巨大成就，引起了西方世界的焦虑，"文明冲突论""历史终结论"风靡一时。为探寻亚洲文明和谐发展、和平共处的密码，需要跳脱以西方外来眼光审视亚洲、审视中国的"旁观者"视角，建构基于亚洲自身发展与现实的"当事人"视角。

二是转变思路与方法。亚洲地域广袤，民族众多，国家林立，境域变迁频繁，仅以地缘政治视角书写文明交流史，难以展现各种文明的生成机理、交流轨迹、发展脉络。因此，这一研究需要突破国别的界限，突出比较文明基础上的大视野考察，从宏观层面长时段剖析亚洲文明，探讨亚洲文明从异质多样性到命运共同体的历史轨迹。同时，突破片面强调文明单向传播的观念，重视各种文明发展过程中的相互影响，从思想根源方面肯定文明多元的价值和交流互鉴的意义，进而定义文明所具有的动态、包容、融合、持续、开放的特征，突出各个文明都有其自身特质的主张。

丛书在编写过程中得到了校内外多位专家的关心和指导，并得到学校发展规划处、社会科学院、出版社等单位的支持和帮助，在此我们表示诚挚的谢意！

丛书编委会

2022 年 2 月

序　一

　　栽桑养蚕、缫丝织绸是我们祖先的伟大发明，蚕丝绸业在我国已有5500多年的悠久历史。至迟在3000多年前，丝绸作为我国传统的特色商品就已经出口朝鲜和日本。公元前119年张骞第二次出使西域，开拓陆上"丝绸之路"后，欧亚地区的蚕丝文明交流得到加强，丝绸出口国外的数量和频度不断增加，丝绸成为我国对外经贸交流的重要载体与功勋商品。第一次工业革命后，欧洲丝绸业的发展对蚕丝需求的增加，生丝在丝绸类出口商品中的重要性显著提高，鸦片战争以后，生丝成为我国丝绸类出口商品的主力，在近代百余年的我国对外贸易中，生丝和茶叶并驾齐驱成为我国出口创汇的最重要商品，具有十分重要的经济地位。时至今日，中国不仅是世界最大的茧丝绸生产国和贸易国，而且丝绸之路闻名遐迩，成为我国对外社会、经济、贸易、文化交流的不可忽视的重要名片。现今世界蚕丝业正处于提质转型、创新发展的关键时期，所以系统深入研究生丝与丝绸的贸易发展与市场结构，不仅具有重要的学术价值，也具有重要的现实意义。

　　顾国达教授的专著《近代中国的生丝贸易与世界市场》，是以其在日本就读期间的博士学位论文为基础，增加了其后长期从事蚕业经济研究所发表的大量研究成果，特别是以丰富的数据资料为依据，致力于定量比较研究与学术交叉创新而完成的重要学术成果，全书由十四章和16个附表组成。通读全文，我认为该专著是最为系统的收集整理了国内外蚕丝绸业资料与生丝贸易历史数据，其工作量巨大，特别难得的是注重史料与统计数据考证。分析有据，观点鲜明，文字简洁，具有重要的学术价值，尤其是数据系统翔实，可以作为重要的参考和依据。其主要的创新与观点有：

　　1. 在国内外首次推算了1870—1939年间世界生丝市场历年贸易量。1929年为近代世界生丝市场贸易量创纪录年，该年世界生丝贸易量达到52714.2吨；1870—1939年的70年中世界生丝市场的贸易总量为1619069吨，其中美国、法国和英国进口量所占的比例分别为50.5%、21.4%和5.0%；日本、中国和意大利出口量所占的比例分别为47.7%、27.5%和11.9%。实证分析了主要生丝进出口国在近代世界生丝贸易中的地位变化，提出并论证了近代世界生丝市场是"寡头垄断"市场，近代世界生丝市场主要进口消费国为美国、法国和英国；其主要出口国为日本、中国和意大利；近代世界生丝市场的国际竞争是 19 世纪 80 年代以后中日两国在美国和法国市场上所展开。

2. 定量明确了近代我国出口生丝的产地来源。1868—1911 年的 44 年间我国共出口生丝 241092 吨，其中产于辽宁、山东和河南的柞蚕丝占 1/6；产于四川、湖北、湖南、河南和山东的黄色桑蚕丝约占 1/10；产于广东和广西的白色桑蚕丝约占 1/4；产于浙江和江苏的白色桑蚕丝约占 2/5。1912—1949 年的 38 年间我国生丝出口总量为 218937.5 吨，其中出产于辽宁、山东、河南的柞蚕丝占生丝出口总量的 16.2%；出产于四川、湖北、湖南、河南和山东等地的黄色桑蚕丝占 15.2%；出产于广东、广西的白色桑蚕丝占 27.8%；出产于浙江、江苏和安徽的白色桑蚕丝占 40.8%。

3. 通过对近代我国生丝出口量变化的引发原因进行的综合分析，指出清末期（1868—1911 年）影响我国生丝出口量变化的主要原因，可归纳为六个方面：①美国、法国等生丝进口消费国的经济景气变化；②战争等国际政治经济条件的变化；③生丝贸易过程中投机交易的发生及金融混乱；④洪涝灾害及蚕病流行等蚕茧产量的增减变化；⑤主要生丝供求国的产业与贸易政策及外汇政策的变化；⑥以机械缫丝的发展为代表的蚕丝技术进步差异所表现出的生丝出口竞争力的变化。民国期（1912—1949 年）影响我国生丝出口变化的主要原因，可归纳为五个方面：①人造丝对消费市场的蚕食，②服饰流行变化和经济周期性波动引起的世界生丝市场需求及消费结构的变化；③蚕丝出口国之间蚕丝技术发展的差异，④外汇市场汇率的变化及相关政策的不同而引起的生丝出口竞争力的变化；⑤世界大战及国内战乱。

4. 丝绸（生丝）和茶叶一样是近代中国最重要的出口商品，在对外贸易中具有十分重要的地位。1868—1911 年间的丝绸出口总额为 20.12 亿海关两，其中生丝出口总额为 15.09 亿海关两，分别占全国商品出口总额的 33.5% 和 25.1%；1912—1932 年间的丝绸出口总额为 28.43 亿海关两，其中生丝出口总额为 21.01 亿海关两，分别占全国商品出口总额的 20.5% 和 15.1%。1887 年以后丝绸（生丝）取代茶叶成为我国最重要的出口商品，自 1842—1941 年的 100 年间，丝绸（生丝）出口额位居第一的年份达到 50 年。

5. 在 19 世纪 60 年代末以前，中国生丝在美国市场上处于优势地位。19 世纪 70 年代后美国动力丝织机普及对高品质机械生丝需求的增加，明治维新后日本政府对生丝出口的奖励政策，政府主导下的以机械缫丝工业发展为代表的蚕丝技术进步和生丝贸易以美国为中心的市场选择与培育，使中国生丝在美国生丝市场上逐渐处于劣势。中国生丝在美国市场上的优势地位被日本取代是在 1883 年。

6. 法国是中国生丝传统的主要出口市场，在 1865—1933 年的 69 年间，中国生丝在法国市场的占有率远高于日本和意大利，具有优势地位。1934 年以后至第二次世界大战暴发前，日本生丝在法国市场的占有率远高于中国和意大利，具有优势地位，其背景是在日本政府的政策性补助下，采取低价倾销库存生丝策略所获得的。

7. 日本蚕丝业的快速发展可归结于日本政府把蚕丝业作为经济发展的主导产业进行积极扶持。日本生丝出口竞争力的提高始于 19 世纪 70 年代中期，取消桑树在耕地上栽培的限制，通过官办示范性的机械缫丝厂和实行"士族授产"运动，推动了日本机械缫丝厂的快速发展；"生丝制造取缔法"和"蚕丝业法"等相关系列法规的颁布，生丝出口商权回收的成功，生丝出口税的取消，生丝出口金融体系的建设，和官民一体对新兴的美国生丝市场的拓展，蚕丝科教的发展及其在人才培育与科学研究上的卓有成效，进一步强化了日本蚕丝业的竞争优势，从而提高了日本生丝出口竞争力，1909 年取代中国成为世界最大的生丝出口国。

8. 近代中国的生丝贸易与日本比较处于相对停滞，出口竞争力逐年弱化的状态，这是由中日两国在：①稳定的社会政治经济环境和强有力的政府领导方面的差距，②近代机械缫丝业发展过程中"自生自灭"与"民营官助"的差距，③政策引导、法规建设与财政支持方面的差距，④蚕丝科教与技术普及方面的差距，⑤生丝"间接出口"与"外贸直营"方面的差距，⑥蚕种和茧丝流通秩序管理方面的差距，⑦生丝市场选择和开拓方面的差距所造成的。

我相信，本书乃蚕业经济领域十分重要的专著，价值重大，不但对于从事蚕丝绸业经济管理和丝绸贸易的领导和同行具有重要的参考价值，而且对于产业经济和国际贸易的学者也有借鉴意义。忻读之余，乐以为序。

中国工程院院士　中国蚕学会第六、七届理事长

向仲怀

2022 年 7 月 16 日

序 二

　　中国是世界丝绸的发祥地，丝绸生产在我国已有 5000 年以上的悠久历史，栽桑养蚕、缫丝织绸是我们祖先对世界产业文明作出的具有历史里程碑意义的重大贡献。考古史料证实，早在张骞出使西域，开拓陆上"丝绸之路"之前的公元前 5 世纪，丝绸作为我国传统特色的"高科技"商品就已经流通至德国，长期以来以丝绸贸易为主要交流载体的"丝绸之路"举世闻名，为东西方文明的交流和商品交换作出了巨大的贡献，影响十分深远。可以说丝绸是我国历史最久、影响最大的贸易商品，丝绸贸易在促进我国对外贸易发展与文明交流方面具有十分重要且难以替代的重要地位。

　　时至近代，随着第一次工业革命的发展，丝绸业和生丝贸易在国家经济增长与国际地位获取方面的作用不断显现，成为英国、法国、意大利、美国、日本和我国竞相发展的重要产业，生丝成为上述国家间最重要的贸易商品之一。顾国达教授的专著《近代中国的生丝贸易与世界市场》，就是以生丝贸易为中心，研究近代上述国家蚕丝绸产业发展与生丝国际市场贸易的颇有特色和深度的力作。

　　该书以系统翔实的历史数据为依据，在简要分析介绍近代中国蚕丝业发展、中国生丝出口的"二港制"与流通路径的基础上，实证分析了开港期（1842—1867 年）、清末期（1868—1911 年）和民国期（1912—1949 年）我国生丝出口贸易的市场和生丝出口量波动的原因，并定量分析了出口生丝的产地来源，明确了以生丝为主体的丝绸类商品在我国近代对外贸易中的经济地位。在国内外首度推算了近代世界生丝市场的历年贸易量，定量揭示了近代世界生丝市场中主要国家的地位变化，分析了近代美国、法国丝绸业的发展及其生丝市场的国际竞争对我国生丝出口的影响，总结了近代中日两国在蚕丝业和生丝贸易发展上所存在的差距及对当代外向型出口创汇主导产业培育的启示。本研究所持的观点和得出的结论既具学术价值，也具现实指导意义。

该书的出版，既是东西方产业与贸易文明研究的一大成果，也是蚕桑丝绸界和经济贸易史界的一大盛事。有感于此，特记为序。

中国工程院院士、浙江理工大学校长

2022 年 8 月 31 日

目　录

第一章 导 论

我国是世界蚕丝业的发源地，蚕丝业在我国已有 5500 多年的悠久历史。我国也是进行丝绸贸易最早的国家，约 3500 多年前的殷墟甲骨文和殷周青铜器钟鼎文，以及《诗经》《史记》和《汉书》等古籍中就有丝绸贸易的记载。丝绸作为我国传统的特色商品早在张骞出使西域，开拓陆上"丝绸之路"之前，就已经出口周边国家。随着我国蚕丝业的发展，丝绸生产量的增加和国际交往的频繁化，丝绸出口国外的数量和频度不断增加。第一次工业革命后，欧洲丝绸业的发展和近邻日本对蚕丝需求的增加，生丝在丝绸类出口商品中的重要性显著提高，鸦片战争以后，生丝成为我国丝绸类出口商品的主力，在近代百余年的我国对外贸易中，生丝和茶叶一起成为我国出口创汇最重要的商品，丝绸贸易在我国对外贸易和经济交流上具有十分重要的地位。清末期（1868—1911 年）我国的丝绸出口总额高达 201185.7 万海关两，占全国商品出口总额的 33.5%。进入民国期后，丝绸在对外贸易中的地位有所下降，1912—1932 年的 21 年间丝绸出口总额为 284277.9 万海关两，占全国商品出口总额的 20.5%。丝绸出口额占全国商品出口总额中的高比例和历年出口金额的巨大，充分反映了丝绸贸易在我国近代对外贸易及在国民经济发展中的地位和作用。

1877 年德国地理学家李希霍芬（Ferdinand Von Richthofen，1833—1905）在其著作《中国》中，把起自中国的西安（长安），远达意大利的罗马等地区的以丝绸贸易为特色的贸易商路，称为"丝绸之路"，这个观点得到世人的认同。以丝绸贸易为主要交流载体的"丝绸之路"，为东西方文明的交流和商品交换作出了巨大的贡献，影响十分深远，"丝绸之路"举世闻名。进入 20 世纪后，有关"丝绸之路"的研究十分活跃，尤其是第二次世界大战以来，"丝绸之路"的研究进入了兴盛期，但研究的主流是"丝绸之路"的地理走向，以及经济文化的交流对各国社会经济发展的影响。相对于"丝绸之路"研究所取得的丰硕成果而言，对于在我国对外贸易史和经济史等方面具有十分重要历史地位的丝绸贸易史领域，虽有一定的研究成果发表，但现有的研究成果还不够系统。由于有关丝绸贸易的历史记载非常零散，且资料积累十分有限，更由于年代越是久远，有关丝绸贸易的资料留存越少，加上长期以来我国一直比较重视重大历史政治事件和历史人物等的研究，而对在国民经济发展过程中具有重大影响的产业经济史和商品贸易史的研究未能引起足够的重视等原因，至今，国内尚未有系统的丝绸贸易史专著的出版。

在我国近代丝绸贸易史研究领域，已有的代表性成果有：国外，美国的李明珠（Li, Lillian M.）在 1981 年哈佛大学出版的博士学位论文 China's Silk Trade: Traditional Industry in the Modern World 1842—1937 的第三章中，简要论述了我国近代生丝出口贸易与蚕丝业发展的关系。罗伯特（Robert Y. Eng）在 1986 年加利福尼亚州立大学出版的博士学位论文 Economic Imperialism in China, Silk Production and Exports 1861—1932 中，研究了近代我国生丝出口贸易及蚕丝业发展对蚕丝产地社会经济的冲击。日本的秦惟人（はた これひと，1981）分析了开港期湖州地区蚕丝业发展与生丝出口的关系。铃木智夫（すずき ともお，1986）分析了开港后近 40 年间上海生丝出口量的变化、出口生丝的交易方式及江浙土丝出口优势的丧失过程。曾田三郎（そだ さぶろう，1984，1994）研究了近代江浙机械缫丝业的发展，1895—1918 年上海白厂丝的出口市场和第一次世界大战前后我国出口生丝的交易方式。大野彰（おおの あきら，1984，1985，1990）对 20 世纪初美国的纽约生丝市场和 20 世纪 20 年代前期的法国里昂生丝市场的进口贸易结构和生丝价格变化进行了研究。意大利的范德利库（G. Federico，1997）从经济史的角度对近代（1830—1930 年）世界各国丝绸业的发展与丝绸消费市场进行了概要分析。

国内，上海社会科学院的张仲礼（1960）定量分析了 1834—1867 年我国生丝出口量的变化及在出口贸易中的经济地位。中国社会科学院经济史研究所的张国辉（1989）实证研究了甲午战争后 40 年间我国生丝出口量变化与机械缫丝业发展，及中日生丝贸易竞争与我国生丝出口市场变化的关系。上海社会科学院的徐新吾等（1990）深入分析了我国近代生丝出口贸易与机械缫丝业发展的关系。中国丝绸协会的王庄穆等（1995）研究了民国时期我国生丝出口量、出口价格及出口市场的变化。王翔（1995）就日本生丝的"外贸直营"与我国生丝的"间接外贸"对近代中日生丝出口贸易，进而对中日丝绸业近代化的影响进行了精要的分析。

现有的研究成果主要利用了我国的海关统计，我国蚕丝业和经济贸易史的相关文献资料及日本对我国蚕丝业的相关调查报告。研究成果主要集中在对近代我国生丝出口与蚕丝业发展的关系，生丝出口贸易和蚕丝业发展对社会经济的影响，生丝出口量和出口市场变化等方面，对中日生丝出口贸易也进行过阶段性的简要比较研究。而对我国生丝在世界生丝市场上的地位，主要生丝出口国蚕丝业发展，蚕丝技术的进步和主要生丝进口国蚕丝绸业的发展对生丝需求的变化与中国生丝出口的关系、以及生丝市场的国际竞争与我国生丝出口发展的关系等方面缺乏系统深入的研究。在借鉴和利用日本、美国、法国和意大利等国蚕丝绸业经济贸易史的资料与研究成果方面存在着明显的欠缺。但是，既往的研究成果为本书的研究奠定了基础。

本书采用定量研究和实证分析相结合的方法；在学习借鉴国内外相关研究成果，充分发掘与运用我国，以及日本、意大利、美国、法国和英国等国的蚕丝绸业与丝绸贸易史料，生产与贸易的历史统计，推算近代世界生丝市场历年贸易量的基础上，实证分析近代我国生丝出口的贸易结构、结构变化，生丝出口在我国对外贸易、世界生丝市场及主要进口市场中的地位；定量研究近代美国、法国等生丝消费国丝绸业发展所带来的生丝需求量的变化，以及各主要生丝进口市场的国际竞争对我国生丝出口的影响。将近代中国生丝对外贸易问题，与我国养蚕业、制丝业及社会经济发展的相互关系，与主要生丝进出口国蚕丝绸业发展，与世界生丝市场的竞争结合起来进行系统深入的研究，在研究过程中，尽可能利用源于主要丝绸进出口国的统计数据；对于欠缺个别年份的数据或因出处不同产生若干差异的数据，则通过对大量数据资料进行年份顺序的整理比对，在对数据的可信度进行确认的基础上，通过均值推算等方式，对个别年份丝绸贸易量和贸易额进行必要的再整理，以形成系统的相对统一的年份序列丝绸贸易统计。

在经济史的研究中，绝大多数论著采用的是未经换算的原来数量单位。但对于大多数非历史学者的读者来讲，如采用过去的数量单位，难以形成明确的数量概念，更难与当代的现状进行比较，因此其现实指导意义就要大打折扣。为此，本书对于近代生丝贸易量和贸易额注意了数据的可信度和可比性，并尽可能换算成现代的公制单位。

我国于 1928 年 7 月 18 日公布了《中华民国权度标准法》，把国际上通用的公制作为我国的权度标准。至 1929 年 2 月 16 日《度量衡法》正式颁布，正式采用国际通用的公制以前，我国采用了历史上沿用的度量衡，在不同地区和不同行业，其度量衡的标准不同。本研究中大量运用的蚕丝绸贸易统计的出处是《海关年报》和《海关十年报告》等资料中的海关统计数据，其重量单位的担是海关担。

根据 1858 年签订的《清英通商章程》第 4 条的规定，中国的 1 担为 100 斤，相当于英国的 133.3 英磅。而 1 英磅等于 0.45359 公斤，因此 1 担就相当于 60.48 公斤，国内许多文献中把 1 担换算成 60.48 公斤，概源于此。可是，根据 1858 年签订的《清法通商章程》第 4 条的规定，中国的 1 担相当于法国的 60.453 公斤，也就是 1 担可以作为 60.453 公斤进行换算。那么，1 担是换算成 60.48 公斤还是换算成 60.453 公斤，有必要从国际公制的起源进行考虑。众所周知，国际公制起源于法国，1875 年在法国巴黎召开的《万国度量衡会议》决定把法国的度量衡作为国际通用的公制。既然 1858 年签订的《清法通商章程》第 4 条的规定，中国的 1 担相当于法国的 60.453 公斤，且法国是国际公制的起源国，因此，我认为 1 担换算成 60.453 公斤更有道理。

在研究报告中，对于金额由于各种货币因汇率关系难以统一成为英镑或美元，就使用原来的单位。对数量单位则尽量换算成公制。换算式为：

1 担（piculs，100 斤）＝ 60.453 公斤；

1 包（bale，80 斤）＝ 1 捆 ＝ 48.36 公斤；

1 市担 ＝ 50.0 公斤；

1 公担 ＝ 2 市担 ＝ 100.0 公斤。

此外，1 日本担 ＝ 60.0 公斤；1 贯 ＝ 3.75 公斤；1 英磅（pound，lb）＝ 0.45359 公斤；蚕茧 1 石 ＝ 31.3 公斤。

全书共由十四章构成。第一章：导论，简要介绍了丝绸贸易研究的意义和现状，本课题研究所采用的方法和研究报告的结构。第二章：简要介绍了我国蚕丝业的起源和传播，不同历史时期我国蚕丝业和丝绸贸易的发展简史。第三章：简要介绍了我国近代蚕丝业的发展历程，蚕丝业的产地分布和蚕丝业技术基本的概况。第四章：论述了我国近代出口生丝流通结构，分析了生丝出口税和生丝出口商权的旁落对生丝出口贸易的影响，并简要分析了蚕茧和生丝的流通路径及 20 世纪 20—30 年代我国出口生丝的等级划分。第五章至第七章：实证分析了开港期（1842—1967 年）、清末期（1868—1911 年）和民国期（1912—1949 年）我国生丝出口贸易的市场和生丝出口量波动的原因，并定量分析了出口生丝的产地来源。第八章：定量研究了丝绸在我国近代对外贸易中的经济地位，明确了以生丝为主体的丝绸类商品的历年出口额，及其在我国近代经济发展过程中的作用。第九章：定量研究了我国近代生丝出口贸易在世界生丝市场中的地位，以主要生丝进出口国在世界生丝市场上的相对地位变化。第十章：实证分析了美国丝绸业的发展与中美生丝贸易的关系，并就中日两国在美国生丝市场的竞争进行了简要的分析。第十一章：实证分析了法国蚕丝绸业的发展与中法生丝贸易的关系，并就中日两国在法国生丝市场的竞争进行了简要的分析。第十二章：简要分析了近代日本蚕丝业的发展，考察了丝绸在日本对外贸易中的经济地位，从而明确了蚕丝业在近代日本经济发展中的重要性，实证分析了近代日本生丝出口市场的变化，并比较了近代中日两国的生丝出口贸易，明确了我国生丝出口相对停滞的特点。第十三章：采用固定市场比例分析法（Constant Market Share Analysis，简称 CMS），对我国生丝出口竞争力的变化进行了定量分析，并简要考察了引起我国生丝出口竞争力变化的原因与背景。第十四章：总结了近代中国生丝出口贸易败于日本竞争的原因，以及具有现实指导意义的启示。

第二章　中国蚕丝业与丝绸贸易发展简史

栽桑养蚕、缫丝织绸是我们祖先的伟大发明。我国是世界茧丝绸业的发祥国，茧丝绸产业在我国有 5500 年以上的悠久历史。随着社会分工的细化，栽桑养蚕、缫丝织绸技术的进步，丝绸生产量的增加，丝绸作为我国特产品早在张骞开拓"丝绸之路"之前，就已出口国外。本章梳理了散落在各处的相关历史史实，简要介绍我国各历史时期蚕丝业和丝绸贸易发展概况，以期对近代中国生丝对外贸易的历史背景有简明的了解。

第一节　蚕丝业和丝绸贸易的起源

一、中国是世界蚕丝业的发源地

我国是世界蚕丝业的发源地，栽桑养蚕、缫丝织绸是我们先祖的伟大发明，这已成为各国大多数学者的共识。茧丝与麻葛一样被先人发现并作为织物原料，并有目的地开展栽桑养蚕、缫丝织绸的生产活动，是伴随着我国原始农业的发展而逐渐形成的。那么，蚕桑丝织是如何为先人所发现的？最早的起源地在何处？起源时间的下限距今有多少年？对于上述疑问，至今已有许多成果问世，但由于讨论对象在时代久远的史前期，以往多依据先秦以来有关史书的记载和民间口说传承的神话传说，众说纷纭。20 世纪初，随着甲骨卜辞的发现和辨识，考古学兴起和文物佐证材料的增加，蚕丝业起源的缘起才逐渐明朗，但对于我国蚕丝业的起源地和起源时间的下限，尚未有较统一的认识。笔者认为可从文物考古、古文献记述和神话传说三个方面，来探讨我国蚕丝业起源的时间下限和起源地。

（一）文物考古

1. 殷墟的蚕茧

1926 年，清华大学的李济博士在山西夏县西阴村仰韶文化遗址中发现了半个人工割裂的茧壳。李济博士报道："我们最有趣的一个发现是一个半割的，丝似的，半个茧壳。用显微镜考察，这茧壳腐坏了一半，但是仍旧发光，那割的部分是极平直的。清华学校生物学教授刘崇乐先生替我看过好几次，他说：他虽不敢断定这就是蚕茧，然而也没有找出什么必不是蚕茧的证据。与那西阴村现在所养的蚕茧比较，它比那最小的还要小一点。这茧埋藏的位置差不多在坑的底下；它不会是后来的侵入，因为那一方的土色没有受扰的痕记，也不会是野蚕偶尔吐的，因为它是经过人功（工）的割裂。"[1] 据说该蚕茧 1928 年经美国 Smithsonian Institute 鉴定，确认是蚕茧[2]。

1968 年，日本京都工艺纤维大学教授布目顺郎（ぬのめ じゅんろう）根据从台北故宫博物院拍摄的照片，对茧壳的大小进行了复原与测定，得知蚕茧长 1.52 厘米，茧幅 0.71 厘米，茧壳割去部分占全茧的 17%。经与各种昆虫茧子大小的比较，幅长值与桑蟥茧相似，茧形也与 1890 年帕里丝（E. Pariset）在其著作 Les Industries de la Soie 中所描绘的桑蟥茧相似，于是认为该茧可能是桑蟥茧。切割该茧的原因，推测一为取蛹食用，一为茧壳作纺织原料[3]。而夏鼐认为："这个发现是很靠不住的，大概是后世混入的东西。"[4]

1982 年，浙江省农科院研究员蒋猷龙通过野桑蚕茧的采集和考察，以及桑蟥茧呈疏松的交织状，一面平贴叶面，没有致密的茧层，也无严格的茧形特征，认为 E. Pariset 所描绘的桑蟥茧极不正确，而布目顺郎仅根据茧的大小和参照 E. Pariset 的非典型的桑蟥茧来确定殷墟出土的茧壳为非桑蚕茧壳是不妥当的，认为殷墟出土的茧是桑蚕茧[5]。

笔者认为如果仅因为出土的蚕茧个体小，而否定它为桑蚕茧则论据不充分。因为，茧丝纤度的粗细与蚕的体形和蚕茧大小密切相关。上海纺织科学研究院曾对 1973 年在湖南长沙马王堆一号墓出土的距今 2100 多年前的丝织物绒圈锦的丝纤维进行过测定，得知单根茧丝纤度仅 0.78—0.96 旦尼尔[6]，它比近代多化性蚕种的最细茧丝纤度 1.02 旦尼尔还细，仅为一般二化性蚕种的茧丝纤度的 1/3[7]。由此可见，2000 多年前的蚕茧是很小的。那么，从年代远早于马王堆的殷墟中出土的蚕茧其个体很小是可以理解的。

① 李济，《西阴村史前的遗存》，《清华学校研究院丛书（第三种）》，1927 年，第 22 页。

② 布目顺郎，《养蚕起源与古代丝绸》，东京：雄山阁，1979 年，第 164 页。

③ 布目顺郎，《关于山西省西阴村出土的仰韶期茧壳》，《日本蚕丝学杂志》，1968 年第 3 期，第 191 页。

④ 夏鼐，《我国古代蚕、桑、丝、绸的历史》，《考古》，1972 年第 2 期，第 13 页。

⑤ 蒋猷龙，《西阴村半个茧壳的剖析》，《蚕业科学》，1982 年第 1 期，第 40 页。

⑥ 上海纺织科学研究院、上海丝绸工业公司文物整理组，《长沙马王堆 1 号汉墓出土的绒圈锦》，《考古学报》，1974 年第 1 期，第 176 页。

⑦ 蒋猷龙，《数千年来我国桑蚕在家养下的演变》，《昆虫学报》，1977 年第 3 期，第 346 页。

另外，日本的外山龟太郎（そとやま かめたろう）博士也曾经对日本民间保存的各种蚕茧标本的外观形质进行过测量，结果如表 2-1 所示。从表中数据可见，日本从宝历至安政的百余年间，蚕茧的茧长增加了 6.7 毫米，茧幅增加了 3.5 毫米，说明桑蚕在家养的过程中，经人为选择留种，蚕茧个体会逐渐增大。这从一个侧面说明我们不能因为从殷墟中出土的蚕茧个体远小于现代的蚕茧，与桑螟茧相近，而否定其为蚕茧。

表 2-1 日本历史上蚕茧外观形质的变化

年代		蚕茧长（毫米）	茧幅（毫米）	茧丝量（克）
宝历年间	（1751—1771）	25.6	13.5	0.132
安永年间	（1772—1780）	25.7	15.1	0.137
天明年间	（1781—1788）	27.8	13.6	0.160
宽政年间	（1789—1800）	27.5	13.6	0.150
享和年间	（1801—1803）	28.7	14.2	0.149
文化年间	（1804—1817）	29.1	14.3	0.184
文政年间	（1818—1829）	28.4	14.3	0.215
天保年间	（1830—1843）	30.3	15.0	0.195
弘化年间	（1844—1847）	31.6	15.4	0.240
嘉永年间	（1848—1853）	32.5	15.9	0.283
安政年间	（1854—1859）	32.3	17.0	0.257

资料来源：大日本蚕丝会，《日本蚕丝业史（第 3 卷）》，东京：明文堂，1926 年，第 265—266 页。

至于推测该茧壳是后世混入的也没有充分的证据。因为，李济博士在报告中已特别强调："它不会是后来的侵入，因为那一方的土色没有受扰的痕记。"[1] 由于殷墟考古发掘时当时民间饲养所能得到的蚕茧个体已远远大于出土的蚕茧，结合李济博士的说明，只能认为该蚕茧应是殷墟遗址的文物，而不是后世混入的东西。

西阴村仰韶文化遗址属庙底沟类型，年代为公元前 4000—前 3600 年[2]。从殷墟遗址中出土"经人工割裂的"蚕茧，说明早在距今 5600 年前，我们的祖先已经知道利用蚕茧，虽然其最终用途现在还不得而知。

2. 钱山漾的丝线和丝绸残片

1958 年 3 月在浙江省吴兴县（现湖州市吴兴区）钱山漾新石器时代良渚文化遗址的第二次发掘时，出土了丝线、丝带和平纹绸片。发掘报告记

---

[1] 李济，《西阴村史前的遗存》，《清华学校研究院丛书（第三种）》，1927 年，第 22 页。

[2] 中国大百科全书考古学编辑委员会，《中国大百科全书：考古学卷》，北京：中国大百科全书出版社，1986 年，第 596 页。

载：钱山漾遗址"第二次发掘时，在探坑 22 出土不少丝麻织品……丝织品有绢片、丝带、丝线等，大部分都保存在一个竹筐内……这些丝麻织品除一小片绢片外，全部炭化，但仍保有一定韧性，手指触及尚不致断裂"[①]。该丝织物经浙江省纺织研究所和用放射性同位素碳 14 测定和树轮年代校正，其年代分别为 B.C.3310±135 年，B.C.3035±130 年。说明早在距今 5300 年以前的长江中下游地区不仅已有栽桑养蚕，而且还有先进的丝织技术。

1983 年在河南省荥阳城东青台村的仰韶文化遗址中，在 142 号、164 号的瓮棺中，发现有炭化的丝织物，这些丝织物是用来包裹儿童尸体的。经上海纺织科学研究所检验，分析其丝向情况，还能看出为蚕丝类纤维，但由于炭化严重，无法做切片分析丝纤维的完全度。该遗址属仰韶文化秦王寨类型，为公元前 3600—前 3000 年[②]。

1978 年 12 月在福建省崇安武夷山莲花峰白崖船棺中出土了丝质衣服。丝织物呈烟色，经纬密度为 32×19 根 / 平方厘米，经丝投影宽为 0.4 毫米，纬丝投影宽为 0.45 毫米，一号棺经碳 14 测定距今 3840±90 年，二号棺为距今 3445±150 年，相当于历史上的夏商代之间[③]。

3. 南杨庄的陶蚕蛹

1980 年在河北省正定县南杨庄仰韶文化遗址（距今年代为 5400±70）中发掘出两件陶蚕蛹。1988 年郭郛对此陶蚕蛹进行了鉴定："陶蚕蛹外观黄灰色，长 2 厘米，宽高均为 0.8 厘米，这件标本基本上是长椭圆形。"陶蚕蛹身上有横线 9 条。认为"中国桑蚕起源时间当在公元前 3500 年前，中国桑蚕的起源地区当在黄河中下游，中国的劳动人民在 5500 年前在黄河中下游地区已开始桑蚕家化的创造性工作"[④]。

在这以前 1953 年河南省安阳大司空村的殷代墓葬中发掘出玉蚕，该玉蚕扁圆长条形，白色，长 3.15 厘米，共有 7 节。1960 年在山西省芮城西王村的仰韶文化遗址中也发掘出一件蛹形陶饰，长 1.5 厘米，宽高均为 0.6 厘米，蛹身上有横线 5 条。而年代较晚的玉蚕和陶蚕等装饰品出土更多。此外，1963 年江苏省吴县梅堰新石器时代遗址中出土的黑陶上绘有蚕

[①] 浙江文物管理委员会，《吴兴钱山漾遗址第一、二次发掘报告》，《考古学报》，1960 年第 2 期，第 86 页。

[②] 中国大百科全书考古学编辑委员会，《中国大百科全书：考古学卷》，北京：中国大百科全书出版社，1986 年，第 596 页。

[③] 林向，《中国悬棺葬学术讨论会纪要》，《文物》，1981 年第 8 期，第 25 页。

[④] 郭郛，《从河北省正定南杨庄出土的陶蚕蛹试论我国桑蚕的起源问题》，《农业考古》，1988 年第 1 期，第 302—309 页。

纹。大量的蚕形装饰品和绘有蚕纹的陶器的出土，说明古代劳动人民对蚕的崇拜，养蚕已成为当时社会经济生活的重要组成部分。

4. 河姆渡的"蚕纹"骨盅

1977 年在浙江省余姚河姆渡遗址的第二次发掘中在遗址的第 3、第 4 层（公元前 5000—公元前 4000）出土了木卷布棍、骨机刀、木经轴和牙雕小盅等文物。结合 1973 年第一次发掘中出土的陶纺轮、骨针、管状针和织网器等纺织用具，说明当时的河姆渡人已经有较原始的纺织工具。出土的"牙雕小盅（？）。标本 T244 ③：71。平面呈椭圆形，制作精细。中空呈长方形，圜底。口沿处钻有对称的两个小圆孔，孔壁有清晰可见的罗纹。外壁雕刻编织纹和蚕纹的图案一圈。外口径 4.8；高 2.4 厘米"①。河姆渡遗址出土的原始纺织工具，及出土的牙雕小盅上"编织纹"和"蚕纹"组成一个图像，说明当时已经有一定的纺织水平的河姆渡人已经认识到蚕与纺织相互的依赖关系。

5. 三星堆的"蚕身"金虎形饰

在 1986 年四川省广汉市三星堆遗址出土的文物中有金虎形饰，该形饰兼具虎与蚕的特征，其虎身为弯曲的蚕体。同遗址出土的青铜龙虎尊上用浮雕方法塑造的虎首也长着蚕身，也兼具虎与蚕的特征。此外，从三星堆遗址出土的青铜造像群所表现的华丽衣裳和多种材料样式的服装，可推知当时的"三星堆古城里应有不少专门的纺织缝纫手工作坊……统治阶层穿用的衣裳服装可能以丝绸为主"②。结合 1965 年成都市百花潭中学十号墓出土的一件战国时代的铜壶上嵌错有 15 人的采桑图。以及《太平广记》卷 479 引《原化传拾遗》的："蚕女旧迹，今在广汉"记载，和后述的古蜀国长期流传着"蚕马"和蚕女马头娘的神话传说，可以说明以三星堆遗址为中心的三江平原的蚕丝业也具有十分悠久的历史，也是蚕丝业的发源地之一。

（二）古文献记述

1. 甲骨文

在河南省安阳殷墟出土的甲骨文中有"蚕、桑、丝、帛"等像形文字和以"丝"为偏傍的文字。除这些文字外，甲骨文中还发现与蚕桑有关的卜辞。其中有一片武丁时（公元前 1250—公元前 1192）的卜辞其完整的一句为："戊子卜，乎省于蚕。九。"胡厚宣认为这一组卜辞至少有九版，当时为省察蚕事，占卜至少有九次之多。说明"蚕桑之业在当时必已为非

---

① 河姆渡遗址考古队，《浙江河姆渡遗址第二期主要收获》，《文物》，1980 年第 5 期，第 7 页。

② 黄剑华，《三星堆震惊天下的东方文明》，成都：四川人民出版社，2002 年，第 110 页。

常重要之一种生产"。

祖庚、祖甲时（公元前 1191 年后）还有许多祭蚕神的卜辞。有一片卜辞的内容为："□□□，大，□□□十宰，□五宰，蚕示三宰，八月。"这里的"大"解释为人名，"蚕示"是指蚕神，为一牡羊一牝羊的合称。另一片卜辞的内容为："贞元示五牛，蚕示三牛，十三月。"这里的"元示"解释为殷人的祖先上甲[①]。这些卜辞的内容充分说明在殷代，劳动人民为求蚕桑生产的丰收，把蚕神与其他神灵及祖先共祭，在祭蚕神时供奉三对羊或三头牛，可见典礼十分隆重。

2. 古文献

夏代（约公元前 21 世纪—公元前 17 世纪）的历书《夏小正》中记载有："三月……妾子始蚕，执养宫事。"说明在夏代已有专人采伐桑叶养蚕。

《礼记·月令》中记载有："季春之月……后妃斋戒，亲东向躬桑。禁妇女毋观，省妇使以劝蚕事。""孟夏之月……蚕事毕，后妃献茧。"说明在周代已十分重视蚕业生产，在养蚕季节为使妇女专心养蚕，要求妇女放弃其他的杂事。养蚕结束后，为感谢蚕茧丰收，后妃献茧以谢上天。

还有《礼记·祭义》中记载有："及大昕之朝……奉种浴于川，桑于公桑，风戾以食之。岁既殚矣，世妇卒蚕，奉茧以示于君。""天子诸侯皆有公桑蚕室近川而为之。"《尚书·禹贡》中有："桑土既蚕。"《诗经·豳风·七月》中有"女执懿筐，遵彼微行，爰求柔桑"等多数与蚕桑生产有关的记载。我国古籍中如此丰富的有关蚕丝业生产和起源方面的记载，说明了蚕丝业历史的悠久及其在经济社会生活中的重要性。

（三）神话传说

1. 嫘祖

《史记·五帝本纪》中记载有：黄帝"时播百谷草木，淳化鸟兽虫蛾"。《皇图要览》记载有："伏羲化蚕，西陵氏养蚕。"北宋刘恕的《通鉴外纪》中记载有："太昊伏羲氏化蚕桑为繐帛。"宋末元初金履祥的《御批资治通鉴纲目前编》记载有："西陵氏女嫘祖为黄帝元妃，始教民育蚕，治丝茧以供衣服，而天下无皴瘃之患，后世祀为先蚕。"把栽桑养蚕缫丝织绸的发明归功于黄帝或其元妃嫘祖，这与秦汉以来儒教所宣扬的华族正统论和神权至上的封建思想有关。

2. 蚕女马头娘

古代蜀地曾长期流传着"蚕马"和蚕女马头娘的传说。如《山海经·海

---

① 胡厚宣，《殷代的蚕桑和丝织》，《文物》，1972 年第 11 期，第 2—7 页。

外北经》记载:"欧丝之野在大踵东,一女子跪据树欧丝。"《蜀图经》中记载:"祖传高辛氏时,蜀有蚕女,父为人所掠,唯所乘马在。其母誓曰:有得父者,以其女嫁之。马闻言振风而去,越数日,父乘马归。自此马嘶鸣,不肯饮食,父射杀之,曝皮于庭。皮蹶然而起,卷女去。旬日,皮栖于桑,女化为蚕,为蚕之始。"同样的故事在(晋)干宝《搜神记》卷14也有记载:"马皮蹙然而起,卷女以行。……后经数日,得于大树枝间,女及马皮尽化为蚕,而绩于树上。其茧纶理厚大,异于常蚕。邻妇取而养之,其收数倍。因名其树曰桑。桑者,丧也。由斯百姓竞种之,今世所养是也。言桑蚕者,是古蚕之余类也。"另外《风俗通》《太平广记》等书中也有类似的神话记载。后人把蚕神称为"马头娘"可能与上述传说有关。但从生物进化的角度看,蚕不可能由马皮包裹蚕女而变成的,现代科学已经证明桑蚕是由野桑蚕进化而来的。

3. 青衣神

古代蜀地还有祭祀青衣神的传统,据记载青衣神便是教人养蚕的蚕丛氏。蚕丛是古蜀历史上一个重要的时代,古蜀王国的建立就是从蚕丛开始的。《说文》解释"蜀"字,就是"葵(桑)中蚕"的意思。由于栽桑养蚕使蜀族兴旺,于是蚕就成为古蜀人敬奉的图腾,并以"桑中蚕"之意的蜀字作为氏族名。至今四川省的蚕农仍有祭祀青衣神,以求蚕丝业丰收的习俗。

我国民间与蚕丝业起源有关的多数神话传说的存在,也从另一个侧面说明了蚕丝业在我国历史的悠久。

早在1837年博士韦(Camille Beauvais)为著名汉学家儒莲(Stanislas Julien)的《有关养蚕业的汉文文献》所写的导论中指出:"无论养蚕学家们或学者们对本作品的看法如何,我认为它将永远是汉人在养蚕具体实践方面,比任何民族都要高明的铁证,也是他们所取得的惊人成绩的见证。"[①]法国蚕丝业史学者艾利特(Ernest Pariset)早在其1862年和1865年分上下部出版的著作 *Histoire de la Soie* 中,就从历史学及天然蚕桑的分布等角度对蚕丝业的起源进行分析研究,逐一否认蚕丝业在与中国有着同样悠久文明历史的埃及、印度、古希腊等国起源的可能性,得出中国是世界蚕丝业起源地的结论。20世纪以来我国丰富的文物考古成果,与历史文献记录及神话传说相互印证,进一步证实我国是世界蚕丝业的发祥地,栽桑养

---

① (法)布尔努瓦著,耿昇译,《丝绸之路——西方发现中国丛书》,济南:山东画报出版社,2001年,第148页。

蚕、缫丝织绸是我们先祖的伟大发明，是对人类文明的伟大贡献。

从 1926 年山西夏县西阴村仰韶文化遗址中蚕茧的发现，到 1983 年河南省荥阳城东青台村的仰韶文化遗址中丝织物的出土，1980 年河北省正定县南杨庄仰韶文化遗址中两件陶蚕蛹的发掘，以及河南省安阳殷墟出土的甲骨文中有"蚕、桑、丝、帛"等象形文字和甲骨文中还发现的蚕桑有关的卜辞，充分说明黄河中下游地区是蚕丝业的发源地之一。而从 1958 年浙江省湖州钱山漾新石器时代遗址出土的丝线、丝带和平纹绸片，1960 年江苏省吴县梅堰遗址出土的绘有"蚕纹"的黑陶，1977 年浙江省余姚河姆渡遗址出土的木卷布棍、骨机刀、木经轴和有"编织纹"与"蚕纹"的牙雕小盅，以及 1978 年福建省崇安武夷山莲花峰白崖船棺中出土的商代丝质绢料衣服等考古发现，说明长江中下游地区也是蚕丝业的发源地之一。不仅如此，近年来对四川省广汉市三星堆遗址中"蚕身"金虎形饰等文物的出土，以及成都平原长期流传"蚕女马头娘"的神话传说和祭祀"青衣神"的习俗，可以说明以三星堆遗址为中心的成都三江平原也是蚕丝业的发源地之一。中华古代文明的起源是多源的，中国蚕丝业的起源也应该是多中心的，黄河中下游流域，长江中下游流域和四川盆地的三江流域都是蚕丝业的发源地之一。

从人类进化和认知科学的角度推测：我们的祖先对蚕丝利用的认识应该开始于采食桑葚或蚕蛹之后，他们在采食蚕蛹的过程中发现了茧丝可以纺丝的利用价值，又在用开水煮食蚕蛹时或其他偶然情况下发现开水可以煮茧缫丝……随着对蚕丝利用价值的认识，人们需要大量的蚕茧，由于野外采集蚕茧费时费力，开始在住处栽桑招养，在栽桑招养的过程中人们深化了对蚕生态的认识，又为了防止鸟兽为害和提高蚕茧产量开始把蚕引入室内，进而选种留养，完成驯化工作。因此，我们认为人类对蚕的驯化利用经历了：野外采集→栽桑饲养→室内饲养的过程。

虽然古代最早期的丝织物（可能还未发掘出来）所利用的蚕丝不一定就是家养的蚕丝，但是，河姆渡遗址中多数纺织用具和有"编织纹"与"蚕纹"的牙雕小盅的出土，以及殷墟中茧壳的出土，说明距今 6000 年以前我们的祖先已认识到蚕与纺织的关系，认识到蚕茧和茧丝的利用价值，推测当时已开始在室外栽桑饲养并驯化野蚕。

有消费需要才有生产的必要。虽然丝织技术的起源应该早于人工养蚕，但当丝织物有一定的生产量以及出现陶蚕蛹和玉蚕作为装饰品的时候，人们对蚕一定非常熟悉和崇拜，可以认为那时野蚕已开始被驯化并进入家养阶段。1958 年浙江钱山漾遗址中丝线、丝织物，1984 年河南青台村遗址中丝织物，以及 1980 年河北南杨庄遗址中陶蚕蛹的出土，说明距今 5500 年前后我们的祖先已掌握相当高超的丝织技术并已开始人工室内养蚕。因此，就目前出土文物的考证，可以认为蚕丝业起源时间在距今 5500 年以前。

二、丝绸贸易的起源

我国最早从事丝绸流通贸易的商业行为始于何时尚待考证，但至少在夏代（公元前 2070—公元前 1600）已经开始。《管子·轻重戊》记载："殷人之王，立帛牢，服牛马，以为民利，而天下化之。"这里所指的"殷人之王"即王亥。相传夏代王亥秉承父亲的意志，驾着牛车到河北有易部落去经商，在部落间用牛和丝绸做生意，起初很顺利，积累了大量财富，这些财富刺激了有易人的贪欲，于是他们杀死了王亥，并劫走了他的财富。《尚书·酒诰》也有殷人"肇牵车牛，远服贾用"的记载。

出土的西周孝王时期（公元前 891—公元前 886）的曶鼎的铭文中有："我既赎汝五夫，效父用匹马束丝。"说明在西周时，就有用蚕丝和马匹交换奴隶的事实，一匹马和一束丝可以交换五名奴隶。在成书于西周春秋战国时期的《诗经·卫风·氓》有"氓之蚩蚩，抱布贸丝，匪来贸丝，来即我谋"的记载。古代中国先民的服饰材料为麻布与丝绸，《诗经》中"抱布贸丝"的记载说明在当时已经盛行物物交换，存在着以麻布交换蚕丝的贸易事实。《礼记·月令》中记载："是月也，易关市，来商贾，纳货贿，以便民事。"说明在当时已经有定时举行的边市贸易——即商品的国（部落）际贸易，丝绸无疑是其中主要的贸易商品。

1993 年奥地利维也纳大学的卢贝克等学者在《自然》杂志上发表论文，就发现于埃及都比斯（Thebes, Deir el Medina）王室工匠墓地，年龄在 30—50 岁的属于古埃及第 21 王朝的木乃伊头发中发现的一些具有蚕丝特征的织物，进行了无损伤多向内部反射的红外线研究和氨基酸水解分析，其红外光谱和氨基酸水解谱系证明该纤维为蚕丝。并用木乃伊头发样品和蚕丝水解样品进行氨基酸外旋研究，以脯氨酸为标识物，通过 HPLC 法分离 L 和 D 形，比较了头发和蚕丝的脯氨酸外旋 D/L 的比例，排除了蚕丝织物被后来混入的可能性。此外，古埃及托勒密王朝的莫斯塔哥达（Mostageda），一件羊毛短袖束腰外衣的饰带使用了白色蚕丝在纬线。成书于公元 1 世纪中叶的《卢康》（*Lucan*）中，描写克娄巴特拉女王"华丽的白色胸衣采用西顿织物制作。这些织物系以丝国技艺制造，组织致密。尼罗河的绣工把这些织物分解，伸张织物，松疏经线"。还有一些染色的丝织物出土于昆斯托卢（Qustul），时期在公元 4 世纪。由此，说明在公元前 1000 年前后中国的蚕丝织物已经在埃及得到使用，推测这些蚕丝织物是经过波斯（今伊朗）而到达地中海地区。而且从公元 4 世纪起中国丝绸在埃及的使用逐渐普及起来了。

据美国《地理杂志》报道，西德考古学家在西德南部斯图加特的霍克杜夫村，发掘出公元前 500 年前的古墓，发现墓中主人骨骼上附有丝绸衣服的残片，经验证这些丝绸残片产于中国。1949 年苏联考古学者鲁金科在现俄罗斯的阿尔泰地区乌拉干流域发掘的公元前 5 世纪的巴泽雷克 3 号首领墓中，出土了中国刺绣和一经二纬的提花丝织品，其刺绣工艺与长沙出土的丝织品相似。另在阿尔泰北麓的巴泽雷克发现了公元前 5 世纪的古墓群，许多古墓中都有中国丝织物出土。

印度孔雀王朝月护大王的侍臣侨胝（Zhi）厘耶（Kautiliya）所著的《治国安邦术》（Arthasastra）中记载："侨奢耶（kauseyam）和产生在脂那（Cina）的成捆的丝。"据说，侨胝厘耶生于公元前 4 世纪。由此认为在公元前 4 世纪前中国蚕丝业已经传入印度。成书于公元前 8 世纪的《旧约全书·以赛亚书》中称中国人为"丝人"；公元前 400 年前后，希腊人在他们的著作中称中国为"赛里斯"。在希腊王亚历山大侵略印度时，随行的芮阿尔摩斯在印度见到中国的丝绸并把它作为战利品带回希腊。

另在朝鲜平壤市乐浪郡发掘的 1000 多座汉墓中，出土了大量汉代文物。其中有许多中国产的绢、绫、罗等丝织品，说明在汉朝时已经有许多丝绸流入朝鲜。

埃及、俄罗斯、德国、印度和朝鲜等国出土的中国古代的丝织品及有关文字记载说明我国丝绸很早以前已流出国外。从埃及木乃伊上发现公元前 1000 年的中国古代丝织品这个事实，结合国内历史文献中有关丝绸贸易的记载，我们可以得出这样的结论：中国丝绸的国际贸易已经有 3000 多年的历史，而丝绸的国内流通要远远早于国际贸易。

三、丝绸之路与蚕丝业的传播

（一）丝绸之路

1877 年德国地理学家李希霍芬在其著作《中国》中，把起自中国的西安（长安）远达意大利的罗马等地区的以丝绸贸易为特色的贸易商路，称为"丝绸之路"（seidentrassen）。1910 年德国历史学家阿尔伯特·赫尔曼接受"丝绸之路"的命题，把自己的专著定名为《中国和叙利亚之间的古代丝路》。1933 年 10 月瑞典人斯文·赫定受国民党铁道部委托，带领"铁道部西北公路查勘队"，从西安，经河西走廊，沿罗布泊北岸和孔雀河至库尔勒，最后北上乌鲁木齐，对"丝绸之路"进行历时 3 年的考察，并编著了《大马的逃亡》《丝绸之路》和《游移的湖》等三部探险著作。其中的《丝绸之路》于 1936 年出版了瑞典文版和德文版，1938 年出版英文版，1939 年出版日文版。此后，研究"丝绸之路"的学者不断增多，丝绸之路得到广泛的认同。

古代的"丝绸之路"全长 7000 多公里，起自长安（今西安）横贯欧亚大陆，途经中国、印度、希腊和罗马等四大文明古国，极大地促进了东西方经济与文化的交流，加强了各国和各族人民的友好往来。因此，"丝绸之路"被称为文明之路、进步之路和友谊之路。

汉武帝建元三年（公元前 138）张骞受命率领一百多人第一次出使西域，目的是联络大月氏夹击匈奴。当他们从陇西（今甘肃省临洮县南）出发在经过河西走廊时不幸被匈奴俘获，并被迫娶妻成家，在被匈奴扣留十年后，趁匈奴不备率随从逃脱，几经周折，张骞于公元前 129 年到达大月氏。但由于此时的大月氏已臣服大夏（今阿姆河上游一带），已无东来攻击匈奴之意。张骞在大月氏停留一年余，未完成使命，只好返回，于汉元朔三年（公元前 126）返回汉朝。

汉元狩四年（公元前 119），张骞受命再次率众出使西域。《汉书·张骞传》记载："拜（张）骞为中郎将，将三百人，马各二匹，牛羊以万数，赍金币帛直数千巨万。"张骞一行顺利抵达乌孙后受到乌孙王的欢迎，但未接受汉朝的建议出兵匈奴，于是张骞一边继续做乌孙王的工作，一边分遣副使前往大宛、康居、大月、大夏等国。乌孙王虽未答应出兵匈奴，但为表示对汉朝的友好，派遣使节数十人随张骞一起于汉元鼎二年（公元前 115）返回汉朝长安。自此，汉朝与西域及西方诸国建立起友好关系。随着匈奴势力的削弱，陆路的"丝绸之路"得以畅通，大大促进了中西经济文化的交流，揭开了中国对外贸易的新纪元。

虽然早在张骞出使西域前，中国的丝绸已经输出他国。但是，张骞在第二次出使西域时，有目的地携带大量丝绸，具有官方贸易的性质，在《汉书·张骞传》中有明确的文字记载；且因为张骞出使西域的成功，在建立中西方外交关系的同时，使中外经济贸易往来空前活跃。因此，可以将张骞在第二次出使西域的汉元狩四年（公元前 119）作为陆路"丝绸之路"的起始年。

"丝绸之路"依其经过的地理载体不同，可分为陆上"丝绸之路"和海上"丝绸 之路"。陆上丝绸之路依途径不同可分为：草原丝绸之路、沙漠丝绸之路和西南丝绸之路。

草原丝绸之路也称为"回纥道"。它由中国的长安（西安）出发往北过榆林受降城（包头）、哈尔和林（蒙古的车车尔格勒）、巴尔瑙尔（俄罗斯）、卡拉干达（哈萨克斯坦）直至里海一带。

沙漠丝绸之路也就是 1877 年李希特霍芬提出"丝绸之路"说所指的主要通道。沙漠丝绸之路分为三路：第一路由中国的长安（西安）出发经甘肃的兰州到达安西（武威）后一路向北经哈密、吉木萨尔（庭州）、昌吉、精河、托克马克（吉尔吉斯斯坦）、江布尔（哈萨克斯坦），在卡拉干达（哈萨克斯坦）附近与草原丝绸之路合道直至里海一带。

另一路由安西（武威）经河西走廊到达敦煌，北路出玉门关沿天山至吐鲁番（古车师国）、库车（古龟兹国）、阿克苏（古姑墨国）、喀什（古疏勒国）越葱岭（帕米尔）到大宛（今乌兹别克斯坦的费尔干纳）、康居（今撒马尔罕）、马里、达姆甘（今阿富汗）、德黑兰（今伊朗，古安息国）、巴格达（今伊拉克）、伊斯坦布尔（土耳其）直至罗马（今意大利，古大秦国）以西。

还有一路自敦煌南路出阳关，经楼兰、若羌、且末、于阗（今和田）、莎车、越葱岭（帕米尔）、瓦罕、喀布尔（今阿富汗）、赫拉特，在达姆甘与北路相合，经德黑兰、巴格达直至罗马（古大秦）以西。

西南丝绸之路，也称为"蜀身毒道"。由长安（西安）出发，向西南至成都、四川盆地，经过大理（云南）、达卡、有掸国（今缅甸）直至天竺（今印度）。

海上丝绸之路的开拓可能早于陆上丝绸之路。据《汉书·地理志》记载，早在周武王灭纣，建立周王朝（公元前 1046）时，周武王就封箕子于朝鲜，箕子自山东半岛一带泛海赴韩，带去丝绸蚕种等，将栽桑养蚕缫丝织绸技术传入朝鲜半岛。

海上丝绸之路依航线不同而有东海丝绸之路和南海丝绸之路。这是根据自中国起航的地点航线不同而区分的。随着时代的推移和新的海上航路的不断开通，至 17 世纪以后，欧洲至亚洲的航线上丝绸贸易更是十分繁忙，海上丝绸之路更是航线繁多。

东海丝绸之路，从中国东（黄）海区域起航，主要以朝鲜和日本为目的地。由于早期航海技术差，船舶小，一般是沿海岸航行，其返航的航向为难波（大阪）→博多（北九州）→壹岐、对马等岛→百济（韩国），越渤海→山东半岛绕成山角沿海岸航行至扬州。东海丝绸之路是我国向国外传播丝绸及蚕丝技术的最早航线。

南海丝绸之路，据《汉书·地理志》粤地条记载：汉武帝（公元前140—公元前87）我国海船携带大量丝绸和黄金从雷州半岛的徐闻、合浦起航，途经都元国（今马来半岛）、邑卢没国（今缅甸沿海）、谌离国（今缅甸沿海）、夫甘都卢国（今缅甸甘域附近）、黄支国（印度连志补罗附近，今康契普拉姆）到已程不国（今斯里兰卡）后返航。这是我国丝绸作为商品外传到上述国家的最早记录。公元2世纪中叶中国与罗马已有海路往来，南海丝绸之路已经开通，至三国东吴黄武五年（226）后，广州作为"南海丝绸之路"始发港的地位已经得到确立。

（二）蚕丝业的国际传播[①]

早期蚕丝业的传播主要由民间交往进行，后期不乏政府通过有组织有目的的活动来达到蚕丝业传播的目的。由于年代久远，目前要确认蚕丝业传播的确切时间十分困难。但是，我们可以根据文献记载和文物考古来确定大致时间。

1. 向东方传播

由于朝鲜邻接中国，在战乱移民过程中，最早传入我国蚕丝业技术的国家应该是朝鲜。据《汉书·地理志》记载："殷道衰，箕子去之朝鲜，教其民以礼义，田蚕织作。"据考证箕子赴朝时间在公元前1223年前后。公元前2—3世纪，秦始皇并吞六国后，齐、燕、赵等国人民为躲避苦役，不断泛海迁往朝鲜，更进一步地把蚕丝技术带入朝鲜。据杜佑《通典》记载："辰韩耆老自言：秦之亡人避苦役来适韩国，马韩割其东界地与之……知蚕桑作缣布。"因此，可以认为公元前13世纪前后蚕丝业已经传入朝鲜。

蚕业技术传至日本，有经从朝鲜间接传播和从中国沿海直接传播两条途径。日本《三代实录》记载："仲哀天皇即位四年（199）秦之功满王归化而献蚕种、珍宝。"一般认为公元前2—3世纪日本已有蚕丝业。

2. 向南方传播

印度孔雀王朝月护大王的侍臣侨胝厘耶（Kautiliya）所著的《治国安邦术》（Arthasastra）书中记载："侨奢耶（kauseyam）和产生在脂那（Cina）的成捆的丝。"据说，侨胝厘耶生于公元前4世纪。由此可以认为在公元前4世纪前中国蚕丝业已经传入印度。（晋）王嘉《拾遗记》记载：周成王"五年有因祇之国（Ienti，即印度），去王都九万里，献女工一人。……其人善织，以五色丝内于口中，手引而结之则成文锦"。说明当时印度已有相当

---

① 顾国达，《蚕业经济管理》，杭州：浙江大学出版社，2003年9月，第28—30页。

发达的丝织技术。

戴维森（J. Davidson）报道，越南在新石器时代晚期已有蚕业。黎嵩推论在雄王朝（公元前 700—公元 257）时越南已"专事农桑之业"。我国的《齐民要术》也记载："日南蚕八熟。"由此认为，我国的蚕丝业在公元前 10 世纪前后已传入越南，越南是继朝鲜之后从我国传入蚕丝业的国家。

公元 253 年前后，原住于中国南部傣族的一部分人开始移至中南半岛的中南部，以后建立了暹罗（今泰国）国。傣族在移民的过程中把中国蚕业技术带至泰国，因此认为泰国的蚕丝业已有 1700 余年的历史。

3. 向西方传播

唐代高僧玄奘的《大唐西域记》中有有关蚕丝业传入于阗（今新疆和田）的传说："昔者，此国未知桑蚕，闻东国有也，命使以求。时东国君秘而不赐，严敕关防，无令桑蚕种出也。瞿萨旦那王乃卑辞下礼，求婚东国。国君有怀远之志，遂允其请。瞿萨旦那命使送而戒曰：'尔致辞东国君女，我国素无丝绵，蚕桑种，可以持来自为裳服。'……既至关防，主者遍索，唯女王帽不敢以验，遂运入瞿萨旦那国。……以桑蚕种留于此地。"这里记载的是公元 4 世纪栽桑养蚕缫丝织绸技术传入新疆和田的事情。

随着公元前 2 世纪"丝绸之路"的开始，以丝绸贸易为目的的东西方经济文化交流的发展，蚕种及蚕丝技术在公元 3—4 世纪已经传至叙利亚、伊朗、土耳其、阿富汗、伊拉克及独联体的中亚及外高加索诸国。

公元 555 年蚕丝业传至希腊，公元 7 世纪传至阿拉伯及埃及，以后传至地中海沿岸诸国，公元 8 世纪传至西班牙，公元 9 世纪传至意大利的西西里岛；13 世纪 40 年代从邻国意大利传入法国，由于法国的自然条件适宜栽桑养蚕，加上法国国民对于丝绸的爱好，随着里昂等地丝绸业的发达和路易十一世（Louis XI，1461—1483）和亨利二世（Henri II，1547—1559）时奖励蚕丝绸业，至 16 世纪中期法国东南地区的蚕丝业有较快的发展。17 世纪初，英国国王詹姆士一世（James I）对法国的塞若斯（Serres）在 1600 年发表的蚕业论文所吸引，于是决定从意大利进口桑苗 1.4 万株，栽植于王室庭园内，致力于在英国推广发展蚕丝业，但由于各种原因未能成功。

公元 1522 年蚕丝业由西班牙传入墨西哥。在 1619 年英国召开的殖民会议（Colony Assemble）上，詹姆士一世决定把殖民地美国作为英国丝绸业的原料基地进行开发。1622 年詹姆士一世向代表英国管理殖民地开发的弗吉尼亚公司（Virginia Company）赠送桑苗和蚕种，并要求对蚕丝业进行推广奖励。因此，蚕丝业由英国传入美国是在公元 1622 年。

第二节　我国蚕丝业与丝绸贸易发展简史

一、先秦时期的蚕丝业与丝绸贸易

（一）夏代的蚕丝业

前文引述《夏小正》《礼记》《诗经》等文献，说明夏代我国已种桑养蚕。

战国时写成的《禹贡》，据说是关于夏禹时代赋税制度的记录，是我国最早的一部经济地理著作。这里说，禹分全国为九个州，各自都有特产以及用出产的珍贵产品作为赋税，其中提到蚕丝产区和丝织名产有六个州。

兖州："桑土既蚕，是降丘宅土……厥贡漆丝，厥篚织文。"

青州："岱畎丝枲……厥篚檿丝。"

徐州："厥篚玄纤缟。"

荆州："厥篚玄纁玑组。"

豫州："厥篚纤纩。"

扬州："厥篚织贝。"

从上可知，其一，当时蚕丝生产区偏于黄河、长江中下游流域，且以黄河下游流域的山东为最盛；兖州是当时蚕桑最发达的区域。其二，蚕丝的利用有制绵和织造，织物多种，染色技术亦已有一定水平。其三，柞蚕丝已开始被利用，一般认为檿丝就是现代的柞蚕丝。

1958 年在浙江省吴兴县（现湖州市吴兴区）钱山漾新石器时代良渚文化遗址的第二次发掘时，出土了丝线、丝带和平纹绸片，时间距今至少在 4700 多年以前，说明在夏代以前或夏代初期，属于夏代扬州地域的浙江已经具有先进蚕丝生产技术，也说明夏代的蚕丝区域已很广泛了。

（二）殷商时期的蚕丝业

公元前 1600 年左右，汤推翻夏王朝，建立了商朝。商都于亳（今河南商丘），共传 17 代 31 王（约在公元前 1600—公元前 1046）历经 554 年左右。公元前 1300 年盘庚迁都于殷（今河南安阳小屯村一带）为商后期又称殷代，故通称殷商。

相传殷商时代桑林遍野，郁郁葱葱，其宰相伊尹就出生在桑林之中；商代的第一个开国奴隶主汤为了求雨，曾在桑林祈祷。《管子·轻重戊》中也记载："殷人之王，立帛牢，服牛马以为民利，而天下化之。"在河南省安阳殷墟发掘出的甲骨文中有"蚕、桑、丝、帛"等象形文字和许多以"丝"为偏旁的文字。除这些文字外，甲骨文中还发现与不少有关蚕事的甲骨卜辞，如在武丁时（公元前 1250—公元前 1192）有专门遣人省察蚕事的卜辞，其中有一片卜辞完整的一句为："戊子卜，乎省于蚕。九。"说明当时为省察蚕事，占卜至少有九次之多。还有祭祀蚕神的卜辞，卜辞的内容表明在殷代，人民为求蚕业生产的丰收，把蚕神与其他神灵及祖先共祭，在祭蚕神时供奉三对羊或三头牛，典礼十分隆重（参见本章第 1 节）。

1950 年在安阳武宫殷墟发掘所得的三个铜戈上，上面都有绢帛的痕迹，有的裹有极细的绢纹。在其他发掘出土的青觯和青铜钺上，也都发现绢丝残片。1973 年在河北藁城台西村商代中期遗址中，发掘到铜觚上有 5 处丝织物痕迹，这些丝织物有平纹组织的纨，有平纹的纱类，有隐约的绞纱组织——两经绞罗，以及织物表面起绉栗状的縠。1979 年在福建崇安武夷山的老墓里，在距今 3200 年前的一具船棺内，也发现有殷商中期时的丝织物。

殷代已能按照职能区分氏族。甲骨文中常常出现宁氏，就是织造的氏族。又"王"字，像缠纬纱的样子，可能是指梭子。从出土的各种丝织物种类来看，殷代的织工技艺已达到一定的高度了。

汉人刘向在《说苑·反质》一书中引墨子对禽滑厘说："纣为鹿台糟丘，酒池肉林，宫墙文画，雕琢刻镂，锦绣被堂，金玉珍玮，妇女优倡，钟鼓管弦，流漫不禁，而天下愈竭，故卒身死国亡，为天下戮，非惟锦绣缔纻之用耶！"《后汉书·桓帝纪》注引《帝王纪》也说："纣多发美女以充倾宫之室，妇人衣绫纨者三百余人。"从宫廷的丝绸消费可见，在殷商时期我国已有了发达的蚕丝业。

（三）两周与春秋战国时期的蚕丝业

西周起自公元前 1046 年至公元前 771 年，春秋自公元前 770 年至公元前 476 年，公元 475 年至公元前 221 年为战国时期。

在中国古代史上，周是以擅长农业生产著称的部族。在周族祖先的传说中，始祖后稷被奉为农业的创始人。

西周、春秋的社会，以农业经济为重心。周王籍田的生产，主要是依靠庶人（农民）和从夷戎部落战争中俘虏来的奴隶（臣、妾、隶）的劳动。

在古籍《诗经》中有关桑树生长、养蚕和制丝的篇章很多，可见当时黄河中下游流域蚕丝业已相当发达。如《诗经·豳风·七月》有两章专叙蚕丝生产全过程的诗。《魏风·十亩之间》有"十亩之间兮，桑者闲闲兮，行与子还兮。十亩之外兮，桑者泄泄兮，行与子逝兮"。

此外，《孟子·梁惠王上》篇记载："五亩之宅，树之以桑，五十者可以衣帛矣。"《尽兴上》篇记载："五亩之宅，树墙下以桑，匹妇蚕之，则老者足以衣帛矣。……五十非帛不暖。"就是说普通百姓年龄过 50 岁可以着用绸服，这从一个侧面说明当时已经有相当量的蚕丝生产，不但可以满足王室贵族的需要，而且民间高龄者也可以享用了。

《史记》卷 68《商君列传》记载："僇力本业，耕织致粟帛多者复其身。"又《史记》卷 65《伍子胥列传》记载："楚平王以其边邑钟离与吴边邑卑梁氏俱蚕，两女子争桑相攻，乃大怒，至于两国举兵相伐。吴使公子光伐楚，拔其钟离、居巢而归。"钟离位于今安徽省凤阳县东北，卑梁位于今安徽省天长市西。楚平王（公元前 528—公元前 516）时代，因为采桑争端而引发楚吴两国战争，说明蚕丝业生产在当时已经十分重要。

《春秋左氏传》记载："楚侵及阳桥，孟孙请往赂之，以执斫、执针、织纴，皆百人。公衡为质，以请盟，楚人许平。"说的是鲁成公二年（公元前 589）楚国侵略鲁国至阳桥（今山东省泰安市）时，鲁国贵族孟孙建议鲁成公由他带领木工、裁缝工、丝织工计百人去贿赂楚国，以平息楚鲁两国战事。

当时，处在山东的齐国是全国蚕丝业最发达之地，这与齐桓公重用管仲为相，重视发展蚕丝业分不开的。《管子·牧民》篇记载："养桑麻，育六畜，则民富。"《立政》篇载："桑麻不植于野……国之贫也。"《八观》篇记载："壤地肥饶，则桑麻易植也……壤地虽肥，桑麻毋数。"另《管子·国蓄》篇记载："布帛贱则以币予衣，视物之轻重而御之以准，故贵贱可调，而君得其利。"说明当时已知道利用布帛的贵贱而定收购或销售，以调节市场物价。《管子·山权数》篇记载："民之通于蚕桑，使蚕不疾病者，皆置之黄金一斤，直食八石。"在当时能对于养蚕技术优秀者给予丰厚的奖励，是因为蚕业在国民经济中的重要。

1965 年成都市百花潭中学十号墓出土的一件战国时代的铜壶上嵌错有 15 人的采桑图。以及《太平广记》卷 479 引《原化传拾遗》的有关"蚕女旧迹，今在广汉"的记载，和后述的古蜀国长期流传着"蚕马"和蚕女马头娘的神话传说，祭祀青衣神的习俗。《事物纪原》引《山传拾遗》说："蚕丛都蜀，教民桑蚕。"

从以上这些史料可见在周代不少封国和地区（豳、郑、卫、邶、魏、齐、鲁、曹、宋、陈、楚、秦、蜀、晋、吴、越）已有了蚕业，并且生产出各种丝织品；其他一些封国和地区，仅在史料上记载有桑树生长繁茂。所有这些地区，相当于现在的山东、河南、山西、陕西、甘肃、四川、湖南、江西、安徽、江苏和浙江等省，从丝织品的产量和质量可知，当时在山东、河南和陕西，蚕业是很繁荣的。

在周代上层阶级对蚕丝生产十分重视，举行王亲耕后亲蚕的仪式，在各生产季节前亲自做示范。

《周礼·天官》"内宰"中记载："中春，诏后帅外内命妇，始蚕于北郊。"

《礼记·月令》中记载："季春之月……天子乃荐鞠衣于先帝……是月也，命野虞毋伐桑柘。鸣鸠拂其羽，戴胜降于桑。具曲、植、蓬、筐。后妃斋戒，亲东向躬桑。禁妇女毋观，省妇使以劝蚕事。蚕事既登，分茧称丝效功，以共郊庙之服，毋有敢惰。"

这里提到的曲、植、蓬、筐都是养蚕器物的形制。曲：芦苇编成的蚕箔，既可养蚕，又可上蔟。植：临时在室内竖立的直本，搭架放箔之用。蓬：铺在蚕箔上的粗席，供养小蚕之用。筐：浅而有缘的竹筐，底放粗席或芦箔，方形。

《礼记·祭义》中也有一段记载："古者天子诸侯，必有公桑蚕室，近川而为之，筑宫仞有三尺，棘墙而外闭之。及大昕之朝，君皮弁素积，卜三宫之夫人世妇之吉者，使入蚕于蚕室，奉种浴于川，桑于公桑，风戾以食之。岁既殚矣，世妇卒蚕，奉茧以示于君，遂献茧于夫人。夫人曰，此所以为君服与。遂副袆而受之。"

另《周礼·天官》中记载有：典妇功、典丝、典枲、内服司、缝人、染人；《周礼·地官》中记载有：掌染草等与蚕丝业相关的管理职责。说明在当时官营丝织手工作坊中已经有相当细致的分工，当时的政府已有一套管理蚕丝业的机构。

（四）先秦时期的丝绸贸易

相传早在夏代，殷人王亥驾着牛车在部落间用牛和丝绸做生意。《管子·轻重戊》记载："殷人之王，立帛牢，服牛马，以为民利，而天下化之"。其中的"立帛牢"，说明王亥通过设立丝绸的仓库，利用市场供求变化，进行低价收购高价卖出的贸易活动以获取商业利益。《尚书·酒诰》有殷人"肇牵车牛，远服贾用"的记载。

周孝王时代（公元前891—公元前886）的有名的器物——曶鼎上的铭文第二段上刻有"我既买汝五夫，效父用匹马束丝"之句，说明当时的一匹马加一束丝就可交换到五个奴隶。《诗经·卫风·氓》载："氓之蚩蚩，抱布贸丝，匪来贸丝，来即我谋。"《礼记·月令》中有"是月也，易关市，来商贾，纳货贿，以便民事"的记载。说明，在周代蚕丝业已经比较发达，丝绸贸易已经十分普遍，劳动人民之间已经有以丝为媒介的物物交换，统治阶级更有以丝来换奴隶的。而且，在当时已经有定时举行的边市贸易——即商品的国（部落）际贸易，丝绸无疑是其中主要的贸易商品。

二、秦汉时期的蚕丝业与丝绸贸易

（一）秦朝的蚕丝业

秦国向居关中，在秦孝公（公元前361—公元前338）之时，任用商鞅变法，发展农业生产，并且法令规定"僇力本业，耕织致粟帛多者复其身"。说明着对生产缯帛多的可以免除徭役，为秦代发展蚕业奠定了基础。

公元前246年秦王嬴政即位，是为秦始皇，至秦始皇二十六年（公元前221），结束了战国时代分裂割据的局面，建立起中国历史上第一个统一的封建国家。

《中国历代食货典·农桑部》第一卷中有"汉承秦制设大司农及少府"的记述。说明在秦朝已设立有"大司农"和"少府"等机构，开始对农业和蚕丝业生产进行管理。

秦代吕不韦等所著的《吕氏春秋·上农》篇中记载："后妃率九嫔于郊，桑于公田。是以春、秋、冬、夏皆有麻枲丝茧之功，以力妇教也。"

《史记·秦始皇本纪》载始皇二十八年（公元前219）琅琊台，在石刻曰："皇帝之功，勤劳本事，上农除末，黔首是富。"始皇三十二年（公元前215）巡游碣石，刻辞曰："黎庶无徭，天下咸抚。男乐其畴，女修其业，事各有序，惠彼诸乡，久并来田。"这是以蚕丝为内容之一的对秦始皇的颂语。

（二）汉朝的蚕丝业

汉高祖刘邦为了维护自己的统治地位，在施行减赋政策的同时，奖励农业生产，提倡食货并重，认为食货两者是"生命之本"。此时，重农派把蚕桑放到农业生产第二位，位于畜牧业之上，并以农桑为衣食之本。当时，各家各户"还庐树桑"，"女修蚕织"，栽桑，养蚕极为普遍，养蚕、缫丝、织绸已成为家庭妇女的主要手工业。当养蚕季节，政府也给蚕业生产者以一切方便，要求"蚕务之月，不闭四门"，以便于蚕农进出城门采桑养蚕。

蚕丝在两汉有着广泛的用途和较大的市场，并是城市手工业和农村家庭手工业经营的主要对象之一。因此，蚕桑生产在两汉的四百余年间全国各地纵深发展，主要产地集中在今天的山东、河南、陕西、四川等地，此外，河北、江苏、浙江、安徽也有所发展，且汉初发展到广东的海南岛，东汉时发展到甘肃和内蒙古。

山东的蚕桑，丝织业有着悠久的历史传统，在全国最有名，当时齐郡的临淄是全国丝织业的中心之一，《史记》卷 129《货殖列传》记载："齐鲁千亩桑麻。""宜桑麻，人民多文采布帛鱼盐。""其帛絮细布千钧，文采千匹。"《论衡·程材》记载："齐郡皆刺绣，恒女无不能。"当时山东出产的丝绸，远销西北各地，且为统治阶级服用丝绸的主要供应地。定陶（今山东定陶县）和亢父（今山东济宁市东南）的缣在东汉时已远销边陲。

河南在汉时，仍保持着蚕丝名产的传统，《盐铁论·本议》所载："充豫之漆、丝、绨、纻，养生送终之具也，待商而通，待工而成。"其蚕丝生产与山东并列，特别是陈留的襄邑"出文秀"，"俗织锦，钝妇无不巧"，丝织技艺竟达到家喻户晓的程度。襄邑的丝织品五色缤纷，极尽华丽的能事，一直到晋魏之时，都还保存着原来的风格。

四川的成都是西南的丝织中心，人们称蜀地"女工之业，复衣天下"，成都和德阳的汉墓都出土有"桑园"的画像砖，农村中在宅前宅后普遍栽桑，用以养蚕和缫丝，大地主则发展大面积的桑园。

汉中地区，在汉时当茨充任桂阳郡（今广东连州市）太守时，"教民种植桑拓麻纻之属，劝令养蚕织履"，人民受到很大的利益。在安徽省"建初八年（83）王景为卢江太守，教民种桑"。浙江的蚕业也有一定的规模，当时文学家王充在家乡上虞以"农桑为业"。

处在西汉京城长安四周的三辅，也是主要的蚕丝产区，以产白素有名。甘肃处在丝绸之路上，不但丝绸贸易的繁忙，也有丝绸的生产，《居延汉简释文》卷 2 有："正月禄帛一匹""四月禄帛一匹"等释文字样，禄帛即酒泉禄福县所产的丝织品。

我国南方，远至海南岛，汉初蚕业已成为农业的主要生产之一，当元封元年（公元前 110），汉武帝在这里设置儋耳、珠崖两郡时，当地人民已经"男子耕种禾稻、纻麻，女子桑蚕织绩"了。远在西南的云南，当时丝织品已很精美，《后汉书·西南夷传》记载："哀牢人……宜五谷蚕桑，知染采文绣，罽毲、帛叠、兰干细布，织成文章如绫锦。"

丝织业在汉朝社会经济中已占有重要的地位，据《汉书·王吉传》的记载，有的丝织作坊，"方今齐三服官作工各数千人，一岁费数巨万"。《汉书·张汤传》记载，张安世家，"夫人自纺绩，家童七百人，皆有手技作事，内治产业，累积纤微，是以能殖其货，富于大将军光"。

汉初，除在少府属下有"织室"外，在陈留郡襄邑县和齐郡临淄县两地设有服官。东西织室,为织作缯帛的场所,主要"织作文绣郊庙之服"。服官的任务是"春献冠帻纵为首服,纨素为冬服,轻绡为夏服",管理工徒织造冰纨、方空縠、吹絮纶等丝织品,并制作冠、幔及各种丝料衣服,专制襄龙文绣等礼服。

此外,还有主掖庭织作染练之署的暴室以及在上林苑设立的专供收藏蚕茧的茧馆。蚕室则是宫中养蚕的场所,也是宫中的后妃在每年养蚕前举行典礼的地方,一次饲养量达"千薄(箔)以上",这既是自周朝以来,古者天子诸侯必有公桑蚕室的遗制,但规模之大是空前的。

汉武帝元封元年(公元前 110)桑弘羊请令"民均输帛五百万匹"。当时绢一匹长 4 丈,宽 2 尺 2 寸,重 25 两,如按现代度量衡计算则一匹长 9.2 米,宽 51 厘米,重 403 克。则 500 万匹重达 2015 吨,如果按丝绸练减率 25% 计算需生丝 2687 吨,按鲜茧出丝率 8% 计算约需鲜茧 33588 吨。考虑到当时的人口、耕地面积和蚕业生产水平,足见当时蚕业之兴旺。

(三)秦汉时期的丝绸贸易

秦汉时期随着社会生产力的发展,丝绸生产量的增多,丝绸服饰开始向平民普及。如《春秋繁露·度制》篇所载:"古者……庶人衣缦。"当时庶民已开始着用没有纹样的称为"缦"的平绢丝绸织物。由于社会对丝绸需求的增加,也就促进了商业的发展,一些丝绸商人便从中牟取厚利。《后汉书·朱儁传》中记载:"(朱儁)少孤,母尝贩缯为业。……时同郡周规辟公府,当行,假郡库钱百万,以为冠帻费,而后仓卒督责,规家贫无以备,儁乃窃母缯帛,为规解封。"说明当时已经有专门贩卖丝绸的商人,且其所贩卖的丝绸数量巨大。《史记》卷 129《货殖列传》记载:"白圭,周人也。当魏文侯时,李克(悝之误)务尽地力,而白圭乐观时变,故人弃我取,人取我与。夫岁孰取谷,予之丝漆;茧出取帛絮,予之食。"说明白圭已经掌握了商业要领,根据市场行情的变化和收获时节的差异,进行稻谷与茧丝的买卖,以取得差价。

但当时丝绸的流通贸易不是主要依靠市场交易,更多的是通过赠与形式。《汉书》卷 24《食货志》记载,汉武帝(公元前 140—公元前 87)曾"北至朔方,东封泰山,巡海上,旁北边以归。所过赏赐用帛百余万匹"。另据《汉书》卷 51《贾山传》记载:"陛下即位,亲自勉以厚天下……出帛十万余匹以振贫民。"当时的皇帝为庆贺自己当朝即位,拿出十万余匹丝绸分给贫民以安抚民心。《后汉书·光武帝纪》载:"初,王莽乱后,货币杂用布、帛、金、粟。"说明汉朝王莽起义后的一段时期,丝绸作为实物货币在市场上与金一样进行流通。另有史实记载,徐福上书宣帝纳谏而获帛 10

匹的赏赐。大将军霍光戍边有功，宣帝封他为17000户，并赏赐金及杂缯3万匹及奴婢170人、马24匹等。杨雄向哀帝纳谏得帛50匹、金10斤的赏赐。

对国外有物物交换和赠与贸易二种形式。《史记》卷129《货殖列传》载："乌氏倮畜牧，及众，斥卖，求奇缯物，间献遗戎王。戎王什倍其偿，与之畜，畜至用谷量马牛。秦始皇帝令倮比封君，以时与列臣朝请。"这里的戎王是西北地区羌族的首领，乌氏在今甘肃泾州一带，缯物是用五彩丝线绣花的丝织物。由于乌氏倮从事丝马贸易有功，因此，得到秦始皇的封诰，可随时与大臣一起上朝。这说明中国丝绸与国外贸易，在秦始皇时得到进一步的发展。

为了睦邻友邦，丝绸通过赠与贸易流向国外。《汉书》卷94《匈奴传》中记载，汉孝文帝前6年（公元前174）报单于书中提到的馈赠礼物有："绣十匹，锦二十匹，赤绨、绿缯各四十匹。"汉朝赠与匈奴的丝绸种类与数量如表2-2所示，赠与匈奴的丝绸数量前汉较多。

表2-2 汉朝赠与匈奴的丝绸种类与数量

年代	丝绸的种类	数量
文帝前6年（公元前174年）	绣	10匹
	锦	30匹
	赤绨	40匹
	绿缯	40匹
宣帝甘露三年（公元前51年）	锦、绣、绮、縠、杂帛	8000匹
	絮	6000斤
宣帝黄龙元年（公元前49年）	锦、绣、绮、縠、杂帛	17000匹
	絮	14000斤
元帝竟宁元年（公元前33年）	锦、绣、绮、縠、杂帛	34000匹
	絮	28000斤
成帝河平4年（公元前25年）	锦、绣、绮、縠、杂帛	54000匹
	絮	48000斤
哀帝元寿2年（公元前1年）	锦、绣、绮、縠、杂帛	84000匹
	絮	78000斤
王莽始建国元年（公元9年）	杂缯	1000匹

资料来源：佐藤武敏，《中国古代绢织物史研究（上）》，日本东京：风间书房，第429页。

此外，丝绸还通过使者（商人）进行国际贸易。汉武帝时张骞奉命于汉武帝元狩4年（公元前119）第二次出使西域时携带"金币帛直数千巨万"。公元97年、公元120年掸国和公元159年、公元161年天竺国都遣使来我国进献。据《后汉书·西南夷传》载，永宁元年（120）掸国献"国珍宝"，又献"乐及幻人（即魔术师）"，我国回赠"金、银、彩缯各有差"。

因为丝绸唯独中国大量生产，华丽富贵，而且质地轻、体积小，便于携带。所以，汉初桑弘羊提出以丝绸作为国家战略物资的看法。《盐铁论·力耕》篇记载："善为国者，天下之下我高，天下之轻我重，以末易其本，以虚荡其实。……汝、汉之金，纤微之贡，所以诱外国而钓胡、羌之宝也。夫中国一端（二丈为端）之缦（无花纹的素帛），得匈奴累金之物，而损敌国之用。"

秦汉时期已有较频繁的对外丝绸贸易，尤其是汉代中国对外丝绸贸易已十分活跃，是"丝绸之路"的形成时期，对外丝绸贸易有北方、西方与西南方、海上三条途径。北方主要是赠与和边贸互市，赠与有定时与临时之分，定时是无偿赠与，临时赠与有时是有偿的，主要是为了睦邻友邦与加强统治。赠与前汉较多。西方与西南方主要是赠与贸易，派使者（商人）进行。海上曾达斯里兰卡。

三、隋唐时期的蚕丝业与丝绸贸易

（一）隋朝的蚕丝业

隋文帝在夺取了北周政权以后，首先就颁布了新令实行均田，"凡是军人，可悉属州县，垦田籍帐，一与民同"（《隋书·高祖本纪》）。受田的办法是："男女三岁已下为黄，十岁已下为小，十七已下为中，十八已上为丁。丁从课役，六十为老，乃免。……其丁男、中男永业露田，皆遵后齐之制。并课树以桑、榆及枣。其园宅率三田给一亩，奴婢则五口给一亩。"（《隋书·食货志》）对一般农民授予永业田和露田。按北齐的办法，即一个丁男受露田八十亩，妇人四十亩，另每丁又给永业田二十亩，所以一夫一妇之家共可受田一百四十亩。永业田为桑田或麻田，露田以外的田可以买卖。

农民所要负责的租、调、力役标准是："丁男一床，租粟三石。桑土调以绢绝，麻土以布绢。绝以匹，加绵三两。布以端，加麻三斤。单丁及仆隶各半之。"（《隋书·食货志》）这个赋役标准，较北齐、北周的"绢一匹，绵八两"有所减轻。这样的租调标准，并不是很高的，颇得农民的拥护，不少荒地得以垦辟，人民生活安定，对恢复和发展农业起到一定的作用，蚕丝业也有所发展。隋文帝开皇年间（581—600），"男子相助耕耘，妇人相从纺绩，大村或数百户，皆如一家之务"（《隋书·循吏列传·公孙景茂》)。隋炀帝即位（605）时，"户口益多，府库盈溢，乃除妇人及奴婢、部曲之课，男子以二十二成丁"（《隋书·食货志》)。当时蚕丝生产极为兴盛，河北的信都、清河、河间、博陵、恒山、赵郡、武安、襄国一带的农民，其俗"务在农桑"，长平，上党"人多重农桑"，山东的一带农民也"多务农桑"，梁部则更以绫绵闻名。江浙赣一带（扬部）"新安、永嘉、建安、遂安、鄱阳、九江、临川、庐陵、南康、宜春其俗颇同豫章"，而"豫章之俗颇同吴中……一年蚕四五熟，勤于纺绩"（《隋书·地理志》)。

河北向来为我国北方的丝织业中心地，前代北齐曾在定州设置紬绫局和染署，隋时相州（安阳县）所产绫文紬布非常精美。四川的蜀郡（今成都）"人多工巧，绫、锦、雕镂之妙，殆侔于上国"。江西的豫章郡（今南昌）"一年蚕四五熟，勤于纺织，亦有夜浣纱而旦成布者，欲呼为鸡鸣布"（《隋书·地理志》)。

隋炀帝凭借文帝积累的巨量财富，更是肆意挥霍，公元606年为了演戏给外宾和国内少数人观看，让三万歌女都穿上锦绣缯彩，搞得"两京缯锦，为之中虚"（《隋书·地理志》)。

隋炀帝时，在中央少府监中设立了管理丝织和染色的专门机构——司织署和司染署，此后废去，统一由少府监管理。

（二）唐朝的蚕丝业

隋末战乱之后，百姓离残，弊于兵甲，田亩荒废，馑饥频臻。唐高祖（618—626在位）在《申禁差种论》中说："新附之民，特蠲徭赋，欲其休息，更无烦扰，使获安静，自修产业。"使百姓获得休养生息的机会。在劝课农桑，招徕难民的号召下，武德七年（624）颁布了均田令，使一部分农民获得了土地，并为统治者收取赋税固定了来源。

均田的一般标准是丁男、中男以一顷，老男、笃疾、废疾以四十亩、寡妻妾以三十亩，若为户者，则减丁之半。凡田分为二等：一曰永业，二曰口分。丁之田二分永业，八分为口分。人无，永业田得由继承人接受，口分田归官另行分配。按照北朝以来的制度，永业田种桑或麻，解决衣的问题，口分田种粮食，解决吃的问题。

劳动民众经营了这些土地以后，负担的赋役"有四，一曰租，二曰调，三曰役，四曰杂徭。课户每丁租粟二石，其调随乡土所产绫绢绝各二丈（一作二匹），布加五分之一。输绫、绢、绝者绵三两，输布者麻三斤，皆书印焉。凡丁岁役二旬，无事则收其庸，每日三尺，有事而加役者，旬有五日免其调，三旬则租调俱免"（《旧唐书·职官志》)。由于唐朝可以交纳绢布等实物来代替力役，这叫做庸，所以通称唐朝的赋役办法为"租庸调法"。当时江南的办法是"杨州租、调以钱，岭南以米，安南以丝，益州以罗、紬、绫、绢供春彩"（《新唐书·食货志》），这种租庸调法，并按年成的好坏规定减免的办法，"凡水旱虫霜为灾害，则有分数。十分损四以上免租，损六以上免租调，损七以上课役俱免。若桑麻损尽者，各免调。若已役、已输者，听免其来年"。

唐朝以人口为收税的单位，对蚕丝来说，每个"丁"（21 岁以上至 59 岁）负担的税额是：

调：蚕区所产绫、绢各二丈，外加丝绵三两。

庸：每年劳役 20 天，不劳役时，统治者收取代价每天绢三尺，共六丈。但也可以因国家多事要延长劳役时间，如超过 15 天，则免收调绢。

在唐天宝年间（742—755），统治阶级的收入统计，每年"课丁八百二十余万，其庸调租等约出丝绵郡县计三百七十余万丁，庸调输绢约七百四十余万匹（每丁计两匹，按此均将力役交绢布计算），绵则百八十五余万屯（六两为屯）……大凡都计租庸调，每岁钱粟、绢、绵、布得五千二百二十余万端、匹、屯、贯、石"，绢绵在国家财政总收入中占六分之一强。

唐朝的蚕丝产地，据天宝十二载（753）记载"自安远门西尽唐境万二千里，间阎相望，桑麻墅野"，似乎西北的蚕桑也较可观了，又把桑和蚕种传播到新疆，从近代发掘到新疆的地下文物证明新疆在唐朝生产蚕丝已有一定比重。《唐六典》《元和郡县志》和《新唐书·地理志》等各书记载的内容虽有所出入，但从唐代各地贡献丝织品的情况可窥见当时有蚕丝业生产的约有一百多州郡，几乎遍及全国的十道，西部的陕西、甘肃和黄河以东的山西，只有个别的州郡略有蚕桑生产（表 2-3）。《唐六典》将全国各地产的绢分为八等，一等为宋、亳，二等为郑、汴、曹、怀。这里一等绢和二等绢的产地均属河南道，其余各等分属河南和河北两道，虽也间有其他地区的州郡，但为数不多。从唐代各地贡丝织品的州府数可见，河南和河北两道即今之河南省和华北大平原一带蚕业最为发达，而现代蚕业最盛的江浙和安徽（南部）一带当时属江南道，在《唐六典》只记有"厥赋麻纻"，而没有提到丝织品；《元和郡县志》中苏州吴郡在唐开元时也无贡赋丝织品的记载。可见黄河中下游的河南和河北两道，实为唐代蚕业的中心。

表2-3 唐代蚕丝业的产地分布

道别	今疆域范围	所辖州数	《唐六典》	贡丝织品州府数《元和郡县志》	贡丝织品州府数《新唐书·地理志》
关内	陕西秦岭以北、甘肃东境，内蒙古自治区一小部	31	厥赋绢、绵、布、麻（京兆、同、华、岐四州调绵、绢，余州布、麻）	3	4
河南	山东全省，江苏、安徽北部，河南省淮河以北部分	30	厥赋绢、绝、绵、布（陈、许、汝、颍调绝、绵，唐州麻布，余州并以绢及绵）	29	23
河东	山西全省	21	厥赋布、䌷（蒲州调以䌷，余州并以麻、布）	4	1
河北	河北全省及辽宁西南一小部	30	厥赋绢、绵及丝（相州调兼以丝，余州皆以绢、绵）	17	20
山南	陕西秦岭以南、河南西南一小部、湖北西部、湖南北部、四川、东北小部	35	厥赋绢、布、绵、䌷（梁、利、随、均、襄杂有绵、绢，合州调以绵、䌷，余州并调以麻、布）	8	16
陇右	甘肃大部	21	厥赋布、麻		
江南	江苏、安徽、湖北三省江南地区，浙江、江西、福建全省，湖南、贵州的大部分	51	厥赋麻、纻（润州调火麻，余州并以纻布）	14	20
淮南	江苏、安徽二省江北、淮河以南，河南南境，湖北东北境各一小部	12	厥赋绝、绢、绵、布（庸调杂有纻、觜、火麻等布，寿州以绝、布、绵、麻，安、光二州调以绝、绢，申州绵、绢）		5
剑南	四川省大部	40	厥赋绢、绵、葛、纻，泸州调以葛、纻，余州皆用绵、绢及纻布	13	16
岭南	广东全省、广西大部，一部分在今越南	73	厥赋蕉、纻、落麻（广州调以纻布，端州调蕉布，康、封二州调以落麻布）	3	

资料来源：顾国达，《蚕业经济管理》，杭州：浙江大学出版社，2003年9月，第78页。

蚕丝生产较普遍的是华北大平原和河南一带，四川也相当发达，南方的江南道产丝绢已占全国的 1/5，但都密集在江苏、浙江和福建，其余还只是零星生产。浙江在唐初有意识地迎娶北方缫丝妇女成家，传授技术，在开元至贞观的一百年间，丝织技术进步很快，越州（包括会稽、山阴、诸暨、萧山、剡县、上虞）相当于现代钱塘江南岸绍兴地区一带，已成为南方的丝织中心。安史之乱以后杭州也开始繁荣起来，除台州外，湖州、杭州、睦州、婺州、衢州、处州、温州和明州都有丝和绵的生产。唐德宗（780—805 在位）时"江南两浙转输粟帛，府无虚月，朝廷赖焉"（《旧唐书·韩滉传》），南方丝织乃开始超驾北方。淮南地区在唐的后期也发展成为全国经济重心的一部分。总之，在唐朝，江南蚕丝业发展很快，"旷土尽辟，桑柘满野"，"丝绵布帛之绕，覆被天下"。

唐朝后期与当时的南诏交往很频繁，许多工巧将丝织技术转入云南，大和三年（829）南诏人至成都掠去当地子女工技数万，所诏"驱尽江头濯锦娘"，这也是使云南丝织技术发展的重要原因之一。此外，西藏地区也因文成公主出嫁时（641）带去蚕种和工匠，借以发展蚕丝业，并从此更加强了汉藏两民族的经济文化交流。

（三）隋唐时期的丝绸贸易

隋唐时期丝绸对外贸易与以前一样主要通过赠与和互市输出国外。赠与贸易可分为外国来使的朝贡还礼的朝贡贸易、和亲聘赐贸易以及安抚赠与贸易等三大类。

1. 赠与贸易

（1）朝贡贸易

日本在本时期共派遣隋使 4 次，遣唐使 16 次，唐朝亦派使节回访 6 次，遣唐使常带大量贡物来朝。据日本《延喜式》记载：每次日方带来水织绝、美浓绝各 200 匹，细绝、黄绝各 300 匹，丝 500 絇等。而唐朝回赠更多，如贞元 21 年（805）赐遣唐使入长安者共 270 人得绢共 1350 匹，每人 5 匹。日本正仓院和法隆寺等寺院还保留有大量唐代丝绸，其中有蜀江锦、鸳鸯纹锦、七条织成树架裟等，这些就是很好的例证。

《新唐书》卷 220《东夷传》载："玄宗开元中，数入朝，献果下马、朝霞紬、鱼牙紬……帝间赠兴光瑞文锦、五色罗、紫绣纹袍、金银精器。"

据《唐会要》卷 95 "新罗条"载：玄宗赠与新罗王的各种丝绸共三百余匹。

（2）和亲—聘赐贸易

隋义成公主与突厥启民可汗结婚时，突厥前后献聘 3000 匹马，隋炀帝回赠绢彩 12000 段。《新唐书》卷 216 上《吐蕃传》载："明年（中宗景龙 3 年）吐蕃更遣使者纳贡，祖母可敦又遣宗俄请昏，帝以雍王守礼女为金城公主妻之……赐锦缯别数万，杂伎诸工悉从，给龟兹乐。"

《新唐书》卷 217 上《回鹘传》载："大历三年，光亲可敦卒……帝遣……以怀恩幼女为崇徽公主继室……赐缯彩二万。"

（3）安抚奖赐贸易

《新唐书》卷 127《裴耀卿传》载："开元二十年，副信安王祎讨契丹，又持帛二十万，赐立功奚官。"奚为匈奴一支脉。

《新唐书》卷 222 下《南蛮传》载："诏封苴那时为顺政郡王，苴梦冲为怀化郡王，丰琶部落大鬼主骠傍为和义郡王，给印章、袍带，三王皆入朝，宴麟德殿，赏赉加等，岁给其部禄盐衣彩。"

2. 互市贸易

互市贸易中的绢马贸易数量巨大。《新唐书》卷 97《魏徵传》载："帝遣使者至西域立叶护可汗，未还，又遣使赍金帛诸国市马。"《新唐书》卷 118《张廷珪传》载："时遣使赍缯锦至石国市犬马。"玄宗开元年间派使去石国（西北去瓜州六千里）进行绢马贸易。如开元二十四年（736），突厥马一岁二市，总计一万四千。玄宗因可汗初立，特予多留，十退一二，酬物五十万匹。《新唐书》卷 137《郭子仪传》载："回纥赤心请市马万匹，有司以财乏，止市千匹。"大和三年（829），唐朝一次讨回纥马价绢 23 万匹。

以上是西北方依陆上丝绸之路在沿途边市开展的绢马互市等贸易的例子。在南方，广州已开始成为我国重要的海港，阿拉伯等国商人在广州侨居，开店贸易，外侨聚居地称为蕃坊。在 878 年黄巢进城时，据说有阿拉伯商人 12 万多。当时从外国输入广州的主要商品是香料、珍珠、象牙、犀角等，而输出的主要是丝绸、瓷器及金银、铜钱。当时已开设进口税，外国商品输入要纳税 3/10。对外贸易的税收给唐政权带来丰厚的收入。为了增加税收，唐设市舶使（相当于今天海关）于广州，管理对外贸易。

公元 8 世纪中叶以后，唐朝与吐蕃战火迭起，吐蕃占领了河西走廊，安西四镇也渐次被吐蕃军队所攻陷。丝绸之路上的河西道、西域南道、中道都控制在吐蕃人手中。如《唐会要》卷 86 "市条"记载："开元二年（714）闰三月敕，诸锦绫罗绣縠织成紬绢丝牦牛尾真珠金铁，并不得与诸蕃互市，及将入藩金铁之物亦不得度西北诸关。"而同时随着自沿路来广州等海港贸易的外国商人的增多，海路的丝绸贸易日益兴盛。

隋唐后期，尤其是进入 10 世纪后，随着中近东地区丝织业的发展，中近东地区的波斯锦等也开始逐渐输入周边各国。丝绸国际贸易的范围更加扩大。而唐朝市舶司的设立，说明中国开始重视对外贸易管理，以往的朝贡贸易开始向市舶贸易转化。

四、宋朝的蚕丝业与丝绸贸易

（一）宋朝的蚕丝业

公元 960 年北宋王朝的建立，结束了唐末五代以来地方势力长期分散割据的局面，促进了社会经济的发展。北宋建立以后，重新申明前代租赋的制度，其中包括种桑、毁桑的奖惩办法。宋太祖"建隆以来……申周显德三年（956）劝课农桑之令，课民种树，定民籍为五等，第一等种杂树百，每等减二十为差，桑、枣半之。……令佐春秋巡视，书其数，秩满，第其课为殿最。又诏：所在长吏谕民，有能广植桑、枣，垦辟荒田者，止输旧租；县令佐能招徕劝课，致户口增羡、野无旷土者，议赏"（《中国历代食货典》第一册《农桑部》）。乾德四年（966）闰八月诏："所在长吏告谕百姓，有能广植桑、枣，开垦荒田者，并只纳旧租，永不通检。令佐能招复通逃，劝课栽植，岁减一选者加一阶。""民能广植桑枣垦辟荒田者，止输旧租……民伐桑枣为薪，罪之。剥桑三工（宋制四十二尺为一工）以上为首者死，从者流三千里，不满三工者减为配役，从者徒三年。"到至道二年（996）对逃民复业及浮客请细者"以给授田土，收附版籍……除桑功五年后计其租，余悉蠲其课"。至熙宁元年（1068）政府又劝民栽桑，规定"民种桑柘，毋得增赋。安肃、广信、顺安军，保州令民即其地植桑榆或所宜木，因可限阂戎马官。计其活茂多寡，得差戍在户租数、活不及数者罪夷之补种"。

在北宋统治者的 260 多年间，由于契丹、西夏的侵扰，女真（金）的攻战，这些原始民族在侵战中必先砍伐围林桑柘，北方蚕业生产基地遭到严重破坏，生产从此萎缩下去。待至北宋末，"陕西上户多，弃而居京师、河东富人多弃产而入川蜀，河北衣被天下而蚕织皆作废，山东频遭大水而耕种失时"。但与此同时东南地区在中唐以后处于相对稳定的局面，经济文化获得较快发展。

北宋时，东南已成为全国丝织业的中心之一，比重占 70% 以上，其中两浙已成为朝廷财政物资包括丝织物在内的重要供应地，所谓"天下丝缕之供皆在东南，而吴丝之盛，惟此一区"，当时民间蚕丝生产"茧薄山立，缫车之声，连梦相闻"。婺州（今金华）一带仅贡罗在宋初就生产达数万匹，到北宋末增加将近六倍。婺州的暗花罗、含春罗、红边贡罗，东阳的花罗，都很精巧，"皆不减东北"，每匹重二十二两。义乌山谷之民，大都以"织罗为生"。慈溪县"桑田之美，有以自给"，诸暨用绵丝织成茧布，剡县（今嵊州）织的绫也很有名，萧山则盛产縠，台州则产绫绢多种。

四川仍保持着丝织品繁荣的传统，每年都将大量丝织品远道运输到开封供统治集团消费，为与两浙并列的另一丝织品中心。

淮南在北宋时，丝帛生产量较多的有九个州，此后继续发展蚕业。《宋史》卷 173《食货志》载，乾道元年（1165）正月，都省言："淮民复业，宜先劝课农桑。令、丞植桑三万株至六万株，守、倅部内植二十万株以上，并论赏有差。"以致后来在当地的物产中，已有"丝帛之利"。

两湖蚕业，当张忠定令郑州崇阳县时，"诱之使种桑麻，自此……桑麻特盛鄂岳之间"。

北宋时期全国蚕丝业产地，从《宋会要》"食货"所载的北宋诸路绢绵岁征收入额中可窥见一斑（表 2-4）。从表 2-3 的北宋诸路绢绵岁征收入额可见，北宋代丝绸产地已渐趋集中。全国诸路的岁总收入丝绸 8175867 匹，其中最多的两浙为 1906682 匹，占 23.3%；其次的四川（含成都、梓州、利州和夔州）为 1672784 匹，占 20.5%；第三的江南东 804958 匹，占 9.8%；第四的河北东 790934 匹，占 9.7%；第五的江南西为 509013 匹，占 6.2%；第六的京东东 502376 匹，占 6.1%；其余各路均在 50 万匹以下。丝绵超过一百万两的有四川、两浙、江南东、河北东、河北西五个地区，超过五十万两的有淮南东、京西北、京东西三路。

宋室南渡，随着大批统治阶级以及富商巨室的南下，南方市场丝织物激增，他们在南方定居以后，运用其资本和势力经营丝织事业，如高宗的驸马濮凤居住浙江的桐乡经营蚕织，所产绸称濮绸，成为当时特产，而北方南来避难的劳动人民也在侨居的地方和当地人民一起参加蚕桑丝织生产，北方的先进经验在发展南方蚕业上起到作用，这样大力刺激江南丝织、蚕桑的生产，使正在迅速发展中的蚕桑事业更趋于繁荣了。

宋代政府的财政收入采用两税制，即夏税和秋税，但内容与唐代的两税制不同，唐代的两税是资产税，而宋的两税是土地税，夏季所输的叫"税"，其中包括丝税在内，是邦国财用的有关物资，秋季所输的叫"苗"，主要是粮食。

表2-4 北宋诸路绢绵岁征收入额

路名	锦绮（匹）	罗（匹）	绫（匹）	绢（匹）	紬（匹）	绝（匹）	小计（匹）	丝绵（两）
京师	2799	314	1341	7578	390	1746	17678	464874
府界				(21577)	3851		25428	173179
京东东	250	4	447	(398849)	102802	24	502376	229354
京东西		7	5468	(296812)	87802	128	389905	515677
河北东		14	22231	679470	89059	80	790934	1134653
河北西	1246	18	35	323899	50627	12	375833	1334127
京西北			25	113940	40866	160	159991	637366
京西南			3	137396	17108	23	154530	155375
永兴军		1	60	66	1123	36	1286	40148
秦凤	1		14	3717	375	3	4110	16823
淮南东		22	7	71051	20655	2500	94228	717028
淮南西		12	4106	60537	18939	2614	86208	474530
两浙	10	65731	1369	1667285	171511	376	1906682	2095345
江南东		12409	1004	606334	184801	10	804958	1309139
江南西		1	4	428010	75951	2	509013	368196
荆湖北		42	5	312923	72504	3	385477	229433
荆湖南			7	7903	2263	23750	112135	101962
成都府	1094	1524	14793	337357	86329	1821	997836	1480480
梓州	804	418	20600	381353	87526	69	490770	1234702
利州			1289	100923	53152	3	155367	854913
夔州			88	28935	9740		28811	104113
福建	2	28	43	28901	26	75	29075	33448
广南东	1	1	12	594	4	50	662	26647
广南西		1		570	3	430	1004	489
河东			379	168	33	22821	151570	5799
合计	6207	80547	73330	6016148	1177440	56736	8175867	1373800

注：其中府界、京东东路、京东西路的绢岁收额缺载，以上供额代之。总计中不包括布和丝绵。

资料来源：顾国达，《蚕业经济管理》，杭州：浙江大学出版社，2003年9月，第78页。

    丝税的内容和标准，《宋史·食货志》记载："布帛：宋承前代之制，调绢、紬、布、丝、绵以供军须。"按后周纳税的标准是，可以种桑养蚕的地区，"有室者岁不过绢一匹，绵八两……丁者半之"。不同之处：1.后周的丁，年龄自十八岁至六十四岁，宋代则为"男夫二十为丁，六十为老"。对男人来说，纳税的年限缩短。2.宋代新规定对妇女的任务，"匹妇之贡，绢三尺，绵一两，百里之县，岁收绢四千余匹，绵二千四百斤"，政府借以增加收入。3. 征收丝织品的种类广泛，"帛之品十：一曰罗，二曰绫，三曰绢，四曰纱，五曰绝，七曰杂折，八曰丝线，九曰绵，十曰布葛"，作为官营织造业的原料而征收丝和绵。从此可见当时民间的丝织技术已相当高超，政府可以直接从农民处征收到高级丝织品而减轻官府织造的压力。政府还指令农民制造特定的贡品缴纳，如锦、绮、罗、透背等。

宋高宗（1127—1162 在位）时，东南诸路每年上供绸三十九万匹，绢二百六十六万匹，绫、罗、绝三万匹，四川每年上供绢、紬七万四千匹，绫三万四千匹，锦、绮一千八百匹。四川所产紬绢除大量上供外，还用来在当地与西南数民族交换马匹，进行绢马贸易。

宋朝时期，丝织手工业已开始与原料茧生产分离，导致部分茧丝生产成为商品性生产，丝织品更是大量地在市场上流通，甚至农村应输税品的绢帛，也可向机户购买。丝织业除了传统的家庭工业外，也有许多大规模的民营工场。如曾为召州知府的唐仲友，即在其家乡婺州开设丝帛铺，从事丝绸加工和贩卖，"染造真紫色帛等物，动至数千匹"。官办丝织工场，规模更是宏大，如成都锦院，"募军匠五百人织造……设机百五十四，日用挽综之工百六十四，用杼之工百五十四，练染之工十一，纺绩之工百十一"。

（二）宋朝的丝绸贸易

丝绸陆路贸易自唐末战乱以来就不大畅通。而金朝在北方的崛起和对宋朝的不断侵扰，陆路贸易更是困难重重。其中有相当量的丝绸作为议和材料由宋朝贡献金朝。由于北方战乱和宋室南迁，中国的经济重心南迁。而航海技术上自北宋始开始应用指南针。《萍洲可谈》卷二载："夜则观星，昼则观日，阴晦观指南针。"这些为宋代海路贸易奠定了基础。

在对外管理上，由唐代的市舶使发展为市舶司，即由市舶官吏发展为市舶机构。《宋史》卷 167《职官志》称："提举市舶司，掌蕃货、海舶、征榷、贸易之事。"唐代仅广州一地设置市舶使，而宋代有广州、泉州、杭州、明州（今浙江宁波）、温州、秀州（今浙江嘉兴）、江阴、密州（今山东胶州）等 8 处市舶司。宋代市舶司的职能主要包括：征收税款、处置舶货、船舶出港和回航手续以来招徕和保护外商等。进口舶船到港后，首先由舶官检查舶货，而后征收税款。征收税率因时间和商品的不同而异。一般税率为十征其一，即 10%。

据《宋史·食货志》《诸蕃志》等记载，宋代出口商品是以金银、缗钱、丝织品和瓷器为主。进口商品以香料和其他奢侈品为主。阿拉伯人和波斯人来中国经商的，大都集中在广州和泉州两个港口，丝织品是重要的出口物资之一。宋代出口丝绸的品种和国（地）名如下表2-5。

表2-5　宋代出口丝绸的品种和国（地）名

国名或地名	今名	丝绸品名	资料来源
占城	越南	绢扇	《宋史·诸蕃志》
真腊	柬埔寨	假锦、生丝	《宋史·诸蕃志》
三佛齐	苏门答腊	锦绫、绢	《宋史·诸蕃志》
单马令	洛坤	绢伞、绢	《宋史·诸蕃志》
凌牙斯加	北大平	缬绢	《宋史·诸蕃志》
细兰国	斯里兰卡	丝帛	《宋史·诸蕃志》
故临国	印度奎隆	缬绢	《宋史·诸蕃志》
层拔国	桑给巴尔	假锦	《宋史·诸蕃志》
阇婆	爪哇	五色缬绢、皂绫	《宋史·诸蕃志》
渤泥	加里曼丹	假锦、建阳锦、五色绢、白绢	《宋史·诸蕃志》
三屿	菲律宾	皂绫、绢	《宋史·诸蕃志》
真里富		绯红皂绢	《宋会要辑稿》
日本	日本	绫锦罗縠	《新猿乐记》
高丽	朝鲜	丝绢	《宣和奉使高丽经》

资料来源：朱新予主编，《中国丝绸史》，北京：纺织工业出版社，1992年，第239页。

宋朝丝绸朝贡贸易依然存在。《宋史·外国传》三佛齐条"载："（元丰）五年（1082），广州南蕃纲首以其主管国事国王之女唐字书，寄龙脑及布与提举市舶孙迥，不敢受，言于朝。诏令估直输之官，悉市帛以报。"

宋代除出口丝绸外，也进口国外丝织品。据宝庆《四明志》载，高丽向中国输出商品有毛巾、丝绸等。南宋官府为和籴粮米马料，一次就发出高丽绢一万五千匹，"其丝线织经皆仰贾人自山东、闽、浙来"。

五、元朝的蚕丝业与丝绸贸易

（一）元朝的蚕丝业

元世祖即位（1260）当年，就颁发了由司农司（相当于农业农村部）编辑的《农桑辑要》，这是我国第一部由政府组织编写的推广农业科技书籍，可见其对蚕丝业的重视。元世祖至元七年（1270）政府又颁布农桑之制17条，内容涉及农村组织及耕作、饲养技术，首先挑选熟悉农桑技术的年长者负责，了解到"农桑之术，以备旱暵为先"，注意水利设施，规定每年每丁种桑枣二十株。至元二十三年（1286）颁布农桑十五条于各路，其中规定："每丁岁植桑枣二十株，或附宅地植桑二十株"。在成宗大德十一年（1307）通告："纵畜牧损禾稼桑枣者，责其偿而后罪之"。

《元史·食货志》记载，至大二年（1309）苗好谦向政府提出桑树的种莳之法，要求"分农民为三等，上户地一十亩，中户五亩，下户二亩或一亩，皆筑垣墙围之，以时收采桑椹，依法种植"。至延祐三年（1316），凡苗好谦所到推广之处，"植桑皆有成效"，于是向全国推广，要求各地划出一定的土地共莳桑苗。延祐五年（1318），政府曾将苗好谦所撰的"栽桑图"4幅刊印分发到民间。在公元1315年、1329年、1342年政府曾大量颁发《农桑辑要》，推广栽桑养蚕。

早在太宗八年（1236）统治黄河流域之时，已将租赋之一的绢帛改为丝料，叫做"科差"。科差丝料的办法是"每二户出丝一斤，并随路丝线、颜色输于官；五户出丝一斤，并随路丝线、颜色输于本位"，这就是所谓"户税"。

元世祖中统元年（1260）对中原的科差作了调整，以人民著籍的先后及其地位关系和纳税能力，而定户籍科差条例（表2-6）。元世祖中统二年（1261）又订出科差缴纳的时间，丝料限于八月，次年又命丝料缴纳不过七月。

表2-6　元代中统元年（1260）所定每户纳丝定额

户类		户名	丝料		包银
			系官丝	五户丝	
元管户	系官户	丝银全科系官户	一斤六两四钱		四两
		止纳系官丝户	上都、隆兴、西京等路户纳一斤；大都以南等路户纳一斤六两四钱		
	系官五户丝户	全科系官五户丝户	一斤	六两四钱	四两
		减半科户	八两	三两二钱	
		止纳系官五户丝户	一斤	六两四钱	
交参户	系官户	丝银全科户	一斤六两四钱		四两
漏籍户		止纳丝户	一斤六两四钱		
		止纳钞户			初年一两五钱，二年二两，递增至四年科四两，并科丝科，与丝银全科户同
协济户		丝银户	十一两二钱		四两
		止纳丝户	十一两二钱		

资料来源：朱新予主编，《中国丝绸史》，北京：纺织工业出版社，1992年，第264页。

至元十三年（1276）元攻入南宋首都临安，1279年灭宋。至元十九年（1282）就规定把江南税粮的任务按宋朝的办法和标准"折输绵绢杂物"，元贞二年（1296）正式规定江南征收夏税的内容为木棉、布、绢、丝、绵等物，征收的标准依秋粮的数量而定，以后，江浙就成了全国征丝的重点地区。天历元年（1328），元统治者共向全国征得丝1098843斤，绢350530匹，绵72015斤。此时丝料的收入主要依靠江浙，如浙江德清在至正年间（1341—1368）年纳丝料24372斤，绵3226斤。

（二）元朝的丝绸贸易

至元十四年（1277）当元军占属浙闽等地后，元政府就沿袭南宋旧制，在泉州、庆元（今温州）、上海、澉浦（今浙江海盐县南端）四地设市舶司。至元30年（1293）又增加温州、杭州、广州三处达七处。同年正式制定市舶则例二十二条，详细规定了船舶出海手续、禁运物资的项目、市舶抽税的办法、市舶司的职责及对外国商船的管理办法。对市舶司抽分抽税，规定对一切舶船货物均得抽分。对细货（如珍宝、香料等要收商品）十分抽一，粗货（一般商品）十五分抽一。到延祐元年（1314）又重颁市舶则例二十二条，对细货抽分改为十分抽二，粗货也改为十五分抽二，舶税为三十抽一。在元代开设七处市舶司中，以泉州、广州和庆元三处较重要。

在元代出口货物以丝和缎为主，除官方贸易外，还有走私贸易。元朝政府规定只许官营不准私贩下海，如延祐元年（1314）7月19日诏："金银铜钱货，男子妇女人口，丝绸缎匹，销金绫罗，米粮军器并不许下海私贩。""违者舶商、船主各杖一百，货物没收。"官营丝缎主要运往印支半岛，私商仍在建德一带收丝运往海外（欧洲），更有甚者，海外商人径直闯入丝绸产区收购，然后泛海自销。以至元朝时建德曾出现"蚕乡丝熟海商来"的繁忙景象。

据汪大渊的《岛夷志略》载，当时中国丝绸自海路输出品种和国家如下表2-7。

表2-7 《岛夷志略》载中国丝绸输出品种和地区

国名或地名	现今名称	丝绸品名
交趾	越南北部	诸色绫罗匹帛
占城	越南中部	色（绢）布
民多朗	越南潘朗	红绢
真腊	柬埔寨	龙缎、丝布、建宁锦
罗卫	泰国叻丕	狗迹绢
苏门傍	泰国素攀	紬绢衣、花色宣绢
东冲古剌	马来西亚宋卡	青缎

（续表）

国名或地名	现今名称	丝绸品名
彭坑	马来西亚彭亨	诸色绢
丁家庐	马来西亚丁家奴	小红绢
龙牙门	新加坡	青缎
爪哇	印尼爪哇	青缎、色绢
遐来勿	印尼卡里摩爪哇岛	红绢
渤泥	印尼婆罗洲加里曼丹	色缎
都督岸	印尼加里曼丹廿南	红绿绢、色缎
文诞	印尼班达岛	水凌丝布
重迦罗	印尼松巴哇岛	花宣绢
文老古	印尼摩鹿加岛	水凌丝布
三佛齐	印尼巨港	色绢、丝布
八节那间	印尼泗水南	青丝布
古里地闷	印尼帝汶岛	色绢、西洋丝布
须门答腊	印尼苏门答腊	五色缎、丝布
喃哑哩	印尼苏门答腊亚齐	红丝布
麻逸	菲律宾民都洛岛	红绢、五彩丝布
勾栏山	菲律客格兰岛	色绢
八都马	缅甸马都莫塔马	丝布、南北丝、丹山锦、红山绢、草金缎
淡邈	缅甸土瓦	西洋丝布
朋加剌	孟加拉	现北丝、五色绢缎
土塔	印度讷加帕塔姆	五色绢、青缎
加将门里	印度马八儿附近	苏杭五花缎、南北丝、土紬绢
马八儿	印度科罗曼得耳	青缎
班达里	印度科泽科德	诸色缎
须文那	印度卡提阿瓦半岛	五色紬缎、青缎
小呗喃	印度奎隆	五色缎
小乌爹	印度西岸乌代浦尔	五色缎
乌爹	印度奥里萨	五色缎、白丝
加里那	伊朗鲁德巴尔	紬绢
吉那	伊朗南部基什	五色缎
甘埋里	伊朗南部基尔曼	苏杭色缎、青缎
波斯离	伊拉克巴士拉	五色缎
特蕃里	埃及达米塔港	锦缎、五色缎
哩伽塔	非洲摩洛哥一带	五色缎
层摇罗（层拔罗）	东非桑给巴尔岛	五色缎
麻那里	东非肯尼亚马林迪	五色缎
天堂（天房）	沙特阿拉伯麦加	五色缎

资料来源：转引自朱新予主编，《中国丝绸史》，北京：纺织工业出版社，1992年，第271—272页。

六、明朝的蚕丝业与丝绸贸易

（一）明朝的蚕丝业

朱元璋登基（1368）后即下令："天下凡民有田五亩到十亩者，须栽桑半亩，十亩以上倍之，田多者按此比例增加。"洪武二十五年（1392），"令天下卫所屯田军士人树桑百根。""令凤阳、滁州、庐州、和州每户种桑二百株"。洪武二十七年（1394）"又令天下百姓务要多栽桑树，每一里种二亩秧，每百户内共出人力挑运柴草，烧地耕过，再烧再耕，三遍下种，待秧高三尺，然后分栽，每五尺阔一垄，每一户初年二百株，次年四百株，三年六百株，栽种数目，造册回奏，违者发云南金齿充军"。在政府的号召下，这一年仅就浙江临安县新栽不起科的桑树就达 2143960 株。

浙江自唐宋以来，蚕业已有相当基础，元朝虽遭破坏，但远较北方为轻，至明朝，浙江尤其是湖州地区蚕业发达，蚕丝产量急增，一时成了全国丝织原料的供应地。浙江不仅是蚕丝的供应地，且本地丝织也很发达，"大都东南之利，莫大于罗绮绢纻，而三吴为最。""虽秦、晋、燕、周大贾，不远数千里而求罗绮缯帛者，必走浙之东也。"

江苏的苏松常地区也是全国的重点丝绸产区。吴江县震泽镇在明朝中叶也已成了丝绸集散和丝织的重镇，"镇上居民稠广……俱以蚕丝为业，约有千百余家，远近村纺织成䌷匹，俱到此上市，四方商贾来收买的，蜂攒蚁集"。

当时在黄河流域，所产蚕茧已不很多，无由外运以供从事丝织者的需要。如涿州在弘治时桑枣曾经成林，它南边的顺德，也有人劝种桑树。大名虽也曾种桑，已不及旧日的十分之一，所产的丝只供附近长垣县织造绫缣之用，而长垣的绫缣也不如南州的精美，毗邻大名府的彰德府，它的属县中也有种植桑树的，大致与其他树木相似，只作木材而已。而山东蚕业还算是发达的地区，在隆庆至万历年间（1567—1620）"襟山带海，膏壤千里，宜禾黍桑麻，产多绵布帛"，其中济南、东昌二府产丝绵，章丘县清平乡"多植桑，善饲蚕，能织纱绢"，长山县也以绩茧著名一方，为山东他处所不及，此外，沂水能织作绸，青州一带织作罗纱，益州成为附近各处丝绸的集散地。

明初实行两税制，分为"夏税"和"秋粮"两种。洪武（1368—1398）时，夏税交纳米麦、钱钞、绢，秋粮交纳米、钱钞、绢。用米麦交纳的称为"本色"，用丝、绢、银、钞及其他物产交纳的，称为"折色"。从洪武二十六年（1393）各布政司及直属府州实征夏税丝绸数量，可见当时蚕丝业的发达和产地分布的概貌（表2-8）。

表2-8　明洪武二十六年（1393）实征夏税绢数额

布政司或府州	夏税绢（匹）	布政司或府州	夏税绢（匹）
浙江布政司	139140	常州府	1394
北平布政司	32962	镇江府	357
河南布政司	17226	凤阳府	1447
江南布政司	15477	徽州府	9718
湖广布政司	26478	宁国府	311
福建布政司	273	池州府	27
山东布政司	23932	太平府	217
应天府	1406	广德府	157
苏州府	14157	徐州府	3142
松江府	666		

资料来源：顾国达，《蚕业经济管理》，杭州：浙江大学出版社，2003年9月，第50页。

明代中叶由于赋税项目繁多，计算标准各地不一，加上贪官污吏腐败成风，民为之所困，国库入不敷出。万历九年（1581）时任内阁首辅的张居正在清丈田地的基础上，在全国实行税制改革推行"一条鞭法"。据《明史·食货志》记载："一条鞭法者，总括一州县之赋役，量地计丁，丁粮毕输于官。一岁之役，官为金募，力差则计工食之费，量为增减，银差则计其交纳之费，加以增耗；凡额办、派办、京库、岁需与存留供亿诸费，以及土贡方物，悉并为一条，皆计亩征银，折办于官，故谓之一条鞭。"明末由于实行"一条鞭法"，赋役合一，按亩计税，改征货币，对蚕业有很大的促进，尤其在江南地区，在南宋的基础上，进一步形成了以太湖流域为中心的蚕丝商业经济中心，手工织造出现资本主义的萌芽，桑苗和湖丝成为远销全国各地以至海外的知名商品。

（二）明朝的丝绸贸易

明代的丝绸对外贸易比以往更加发达。有朝贡（勘合）贸易、互市贸易、走私贸易和三角贸易等多种贸易方式。

1. 朝贡贸易

明初大规模征伐北方，招抚南洋的结果，使到明朝朝贡番夷甚多。明朝对朝贡贸易加以严格管理，具体办法是：对于朝贡诸国给予信符金牌的勘合符，凭此作为入国许可，至北京后下榻会同馆（专事接待贡使），配备通事，听候天子等的召见。

明代前期，中日两国实行官方勘合贸易，自永乐十七年至嘉靖二十六年（1419—1547），日本共派遣勘合船17次，每次返日带回大量生丝和绸缎。《明会典》卷 108 载："凡朝贡方物。洪武二十元年定，凡诸番国及四夷土官人等，或三年一期，或每年朝贡者，所贡之物，会同馆呈报到部。主客部官赴馆点检见数。遇有表笺，移附仪部。其方物分豁进贡上位若干，殿下若干。开写奏本，发落人夫管领。先具手本。关领内府勘合，依数填写，及开报门单，于次日早朝照进内府。或于奉天门，或奉天殿丹陛，或华盖殿及文华殿前陈设。本部正官奏启进纳。"

对于贡品的质和量而定回赐品的质量，对于朝贡的国王，贡使与随员也按级赠赐。回赐品大多是"纻丝、彩缎、锦、绢、沙罗等丝绸"，也有回赐属于货币的钱钞及后代银赐品的情况。如对蒙古鞑靼的回赐有如下记载："宣德间回赐。顺宁王及使臣人等进马。中等者每匹彩缎二表里折钞绢二匹，下等者纻丝一匹绢八匹折钞绢一匹，下下者绢六匹折钞绢一匹。"这样，朝贡者以自国的珍宝奇货经朝贡回赐获得明朝的丝绸及货币。

2. 互市贸易

来朝贡的使团在朝贡完毕后，明朝还允许他们进行第二次贸易，即在会同馆开市。王圻《续文献通考》的朝贡通例上载："各处夷人，朝贡领赏之后，许于会同馆开市三日或五日。惟朝鲜、琉球不拘期限。俱主客司出给告示。于馆门首张挂。……各铺人等，将物入馆，两平交易。"

《明会典》卷 111 北房的会同馆开市之条载："礼部出给告示。除违禁物不许贸易。其段绢布匹，听于街于市与官员军民人等两平买卖。正统十年（1445）许卖五日。正统十二年（1447），许瓦剌使臣卖马。景泰六年（1455），许买铜汤瓶锅缨鞍辔剪子等物。"

在这里可见，朝贡使臣把一部分赏赐得到的多余部分丝绸拿出来交易，也有朝贡者自带的私货。如《万历会典》日本之条上记载："正贡之外，则为使臣自进及官方收买。附带的货物是俱要给价的，困苦的是自求贸易。"琉球之条载："正贡之外，附带的货物官抽五分，买五分。"《明会典》载："正贡外，使臣自进并官府收买附带货物，俱给价。不勘者，令自贸易。"另外，明朝设市舶司于广州、泉州、宁波等地，《明史》卷 75《职官志》载："吴元年（1367）置市舶提举司。洪武三年（1370）罢太仓、黄渡市舶司，七年罢福建之泉州、浙江之明州、广东之广州三市舶司。永乐元年（1403）复置，设官如洪武初制，寻命内臣提督之。嘉靖元年（1522）给事中夏言奏倭祸起于市舶，遂革福建、浙江二市舶司。惟存广东市舶司。"

《殊域周咨录》载："成化十三年（1477），主遣使君谢提、素英必美亚二人来贡方物。美亚本福建汀州人谢文彬也。……至南京，其从子瓒相遇识之。为织殊色花样缎匹贸易蓄货，事觉下吏，始吐实焉。"因为利之所趋，贡使暗暗收购走私出口和沿海商民贩运丝绸、瓷器不绝。

3. 走私贸易

日本在明后期其丝织业有较大的发展，丝绸已有花素之分，但其养蚕业与丝织业脱节，原料生产满足不了丝织业的需要，不得不依靠从中国进口。在明朝前期，以勘合贸易为主，到嘉靖二年（1523）发生争贡之役后，虽表面仍然维持，但实际上已大体结束。明律严禁走私贸易，规定："凡将牛、羊、军需……绸、绢、丝、绵私出外境买卖及下海者杖一百。"隆庆元年（1567）部分开海，准贩东西二洋，但因倭患关系，仍禁止与日本贸易。因此民间对日丝绸贸易只能以走私形式出现。

傅元初《请开洋禁疏》中说："海外之夷，有大西洋，有东洋。大西洋则暹罗、柬埔寨诸国……而东洋吕宋，其夷佛朗机也。……是两夷者，皆好中国绫、罗、杂缯。""湖州百斤，价值百两者，至彼得价两倍。"而贩日利润更厚。郑若曾在其的《郑开阳杂著》中载："丝……每百斤价银五六百两，取去者价十倍。"如1610年福建巡抚陈子贞所说："贩日本之利，倍于吕宋。"厚利所趋，赴国外移民及走私贸易者日众。朱国祯《涌幢小品》载："自万历三十六年（1608），至长崎明商不过二十人，今不及二十年，且二三千人矣。合诸岛计之，约有二三万人。"《筹海图编》卷9擒获王直条载："嘉靖十九年（1540），时海禁尚驰，直与叶宗满等，之广东造巨舰，将带硝黄丝锦等违禁物抵日本、暹罗、西洋等国。往来互市者五六年，致富为赀。夷人大信服之。"

4. 三角贸易

西班牙派哥伦布航海于1492年（明弘治五年）发现美洲新大陆，于1519年征服墨西哥，1565年攻占菲律宾。前面所讲的丝绸朝贡贸易，丝绸互市贸易大部分是直接贸易。当然也有以丝绸贸易获取利润为目的中介贸易，但至明代，随着地理大发现和太平洋航路的开通，欧洲一些国家如西班牙、葡萄牙开始出现在东方，以中国丝绸为主要贸易品，贩运至第三国，赚取超额利润的大规模的"三角贸易"。

（1）葡萄牙

葡萄牙人于明正德六年（1511）征服了中国人在南洋贸易上的中心地麻六甲岛，开始和中国人接触。正德九年（1514）开始驶入广东，开始对华贸易。但当时明朝实行锁国海禁政策，他们只好从事福建浙江沿海商人间的秘密贸易。嘉靖三十六年（1557）他们终于以镇压海盗的名义获得了在中国澳门的居住与贸易权利。

而另一方面，当时海上强国的西班牙主要势力集中于美洲新大陆。在嘉靖四十四年（1565）占领赛堡岛，随后攻占菲律宾群岛，隆庆五年（1571）攻占吕宋岛。随后荷兰人也开始到东南亚一带实施殖民活动。因此，西班牙人不能进中国进行贸易，只在菲律宾群岛与来自福建为主的中国商人进行贸易。

无论是葡萄牙、西班牙还是荷兰的殖民地贸易商船，他们在中国以丝绸和瓷器为主要商品从事三角贸易。在儒塞斯的《史的澳门》上有如下记述："欧洲与东洋的贸易，全归我国独占。我们每年以大帆船与圆形船结成舰队而航行至里斯本，满载上毛织物、绯衣、玻璃精制品、英国及富朗德儿出的钟表以及葡萄牙的葡萄酒，而到各地的海港上换取其他的物品。船从哥亚航行至爱琴得到香料与宝石，又从爱琴至麻六甲得到香料与宋大岛的白擅。其次，再把此等物品在中国澳门换取丝绸加入为船货。最后，又把以上的货物到日本换成金银块，可得到投下资本的二三倍利润。然后，再在中国澳门滞留数月，则又可满载金、银、麝香、珍珠、象牙精制品、细工木器、漆器以及陶器返回欧洲。"也就是葡萄牙人把欧洲的工业品作为资本，到南洋换成当地的土产，再送至中国调换成丝绸，再贩运丝绸到日本换取金银，再把中国的丝绸等物品在中国澳门装上船运回欧洲。这就是"三角贸易"。

在苏三的《葡萄牙的亚细亚》书中，在中国澳门贸易条上说到："这个是中国帝国的最繁盛的海港。就仅葡萄牙人也每年要收得五万三千箱的绢织物，每个约重十二盎斯的棒金块三千二百个，以及七担的麝香、珍珠、砂糖与陶器。"

据日本矢野博士研究他们在把中国丝绸贩运至日本这宗生意上，获得的银大约每年为235万两。另据高濑弘一郎（たかせ こういちろう）研究葡萄牙对中国生丝的贸易量如表2-9所示。

表2-9　葡萄牙对中国生丝的贸易量

年	生丝贸易量
1570年代	1600担以下
1570年代以后	1600担以下
1600	2500担以上
1603	1400担以上
1609	3000担
1635	1200担
1637	1971.71担

日本于宽永十六年（1639）发布了禁止葡萄牙人来船的锁国令，导致葡萄牙人从事中日间丝绸贸易锐减。1639 年以后，中日间中转贸易易手到荷兰人手中。

（2）西班牙

西班牙自占领菲律宾后以马尼拉和吕宋岛作为贸易根据地也从事把中国丝绸贩运至美洲，在墨西哥加工后再贩至秘鲁等地的三角贸易。中国丝绸的大量出口美洲部分地削夺了西班牙丝绸的销售市场，国内丝织工业家要求政府限制或禁止中国丝绸进入美洲市场。而在菲律宾从事殖民统治的西班牙人以中国丝绸贸易作为财源，因此极力反对政府限制或禁止丝绸贸易的政策。西班牙政府为保护本国丝绸业把美洲殖民地作为自己的出口市场，于 1593 年规定中国丝绸输往美洲，每年以价值 25 万西元为限；在美出售后，以银子运回菲律宾，每年以 50 万西元为限。在 1604 及 1619 年曾重申此项命令。但当地殖民地官员并未严格遵守。1637 年菲律宾检察总长孟法尔坤（Juan Grauy Monfolcon）报告在墨西哥以中国生丝为原料来加工织造，有一万四千余人因此获得就业机会。1701 年马尼拉大主教说：大帆船自菲律宾运往墨西哥的丝绸总值通常约值二百万西元。可见当时丝绸贸易数量之多，远远超过政府的规定。

菲律宾的一位检察官曾调查了马尼拉和利马（秘鲁首都）丝绸价格资料，1620—1621 年马尼拉和利马丝绸价格比较如表 2–10。

表 2–10　1620—1621 年马尼拉和利马丝绸价格比较

货名	单位	数量	马尼拉购货成本	单价	利马销售收入	单价
生丝	担	1000	200000	200	1950000	1950
广州缎子	匹	10000	50000	5	500000	50
织锦	匹	10000	40000	4	400000	40
grogoran	匹	20000	30000	1.5	200000	10
天鹅绒	Vara	30000	15000	0.5	120000	4
合计			3350000		3170000	

grogoran：丝毛交织品，Vara：西班牙量度单位，长约 32 寸—43 寸，因地而异。
资料来源：*Buying and Seling prices of Oriental Products* in Phil. Isls., Vol.19, pp.304—306.

根据计算，购买成本为 335000 西元，马尼拉至利马的运费、代理商佣金及其他杂费 835000 西元，即总投资为 1170000 西元，由出售价格 3170000 西元扣除成本可净赚 2000000 西元，即为投资额的近二倍。

（3）荷兰

荷兰航海东来迟于葡萄牙人，但在 17 世纪初，荷兰成为世界头号海上强国。当时其拥有的商船总吨数相当于英、法、葡、西四国的总和，被称为"海上马车夫"。荷兰人从葡萄牙和西班牙经营远东贸易获利中认识到其重要性，一直在设法寻找同中国和日本贸易的机会。在海上他们不断袭击葡西两国东方贸易商船的同时，于 1624 年出兵攻占了中国台湾。他们以中国台湾为贸易基地，1609 年 7 月在日本平户上陆从德川家康那里获得允许通商的朱印状，他们从日本运来白银，自东南亚运来香料，用来交换中国的商品，把中国的生丝、丝绸和瓷器运往日本和欧洲进行贸易。1636 年当葡萄牙船输日华丝锐减到 250 担的时候，荷船输日华丝增加到 1421 担。1639 年日本禁止葡萄牙人到长崎贸易后，中国与日本之间的丝绸中转贸易完全落入荷兰人之手。

表 2-11　1621—1639 年荷船输入日本平户的中国生丝数量

单位：斤

年	数量	年	数量	年	数量
1621	5688.0	1626	33227.0	1636	142251.0
1622	9056.0	1627	91362.0	1637	110306.0
1623	3231.0	1628	28980.5	1638	142194.0
1624	2847.5	1634	64530.0	1639	111287.0
1625	91362.0	1635	132039.0		

资料来源：全汉升，《明中叶后中日间的丝银贸易》，《台湾"中央研究院"历史语言研究所集刊》第 55 本，1985 年 12 月，第 647 页。引自 Kato Eiichi, *Japanese-Duch Trade*, Acta Asiatica，ⅩⅩⅩ，p.66.

七、清朝前中期的蚕丝业与丝绸贸易

（一）清朝前中期的蚕丝业

清朝统治者认识到蚕丝业生产对其巩固统治地位的重要性，入关后积极鼓励恢复与发展蚕丝业。顺治元年（1644），题准盛京地方，令照旧织布，仍留养蚕屯十处；顺治十五年（1658）复准桑柘榆柳，令民随地种植，以资财用。康熙十年（1671），其民间农桑，敕令督抚严饬有司，加以督课，勿误农时，勿废桑麻。康熙三十三年（1694）四月十三日上谕内阁云："每巡历郊甸，必须视农桑。"命焦秉贞绘制耕织图，有耕、织各 23 幅，其中织所描绘的是蚕丝生产全过程。康熙三十五年（1696）二月，康熙帝亲自为耕织图写了"桑赋"和"蚕赋"的序文，并为每幅图题了诗，颁发全国。康熙四十六年（1707）六月，责成地方官，令五亩之田种桑二株，百亩之田种桑四十株。雍正二年（1724）二日下诏劝农，"舍旁田畔，以及荒山旷野，度量择宜，种植树木，桑柘可以饲蚕"。乾隆初，编纂《授时通考》计 8 门 77 卷，其中一门为桑蚕，颁谕各行政域劝课农桑。乾隆十一年（1746）陕抚陈宏谋奏称：幽，歧旧地，西、同、凤、汉、邠、乾等府州，皆可养蚕，令广植桑株，雇人养蚕，已及数十万株。上谕有谓"兴农桑乃为政要务，毋始勤而终息，毋空言而行违"。乾隆三十八年（1773）武英殿印行《农桑指要》发行各省。乾隆四十年（1775）陈宏谋主陕大要有七：一广行蚕桑。乾隆五十九年（1794）二月谕饬浙省督抚奏报蚕收情形，每岁一次。嘉庆十九年（1814）正月，上谕内阁："定例考核吏治，首列劝农桑，所以责望牧令者，莫要于此。"二十三年（1818）六月上谕内阁："凡桑柘果疏以及浦鱼鸡豚，咸令广为艺畜。"道光五年（1825），胡长庚奏："山东省地宜蚕桑，还行设局劝教。"又奏"登、莱、青各属多有饲养野蚕者，其余各府州，民向劝蚕桑，现均饬广行栽植"。答谕有云"认真办理，务收实效，不可有名无实也"。道光二十年（1840）二月，贵州巡抚贺长龄奏称"试种桑身木棉，教民纺织，渐有成效"，上谕"实力劝导，不可中辍"。

清统治者为满足自己奢侈靡费生活所需要的丝绸，在北京和江南丝织业发达地区的江宁（今南京）、苏州、杭州等城市设立了官府经营的织造衙门。《大清会典》载："织造在京有内织染局，在外江宁、苏州、杭州有织造局，岁织内用缎匹，并制帛诰敕等件，各有定式。凡上用缎匹，内织染局及江宁局织造；赏赐缎匹，苏杭局织造。"政府派内务府亲信管理，同书"户部·库"载："凡库藏之隶属于部者有三：……一曰段匹库，织造缣帛纱縠，岁输至部者咸入焉……凡岁缣帛纱，由织造官（江宁、苏州、杭州各一人）市丝民间，织染输部，部移段匹库，受之，御服者，则输于内府。"

清代对民间手工业的发展专门设置了"织造"来加以严格的限制，如在江宁、苏州和杭州各设织造衙门来管理手工丝织业。以南京来说，在康熙以前，官府限制机户不得逾百张，张纳税当五十金，织造批准注册给文凭，然后敢织[①]。到康熙末年，这种限制取消了，因而"有力者畅所欲为，至道光年间（1821—1850）遂有升五六百张机者"[②]。作为农民家庭手工业产品的丝绸，或作为自给的剩余物资，有的甚至全部作为商品来生产了。明清以来，除了苏杭等丝绸产地早有为数众多的丝织业者，在进行商品性生产之外，一些新兴的市镇中，有许多是以丝织业为中心的，其居民多以丝织业为主，进行商品生产。如嘉兴王江泾镇的居民，"多织绸收丝缟之

---

① 同治《上元江宁两县志》卷 7 "食货考"。
② 同治《上元江宁两县志》卷 7 "食货考"。

利。……不务耕，绩多"①。濮院镇"本镇人以机为田，以梭为耒，机杼之利，日生万金"②。吴江的震泽镇及附近居民"尽逐绫绸之利"③。

由于清代的税制沿袭明代的一条鞭法，把赋和役合并征收，其中的重大改变在于确定地丁制度，概括为钱粮两项，田出粮，其他一切都纳钱，其中当然包括桑地在内。由于缺乏系统具体的纳钱统计和茧丝绸业统计，因此，桑蚕赋税在纳钱中所占的比例以及蚕丝业发展规模，已难以定量分析。但从个别年份各地上缴朝廷的丝绸数量以及后述的对外丝绸出口数量可见，清朝前中期的茧丝绸业生产有所发展。如康熙二十五年（1686）要求各省上缴的丝绸数额为：江苏布政司黄白绢 154 匹 1.02 丈，农桑绢 13 匹 2.19499 丈，黄丝绢 22 匹 0.963 寸，生绢 693 匹 5.1468 尺；安徽布政司生绢 1286 匹 4.9723 丈，丝绢 147 匹 2.795 丈；浙江布政司丝绵 200 斤，白丝 5000 斤，黄丝 4000 斤，杭紬 500 匹，山西布政司生素绢 500 匹，农桑丝绢 300 匹。

另据许涤新等（1985）的研究，估计在 1840 年时全国桑蚕丝产量为 3869 吨，其中国内桑蚕丝消费量为 3325 吨，包括农户自用桑蚕丝 302 吨，内销用桑蚕丝 3023 吨，桑蚕丝出口量为 544 吨，桑蚕丝的商品率为 92.2%，桑蚕丝的产值折合银两为 1202.3 万两④。

（二）清朝前中期的丝绸贸易

自公元 1644 年清朝入关至康熙二十三年（1684）的 40 年间，废除了市舶司制度，对沿海地方的对外贸易进行了严厉的禁止。康熙二十四年（1685）清朝解除海禁，设立了江（江苏）、浙（浙江）、闽（福建）、粤（广东）等 4 个海关，对进出口商品进行检查，并征收关税。但是，这些海关在对外贸易中的管理权，不久即落入清朝的特许商人——"公行"（也称为"十三行"）的手中。当时，商品的进出口税率虽由公行和海关协商决定，但由于关税的征收由公行全权代理，外国来华商人除交缴进出口关税外，还必须向公行交纳关税相当额后的 3% 作为代理费。清朝前中期的丝绸贸易主要是日本和英国。

1. 对日本的丝绸贸易

日本当时是中国丝绸的主要消费市场之一。日本市场所需的丝绸主要

---

① 万历《秀水县志》卷 1 "市镇"。

② 胡琢，《濮镇纪闻》卷 1 "风俗"。

③ 乾隆《震泽县志》卷 25 "生业"。

④ 许涤新等，《中国资本主义的萌芽》（《中国资本主义发展史》第 1 卷），北京：人民出版社，1985 年，第 326 页。

是中国商人赴直接出口贸易。和荷兰东印度公司的丝绸三角贸易及经朝鲜进口的转口贸易三个方面所组成。

清朝入关后至康熙二十二年（1683）统一台湾前实行海禁政策。但由于从事对日丝绸贸易可以获得高额利润：如嘉靖时郑若曾所说：中国之丝"每百斤值银五六百两，取去者其价十倍"，也有人说，"通吕宋则平常之息，通日本则非常之利"。一般讲利没有十倍之多，但在往日本贩运生丝利润率可高达 300%—400%。因此民间商人敢于犯禁，履险踏海赴日贸易。

由清朝船舶输日生丝量占日本进口生丝总量的约 60%。对于中国生丝大量进口，日本银铜大量外流的情况，日本幕府规定贞享二年（1687）与中国贸易的银额为 6000 贯。三年后定为唐船 70 艘。文禄元年（1697）增加至 80 艘，正德五年（1715）降为 30 艘。经多次减降，宽政二年（1790）减为 10 艘。由于日方限制，中国赴日商船数也不断减少，从而影响到丝绸的出口。

表 2-12　清朝输日生丝一览

单位：斤

年	数量	年	数量	年	数量
1637	15000	1645	138261	1653	142481
1639	60670	1646	105075	1654	139631
1640	91902	1648	13559	1655	177784
1641	113355	1649	92564	1656	188561
1642	57377	1650	166886	1657	112384
1643	53046	1651	71157	1658	135720
1644	46506	1652	187500	1659	229891

资料来源：范金民，《江南丝绸史研究》，北京：农业出版社，1993 年，第 30 页。

表 2-13　清代早期唐船输日生丝数量

单位：斤

年	数量	年	数量
1688	40520	1724	6128
1698	11618	1728	8549
1709	40800	1732	23500
1710	23850	1736	10599
1711	43280	1737	849
1712	10122	1738	4499
1716	342	1797	3930
1719	7691	1804	2413

资料来源：范金民，《明清时期中国对日丝绸贸易》，《中国社会经济史研究》，1992 年第 1 期，第 36 页。

清朝也曾禁止丝绸出口。乾隆二十四年（1759）下令严禁生丝及丝织品出口。有学者认为是中国方面禁止丝绸出口影响了对日出口数量的变化，这是不确切的。严格讲是日本国内蚕丝业发展，生丝价格下降，对中国生丝需求减少的缘故。

2. 对英国的丝绸贸易

16世纪以后，西方殖民国家先后到中国进行殖民经商活动。继葡萄牙、西班牙和荷兰之后，英国也于1637年由威德尔（John weddll）率船队首次来华。由于威德尔炮击虎门炮台，强行驶入广州，造成中英间首次严重冲突。由于同中国直接贸易不成，而像西班牙、葡萄牙或荷兰那样从事间接贸易无据点，自此之后英船来广州不多。到17世纪后期英国东印度公司才在广州设立商馆。由于东印度公司在印度也享有贸易专利并建立了殖民统治，享有中国贸易的专利权，使它增加了对华贸易的实力。在东印度公司的操纵下，英国对华贸易迅速发展，并在中国对外贸易中占据首要地位。

在英国丝织业于1688年以后开始发达，1689年英国颁布《减少捻丝进口的法律》（An Act for the Discouraging the Inportation of Thrown Silke）禁止从土耳其、伊朗、东印度（孟加拉）和中国进口捻丝，但对意大利产捻丝未予禁止。1671年英王发令禁止法国丝绸的进口，使国内丝绸业从法国丝绸的竞争中解放出来，有了较好的发展环境。1718年水力捻丝工场的建设和1750年对中国生丝进口税的减税，使英国的丝绸工业蓬勃发展，生丝需求量不断增大。

由于英国在17世纪对东地中海地区拥有贸易独占权，因此，17世纪进口的生丝只是以东地中海地区产的为主，包括波斯（伊朗）丝、叙利亚丝和埃及丝，其中主要是波斯产丝和叙利亚产丝。1710年以后，随着英国势力在印度地区的加强，价格更加便宜的孟加拉丝进口量有所增加。当时的英国丝绸业尚不能生产高级丝绸，进入18世纪以后捻丝技术的进步使英国生产高级丝成为可能，于是适宜于捻丝的意大利丝和中国丝的进口不断增加。1671—1795年间英国从中国进口的生丝数量如表2-14所示。

表 2-14　英国的中国生丝进口量

年份	数量（英磅）	数量（公斤）	年份	数量（担）	数量（公斤）
1671—1680	4000	1814.4	1736—1740	20	1209.1
1681—1690	16000	7257.4	1741—1745	134	8100.7
1691—1700	5000	2268.0	1746—1750	41	2478.6
1701—1705	60000	27215.4	1751—1755	769	46488.4
1706—1710	4000	1814.4	1756—1760	586	32425.5
1710—1715	7000	3175.1	1771—1775	1619	97873.4
1716—1720	4000	1814.4	1776—1780	1905	115163.0
1721—1725	16000	7257.4	1781—1785	1233	74538.5
1726—1730	1000	453.3	1786—1790	1818	109903.6
1731—1735	15000	6803.9	1791—1795	1092	66014.7

注：按 1 英磅＝ 0.45359 公斤，1 担＝ 60.453 公斤换算。

资料来源：1671—1735 年摘自川分佳子（かわぶん　よしこ）:《近代英国的中东贸易》，《史林》，第 74 卷 4 号，1990 年 7 月，第 104 页；1736—1795 年摘自山本美绪（やまもと　みお）:《清代前期江南物价的动向》，《东洋史研究》，第 37 卷 4 号，1979 年 3 月，第 102 页，原出处为 Pritchard, *Anglo-Chinese Relations*, p.215.

第三章　中国近代蚕丝业的发展

蚕丝业生产是生丝贸易的基础和竞争力的重要来源。本章简要分析近代中国蚕丝业的发展概况，主产地蚕丝业发展的差异，蚕丝业的技术改良与机械制丝业的发展历程，以明确近代中国生丝出口的产业背景。

第一节　蚕丝生产发展概述

1840 年由英帝国主义挑起的鸦片战争，以清朝的失败而告终。根据 1842 年 8 月 29 日清朝和英国在南京下关签订的不平等条约——《南京条约》，清朝被迫开放广州、厦门、福州、宁波和上海五港，允许在开港地设立租界，废除对外贸易中的"公行"制度，并确定了"值百抽五"（从价税率为 5%）的协定关税原则。五港开港后，从来受到限制出口的"头等湖丝"等生丝可以自由对外出口。

1840 年发生于法国南部的桑蚕微粒子病，于 1847 年侵入意大利后开始在意大利和法国的蚕丝主产地大规模流行，1854 年以后桑蚕微粒子病蔓延至匈牙利等欧洲蚕丝主产国，由于欧洲的蚕种对微粒子病比较敏感，抵抗力差，使欧洲的蚕业生产受到极大的打击，蚕茧大幅度减产，生丝供不应求，需要从中国等亚洲的产丝国大量进口生丝。而美国在"南北战争（1861—1865）"以后，利用英国丝绸业投资移民的资金和技术，开始大力发展丝绸业，通过实行"引丝限绸"对丝绸业高关税保护的贸易政策，使丝绸业在 1870 年以后有飞速的发展。欧美丝绸业发展对生丝需求的增加；1869 年苏伊士运河的开通，使原来中国生丝经过好望角到达伦敦的航程由过去 120 天，缩短为 55—60 天，加上汽轮机在航海中推广应用，使生丝贸易的交替条件明显改善；1871 年上海、伦敦和纽约间海底电缆铺设成功；以及金融、电信、航海技术的发展，大大促进了以生丝为主要商品的丝绸国际贸易。

上海、广州等港生丝出口贸易的快速发展，刺激了近代中国蚕丝生产的发展。早在清朝咸丰（1851—1861）和同治（1862—1874）年间，在蚕丝外销迅猛发展的刺激下，全国曾出现提倡蚕桑的热潮。广东的珠江三角洲的农民大规模地"弃田筑塘"，"废稻种桑"，建造具有防洪功能的"桑园围"，使"桑基渔塘"这种生态蚕业的养蚕经营方式得到大发展。广东省的顺德、南海、三水和新会等发展成为我国的一大蚕丝业主产地。此外，全国其他很多省县都号召和奖励农民栽桑养蚕，有些地方还成立蚕桑局等推广机构。如左宗棠是清末热衷提倡发展蚕丝业的官僚，光绪八年（1882）任两江总督时，曾从浙江大批购买桑秧，分发江苏各州县种植；任陕甘总督时，又在新疆喀什成立蚕桑局，派员长途跋涉到浙江采办湖桑桑苗数十万株，运往新疆种植，并在浙江招募蚕工到喀什作技术指导。清朝官吏中还有用行政命令推广蚕桑的，如四川达州知州陈庆门张贴告示，命令每户居民都要在自己住宅周围植桑，大力倡导"四边桑"。但是，许多地方新办的蚕桑事业最终未获成功。究其原因，除了这些没有蚕桑基础的地方，农民栽桑养蚕要解决资金、设备、技术指导、劳力安排等一系列问题外，蚕丝的销售也是一个重要问题。近代蚕丝业得到大发展的地方都是靠近通商口岸，水陆交通便利，外国洋行收购丝茧比较方便的地方。如珠江三角洲、江南太湖南岸杭嘉湖和苏锡常等地区蚕丝业更是迅猛发展。到19世纪末20世纪初，我国蚕丝业产区有明显的扩大，蚕茧和生丝产量都有较大提高。据估计，全国桑蚕丝生产量从1871年的7306.5吨，逐年增加至1881年的7901.1吨，1891年的9791.1吨，1901年的13606.9吨[①]。

至20世纪20年代至30年代，我国蚕丝业基本完成了由传统蚕丝业向近代蚕丝业的转变。这种发展的一个重要方面就是在缫丝业领域大量地引进机器化生产设备，机器生产的厂丝产量超过了手工生产的土丝产量，形成了以工业化为主的格局，总产量和外销量都达到了历史新高度。

在制丝业方面，1861年英国的怡和洋行，委托梅杰（J.Majer）在上海的租界内开设了规模为100釜的机器缫丝厂（Silk Reeling Establishment）[②]，这个近代机器缫丝厂在原料蚕茧收购过程中受到农村地方土丝厂主的阻挠，清朝政府从税费交纳角度和乡绅请求下采取的取缔态度，加上机器缫丝技术掌握的困难和熟练工人的缺乏等问题，导致经营困难不得不于1866年倒闭。1866年民族资本家陈启沅引进法国机器缫丝机，在广东省南海县创办"继昌隆缫丝厂"以后，在他的带动下机器缫丝厂以南海、顺德为中

① 徐新吾主编，《中国近代缫丝工业史》，上海：上海人民出版社，1990年，第654页。按1关担＝60.453公斤计算。

② 严中平，《中国近代经济史统计资料选辑》，北京：科学出版社，1955年，第117页。

心快速发展，至 1880 年形成了 10 家 2400 釜的生产规模。此外，1878 年美国人经营的旗昌洋行邀请法国技师布鲁纳（Paul Brunat）在上海建成了有 50 釜的旗昌丝厂，此后，机器缫丝厂在上海有一定的发展，至 1890 年上海有 5 家机器缫丝厂。

甲午战争失败后，国内朝野反思甲午战争中败于日本的原因，开始积极汲取日本成功经验，发展实业，终于允许在开港地以外的地方开设机器缫丝厂，1897 年江浙地区有机器缫丝厂 34 家 9194 釜，其中上海就有 25 家 7500 釜。机器缫丝厂的发展促进了我国近代工业化，同时其生产的生丝能满足欧美丝织业的需要，有利于生丝出口，进而促进了我国近代蚕丝业的发展。辛亥革命至第一次世界大战期间，机器缫丝业发展缓慢。到 20 世纪 20 年代，机器缫丝业的生产持续上升，达到繁荣期。进入 30 年代后，由于近代世界经济大危机的冲击以及国际市场上日本生丝的倾销对我国生丝的强烈倾轧和排挤，使中国缫丝工业从 1931 年开始明显地衰退。1935 年由于蚕茧价格低，外销出现转机，国内的缫丝厂逐渐恢复活力，并出现了像无锡永泰丝厂为核心的集茧丝产供销于一体的联营组织。不过好景不长，1937 年 7 月日本大举入侵中国，江苏、浙江、上海等主要蚕丝产区先后沦陷于日军的铁蹄之下，我国的蚕丝业遭受重大破坏。上海 30 余家丝厂被毁；无锡遭日军轰炸，丝厂损失严重。1938 年 8 月，受日本控制的华中蚕丝公司在上海成立，汪伪政府随后便将江苏、浙江、安徽三省的蚕丝管理权交于华中蚕丝公司。华中蚕丝公司除对蚕种业实行统制外，还有丝厂 22 家，绢纺厂 6 家，力图对机器缫丝厂加以控制和掠夺。抗战初期，大量资本家和工人进入上海租界避难，市场上丝价高涨，于是大批丝厂相继开工，至 1939 年 3 月已达 45 家，几乎接近战前水平。由于出海畅通，蚕丝供不应求，所有丝厂无不获利。以后，华中蚕丝公司以"防止资敌"名义，控制江苏、浙江蚕茧进入上海，又放松家庭小型缫丝业的限制，9 月后租界丝厂便因无原料而纷纷停业。

抗战期间，我国蚕丝生产受到很大破坏[1]。据统计，1929 年我国桑蚕生丝出口 9700 吨；1931 年生产桑蚕茧 22.1 万吨；1936 年桑园面积 796 万亩，全年饲育改良蚕种 570 万张，产鲜茧 15.85 万吨，产生丝 1.17 万吨，待至 1946 年，仅存桑园 435 万亩，配发改良蚕种 183 万张，生产蚕茧 4.29 万吨，生产生丝 3085 吨，仅为 1936 年的 1/3—1/4。

---

[1]　顾国达、王昭荣，《日本侵华时期对中国蚕丝的统制与资源掠夺》，杭州：浙江大学出版社，2010 年 10 月，第 11 页。

第二节　蚕丝主产地

清朝长期指定广州为对外贸易口岸，因此广东珠江下游一带的蚕丝业有较快的发展，尤其是鸦片战争后，欧美生丝需求量的大幅度增加，我国生丝出口量的大幅度增加，更刺激了生丝主要出口港——广州附近珠江三角洲蚕丝业的发展，"弃田筑塘"和"废稻种桑"日盛，以"桑基渔塘"为特色的蚕业生产在广东的顺德、南海、三水和新会等盛行，广东成为我国蚕丝业的主产地之一。近代中国的蚕丝主产地集中在太湖流域、珠江三角洲和长江上游的嘉陵江流域。浙江省的杭嘉湖地区、江苏省的苏州无锡地区、广东省的顺德南海地区和四川省的南充地区是当时的主产区。

清朝《续文献通考》对19世纪末全国蚕桑分布记载道："蚕桑，以江苏、浙江、广东、四川为最盛，次湖北、湖南、江西、安徽、福建、广西。江苏养蚕区域为苏州、常州、镇江、江宁、松江诸府，南通亦有产额。全省产茧年约二三千万斤。浙江以杭州、嘉兴、湖州三府属称极盛，次则绍兴、宁波、金华、台州。最近茧产年约八九千万斤，称全国第一。四川以成都平原为主要，保宁、顺庆、崇庆诸属次之，产茧年约六七千万斤。广东以珠江三角洲为最多，顺德、南海、番禺等县为其中心地，茧额年约七八千万斤。湖北以汉川、沔阳、嘉鱼、当阳、宜都等县为主要，茧额年约一千万斤。"这一分布在整个近代中国基本无大改变。其中四川、湖北为黄茧产区，广东、安徽等是杂色蚕茧产区，江苏、浙江是纯白茧产区。蚕丝产量最高者为浙江、广东、四川和江苏四省，该四省合计产茧量和产丝量均占全国的87%左右。

限于当时社会经济发展水平，近代我国蚕丝业并无详细生产统计。但是，基于我国蚕丝生产和生丝出口对欧美丝织业的重要及对日本生丝出口的竞争，在清末民初法国人和日本人曾深入我国蚕丝产地进行调查，并对蚕丝生产量进行估计；1930年前后出版的《中华民国统计提要》和《申报年鉴》中也有有关部门对我国蚕丝业生产的调查统计。现将有关近代我国各省区的蚕茧生产量统计整理成表3-1。从表中统计数据可见，1931年全国生产桑蚕茧为220837吨，达历史最高水平；其中浙江省占30.8%，广东省占27.0%，江苏省占14.9%，四川省占12.7%，上述四省的蚕茧生产量占全国总产量的85.4%。此后，由于30年代初期经济危机的影响，日本对华侵略期间实施的对中国蚕丝业主产地的垄断控制与资源掠夺，及战火的破坏，至 1949 年全国只有 14 个省区有桑蚕茧生产，年生产桑蚕茧只有 30915 吨。

表 3-1　近代我国蚕茧生产量的地区分布

单位：吨

年份 省区	1896	1918	1925	1927	1931	1949
浙江	62100	46162	59682	68400	68037	10495
江苏	21200	31878	20889	32700	32825	7685
安徽	1800	8535	1790	5826	5968	60
广东	43000		59682	63444	59682	5215
广西				3336	3282	
四川	19800		35809	28080	28051	4900
山东	2700	5094	3581	6600	6565	1090
湖北	6100	10576	5968	7374	7341	775
湖南	1500		1194		3401	
河南	8500	4063	3968	2574	2580	135
其他	4300	16863	6178	1404	3105	560
合计	170000	123144	198741	219738	220837	30915

资料来源：顾国达，《中国的生丝贸易和世界生丝市场供求结构的经济分析（1842—1949）》，日本京都工艺纤维大学博士学位论文，1995 年 3 月，第 8 页。

一、浙江的蚕丝业

浙江是近代中国最重要的蚕丝产区，鲜茧产量、生丝产量、生丝出口均占全国的 30% 强。浙江全省 75 个县中，产茧丝的有 58 个，其中以杭嘉湖地区为最。浙江所产土丝，分细丝（包括中条分丝）、肥丝和粗丝 3 种。细丝用上等茧缫制，肥丝用上等茧和中等茧混合缫制，粗丝则用次等茧（双宫茧）缫制。缫细丝用茧五六粒或七八粒。用茧 24—35 粒缫成的，统称肥丝或粗丝。《湖蚕述》载："每净茧八斤，可得丝一斤。"细丝中最负盛名的是湖州南浔等地的辑里丝（七里丝），具有细、圆、匀、坚和白、净、柔、韧等特色，在国际市场上享有盛誉。"湖丝极盛时，出洋十万包。"《南浔志》载："该地因产丝甚多，经商上海日众，与洋商交易，通言语者，谓之通事。在洋行服务者，谓之买办。镇之人由此而起家者不少。"其中最富者拥资逾千万，曾有"二狮、四象、八牯牛、七十二狗"之称喻（即拥资千万以上者称狮、百万以上者称象、五十万以上者称牛、三十万以上者称狗）。浙江土丝在近代早期全国出口丝总额中，约占半数。

机械缫丝业兴起后，土丝价格与销路均不如厂丝，但仍有为数众多的蚕农以土法手工缫制蚕丝，南浔等地还曾用"摇经"的办法，把辑里丝摇成"干经"（或称辑里干经）。浙江蚕丝产量最盛时的1931年，栽桑面积为265万亩，产茧136万担、占全国蚕茧总产量的30.8%。此后有所下降，1934年产茧114万担，仍占全国产茧量366万担的31%左右。1936年浙江土丝产量1700吨，厂丝产量609.69吨，土丝产量仍高于厂丝。1937年进入全面抗战后，浙江主要蚕区长期处在日伪统治之下，蚕丝业生产受到极大的破坏。浙西沦陷区1940年的蚕茧产量比1936年前减产50%以上，据日伪《华中蚕丝公司报告》称，从1938年到1943年的6年中，华中蚕丝公司共征得蚕茧100余万担。浙江省政府撤退到浙东山区，仍设有一些蚕丝行政机构，还投资兴办丝绸工厂。浙东基础远不如浙西，1938年共收鲜茧1.5万担，1940年达5.1万多担。后由于日伪窜扰，浙东蚕区被破坏，1941年只有新昌、嵊县共收鲜茧9000余担，此后逐年下降。1945年抗战胜利后，浙江蚕桑生产有所恢复发展，但仍低于战前（详见表3-2）。

表3-2　1936年和1946—1949年浙江省蚕茧产量比较

年份	收购茧量占总产量的比例（%）	估计产茧量（万担）			收购茧量（万担）		
		改良茧	土茧	合计	改良茧	土茧	合计
1936	72.98	46.00	43.00	89.00	33.75	31.21	64.96
1946	55.40	8.51	7.30	15.81	5.49	3.27	8.76
1947	42.03	15.24	13.00	28.24	8.78	3.09	11.87
1948	34.91	24.23	11.71	35.94	10.52	2.03	12.55
1949	46.35	14.09	5.50	19.59	7.95	1.13	9.08

二、广东的蚕丝业

珠江三角洲是我国近代主要产蚕区产之一，广东每年的蚕茧产量仅次于浙江。鸦片战争前，广东也有蚕桑生产，但由于丝质较差，不能和浙江湖丝相竞争，因此并不发达。鸦片战争后，由于外销的刺激，广东蚕桑业才大大发展起来。稻田改种桑树，蚕农从暮春3月开始养蚕，一直到深秋还养所谓"寒造"。民国《顺德县志》云："咸、同以前，丝业未盛，少养寒造蚕茧。""光绪中叶，洋庄丝盛行，茧价日昂，农人多养寒造。"珠江三角洲的3个县（顺德、南海、香山）共有129万亩桑田，200万人从事蚕丝业，每年产3300万担桑叶，44万担蚕茧，8.8万担生丝。与浙江不同，广东近代出口的主要是机器缫制的厂丝。珠江三角洲的20世纪20年代丝业最盛时，有160家机器缫丝厂，而且形成以生丝出口为目的的单一作物区。粮食等需从外地输入。20世纪30年代，近代世界经济大危机严重损害了广东的蚕丝业，导致生丝出口锐减，约3/4的丝厂倒闭，近3.6万丝业工人失业。1932—1934年，蚕茧价格猛跌85%，养蚕无利可图，对桑叶的需求也随之减少。顺德县30%的桑田被抛弃，许多桑田改种甘蔗。

三、江苏的蚕丝业

江苏近代蚕桑业以苏南太湖之滨、铁路沿线的无锡、武进、吴江、吴县、江阴、宜兴等最为发达，其中一些主要是在蚕丝外销的刺激下发达起来的。清同治元年（1862）开始，外商在太湖地区由收购生丝发展为收购蚕茧，由于无锡地点适中，交通方便，便于外商收购营运，外商在无锡一带收购生丝和蚕茧，大大促进了无锡蚕丝业的发展。在咸丰（1851—1861）和同治（1862—1874）以前，无锡农家很少栽桑养蚕，太平天国以后才逐渐兴起，农民把当时灌溉比较困难的高田和沿湖沿河的漏水田，村镇周围的"鸡口田"等改成桑园，有的甚至用良田改为桑园，至光绪元年（1875）无锡超过吴江和吴县，成为江苏蚕丝业的中心，蚕茧生产量跃居首位。同治十年（1871）江都和高邮都设有蚕桑局，提倡发展蚕桑生产。江阴的蚕桑业，也是在光绪年间（1875—1908）才兴盛起来。夏孙桐在《涤初先生家传》中云："初江邑土宜桑而蚕织未兴……光绪中，西人始至内地市茧，先生（夏涤初）乃招徕洋商，设行收购，乡人获利，育蚕者骤增，不数年，境内每售茧所获逾百万，且递增不已。"其他如丹徒、江浦、江宁、句容、常熟、丹阳等都是咸丰（1851—1861）和同治（1862—1874）以后兴起的新蚕区。据日本人调查，1926年江苏省茧产量为54.5万担。以无锡为中心的机器缫丝业也有很大发展，成为全国缫丝中心之一。抗日战争期间，我国江浙沪等东南蚕区为日军占领、破坏、掠夺，很多丝厂被占、被毁，一些分散的手工缫丝生产仍在继续，且有所发展。抗战胜利后，江苏省的蚕丝业开始恢复，但成效并不显著。

四、四川的蚕丝业

四川是中国传统蚕丝产区，也是近代主要蚕区之一。产区分布以嘉陵江流域的重庆、潼川、保宁等最盛，次为岷江流域和成都平原。蚕种以当地三眠一化黄茧土种为主。蚕茧大多自缫土丝。1917—1918年和1927—1928年，生丝产量达4万担，为最盛时期。据1946年《四川新地志》记载，1919—1931年四川平均年产丝为3.8万关担，1932—1936年为2.4万关担，1937—1939年为2.05万关担。1940年为2.46万关担。抗战期间，国民政府对四川蚕丝实物统制，产量有所下降。1930 年前后四川省各地区蚕丝生产量如表 3-3 所示。

表 3-3　四川各区不同时期生丝产量比较

单位：担

区别	兴盛期 （1927—1928年）	衰落期 （1934—1935年）
川北区	20000	2300
川南区	10000	2400
川东区	3000	300
下川南区	2000	300
下川东区	2000	100
其他区	3000	100
合计	40000	5500

第三节　近代中国蚕丝业的技术改良

近代中国的蚕丝业伴随着当时社会的政治、经济、思想、文化各方面的一系列变化，出现了大规模的改良，成为蚕丝业近代化的基本特征之一。一个初具规模、拥有各个层次、比较完整的蚕丝业教育体系的建成，一批独立的蚕业专门研究机构以及一批蚕丝业专业管理机构和民间组织的出现，使得蚕种改良、新品种研制等方面的工作取得了突破性进展。

蚕丝改良最重要的方面是蚕种改良。自 19 世纪 60 年代末法国的巴斯德（Pasteus，L.，1822—1895）发明蚕的微粒子病防疫法以来，在蚕种制种上西方和日本取得了相当进展，而中国传统土种由于蚕病等原因影响生产丝产量和质量。1889 年宁波英国税务司雇员江生金受英国人康发达的派遣去法国蒙伯叶养蚕公院学习选择无病蚕种方法，半年后回国。1987 年林启创办杭州蚕学馆，开我国现代蚕丝教育先河。江生金被聘为第一任总教习，讲授检种和育种新法，不久江辞职。杭州蚕学馆又聘请日本专家轰木长太郎、前岛次郎和西厚德太郎为正副教习，为时 3 年，教授养蚕、蚕病、制种新法，并帮助蚕学馆对浙江地方蚕种进行征集和选择。1924 年浙江省立甲种蚕业学校（前身为杭州蚕学馆）制成"诸桂 × 赤熟"杂交种，揭开了我国蚕种制造事业的新篇章。杭州蚕学馆第四期毕业生史量才于 1903 年在上海创办私立女子蚕业学校，改公立后迁苏州浒墅关建校开学，更名为江苏省立女子蚕业学校，并在蚕业改良方面作了不少努力；1921 年增设原蚕种制造部。20 世纪 20 年代后，进行改良蚕种制造的还有中国合众蚕桑改良会、江苏省立无锡育蚕试验所、南京金陵大学、浙江省立原蚕种制造场等。不过整个来看，制种业规模还小，技术进步也不太大。杂交种从蚕的适应能力、产茧量、产丝量等方面都比过去所制的纯种蚕种为优，推出后颇受蚕农欢迎，销路甚好，于是蚕种发育很快。1924—1931年的七八年间，江浙两省蚕种场已发展到200余所，每年制种400余万张。

1934年全国经济委员会在杭州设立蚕丝改良委员会，以指导蚕桑丝茧各业，改良蚕丝。江苏、浙江、广东、山东等省也都设立蚕业改进管理委员会等机构，办理蚕种统制、茧行管理、运销统制及技术指导等工作。从1935年起，通过对蚕丝实行统制，改良蚕种，统一品种，并严禁土种出售，使江苏、浙江两省主要蚕丝生产地区，改良种成为主导蚕种。茧行早在晚清时已有，设"收购"和"烘茧"两个部门。有些洋商也在蚕茧产区设茧行。统制后的新茧行统一收购价格。这种统制反映了蚕丝生产管理体制逐步走向集中化、专业化，对生产有一定所促进。但政府为控制茧源、压价收茧，也挫伤了蚕农生产积极性。尽管如此，蚕丝改良委员会在这3年中对蚕业发展起了推动作用，这一点是值得肯定的。

1937年日本全面侵华，蚕业改良工作被打断。日军占领江苏、浙江两省主要产区后，对原有120多个蚕种场都派日本人掌握，并借口复兴中国蚕丝业，大量输入日本蚕种。1938—1943年，共进口日本蚕种（包括朝鲜蚕种）140万张，占日伪华中蚕丝公司全部配发蚕种量的一半。全面抗战期间，江苏、浙江内迁西南的蚕丝技术人员推动了四川等地的蚕种改良。抗战胜利后，蚕丝生产恢复，蚕农需种量很大。1945年成立中国蚕丝公司，除接收日伪蚕丝资产外，另拨五亿元资本，用于辅导民营、改良蚕丝等工作。在蚕丝改良方面，中蚕公司于1946年向日本订购新品种原种5000张，普通种9.5万张，并派员在中国台湾监制即时浸酸种1.3万张，廉价售给江苏、浙江、安徽、广东、四川、云南各省。对江苏、浙江两省民营蚕种场，廉价配给新品种原种，并介绍中国农民银行给以制种贷款，春期制成净蚕种约130余万张。1947年对江苏、浙江、四川、云南等设备较好的蚕种场，供给优良原种，制一代杂交种285万张。中蚕公司还制供普通种128万张；对江苏、浙江两省150余所蚕种场（江苏106场、浙江46场），采取辅导制种。

经过几十年来蚕丝科技人员、政府和民间组织的努力，中国的蚕丝改良取得了相当的进展，土种在主要蚕丝产区逐渐为改良蚕种取代，蚕丝生产的现代技术基础得到确立。但是，无论是与国际水平比较，还是与中国蚕丝在国际市场上的主要对手日本进行比较，仍明显处于落后地位。日本自明治维新以来，政府制订了一系理发展现代蚕丝的政策，并把蚕丝业作为现代化的支柱产业，通过一系列行政、法律和经济手段予以保证。日本政府还建立模范丝厂和生丝检验所，定期赠送和分配蚕种给蚕农，通过现代银行以信贷鼓励投资和经营。1914 年世界经济危机时，日本政府出资建立帝国蚕丝公司调整丝价，使蚕业渡过危机。凡此种种，使日本丝在国际竞争中逐渐压倒中国丝。如曾畅销海内外的中国湖丝终为日本丝排斥，1912 年出口量不及 1880 年的一半。

第四节　近代中国缫丝工业的发展

一、手工缫丝技术的改良

中国传统手工缫丝生产在近代并没有退出历史舞台，而是有所发展和改进。传统的手工缫丝技术、设备在全国各地仍然为数众多，其中以江南地区最为发达。江南地区又以浙江省湖州为中心，鸦片战争以后，湖丝大量出口，刺激了江南手工缫丝的兴盛。但是，19 世纪 70 年代以后，随着机器缫丝业的发展和丝织业开始推广应用高速丝织机，手工缫制的土丝出口转滞，出口价格也大大低于厂丝。如 1895 年从上海出口的浙江金麒麟牌土丝每包价格 310—345 两银，即每担 388—413 两银，而厂丝每担价格 640—720 两银。

清朝光绪（1875—1908）年间，辑里干经取代辑里丝成为主要产品。辑里干经又称辑里大经，就是利用辑里湖丝为原料，经再缫复摇加工而为织绸用的经丝。据《南浔志》记载，同治十二年（1873），南浔丝商周昌炽在乌镇购丝 800 余斤，以船运南浔。不料中途遭风覆舟，浸湿蚕丝无可为计，只得交给农家将其清理再缫成经丝。当时苏经、广东的制法都是双丝合拢后由左旋右，顺摇成经。但周昌炽却令双杨村一带农家仿日本"东洋经"制法，改为双丝合拢后由右旋左，逆摇成经。后来，又增出方经、大经、花车经等名目，统称为辑里干经、辑里大经或洋经。由于当时国内外缫丝、织绸的机器工业水平都还不太高，辑里干经以其原料质量好，生产成本较厂丝为低的优势，成为国外丝织业急需的产品。同时，经过加工再缫的辑里干经不仅比辑里湖丝更适合国外丝织生产要求，而且外销价格每包通常高出 150 余两。因此在南浔以及江苏震泽一带盛行。当时农民用土丝仿制的干经约占土丝总量的 60%。"做经"对土丝改良起了一定的作用，同时以接受经行原料、工资进行再缫加工的家庭劳动得到广泛采用。清朝光绪前期，全国各地的土丝生产，包括历史悠久的湖丝的生产都在机器缫丝业的竞争下走向衰败，但是辑里干经的农家手工缫丝生产在厂丝的压迫下依然兴盛不衰。

20世纪20年代后，由于国际市场对生丝需求的变化，日本生丝的兴起及机器缫丝业的不断进步，干经生产由盛转衰。从技术上看，干经虽是由品质较优的细土丝分档复摇而成，但因土丝生产技术落后，本身存在难以克服的缺点，仅靠再络一次，只能说比较好些，仍不能与厂丝匹敌；加之细丝是农民分散缫制，产量不多，所以干经的发展有限。到1931年，土丝出口降至1.4万多担，只占生丝输出总量的13.9%。不过，土丝质量虽不及厂丝，但成本和价格低于厂丝，国内丝织业仍长期应用江南所产土丝。江南手工缫丝技术的改良也在继续，有的甚至把分散于农家的土丝车适当加以集中，以工场的形式来生产。

二、机械缫丝业的发展

中国近代缫丝是从引进西方和日本的近代技术和设备开始的，在引进中也作了改良和创造。中国近代缫丝业发展的基本轨迹是从座缫到立缫。座缫又是从"意大利式"的大箴直缫发展到"日本式"的小箴复摇。此外，传统手工缫丝技术在近代也有若干改良和发展，其中著名的有浙江湖州南浔的"辑里干经"。总之，中国近代缫丝技术设备适应国际丝绸工业发展潮流，不断走向近代化。到20世纪30年代中期，近代机器缫丝生产在中国缫丝业中已占主导地位，中国缫丝业至此已经由传统手工业进入了近代机器工业的行列。

动力机器缫丝技术和设备引进，最初是从上海和广东南海两地开始的，并逐渐扩展到苏南、浙北和广东珠江三角洲地区。大体说来，江南地区以上海为中心，以外资丝厂为先驱，引进吸收"意大利式"缫丝机；广东珠江三角洲以陈启沅办的继昌隆缫丝厂为典型，以民族资本为主，设备上也有其特色。

继昌隆所有的缫丝设备均是仿法国式缫丝机（共捻式），其基本特点是使用蒸汽锅炉，把蒸汽通到水盆里煮茧，但是不用蒸汽用动力，缫丝仍用足踏驱动。据陈启沅后人著文介绍："煮沸水，并将沸水（蒸汽）透过蒸汽管输送到各缫丝工作位上。尚未有作过推动丝箴自动旋转的用途，因此继昌隆的缫丝法与旧式不同的是装置较灵活，且设许多小铁支柱作轴，女工用足踏起来比旧式快，只此而已，还未能说得上完全是机器缫丝。但所生产的丝已是身动而滑，质匀而白了。"蒸汽缫丝和改良丝车比原来的手工缫丝质量和产量都有了很大提高，厂丝售价又比土丝高出 1/3，所以继昌隆缫丝厂开工后便获重利，邻近乡村也群起仿效，蒸汽缫丝厂在南海县一带兴起。

由于蒸汽缫丝厂的兴起夺去了传统手工缫丝业的部分市场，时是引发了 1881 年手工丝织工人聚众捣毁蒸汽缫丝厂的事件。1881 年 11 月，陈启沅被迫将缫丝厂迁去澳门。迁厂之后第三年，陈又把缫丝厂迁回简村，改名"世昌纶"。由于蒸汽缫丝的发展顺乎市场所需，很快在广东又复兴起。1892 年世昌纶开始装置蒸汽动力驱动缫丝车，此为广东最早出现的蒸汽机缫丝厂。但是两年后重又恢复足踏，直到 1937 年抗战前夕。恢复的原因，据说是女工足较易掌握。蒸汽缫丝机费用较高，于是陈启沅与其儿子合作发明了一种廉价的脚踏缫丝机，一台只费银 4 两。脚踏缫丝机实际上是蒸汽缫丝机的简化，它从蒸汽缫丝机的四五百个水盆中分出一个水盆来。脚踏缫丝机用人力驱动，缫丝者用右脚踩机器的脚踏板，上下运动使轮子运转，水盆中的水也是用炭火加热，而不使用蒸汽。这种脚踏缫丝机缫丝比手工缫丝质量好一些，但比蒸汽缫丝机缫出的仍要差一些。这种脚踏缫丝机的发明促进了珠江三角洲地区小型缫丝厂的发展。这样在广东珠江三角洲的近代缫丝业中出现了两种类型，即较大型的蒸汽缫丝厂和相对较小的脚踏缫丝厂。前者到 20 世纪初在珠江三角洲地区已雇用 7 万名工人，主要生产出口生丝，是广东近代缫丝业的主导。

上海最早出现的近代缫丝厂是一批外资丝厂，设备购自意大利等国，技术人员也聘用外籍人员担任。1861 年英商怡和洋行引进意大利座缫机 100 台，建立了上海第一家近代机器缫丝厂"纺丝局"。不几年因原料供应等原因停办。1879 年美商旗昌洋行开办旗昌丝厂，聘法国人卜鲁纳为督办。到 1882 年上海已有 4 家蒸汽动力丝厂，意大利式缫丝车 700 台。其中旗昌、公平两丝厂为美商所办，怡和丝厂为英商所办，另一家公和永是 1881 年由与外商有联系的浙江湖州丝商黄佐卿所办。与广东近代早期丝厂不同的是，上海线厂不仅用蒸汽煮茧缫丝，而且也用来运转丝车。早期各种机械均购自意大利和法国。甲午战争以前，上海已能仿造。1890 年左右，上海永昌机器厂开始日夜制造意大利式缫丝车及丝厂用的小马力蒸汽机，这为上海及其他地区发展近代机器缫丝业提供有利条件。到 1890 年，上海蒸汽动力丝厂已达 12 家，丝车 4076 台。上海丝厂普遍采用意大利式直缫丝车，单位丝车的产量与质量均优于广东。此后，江苏的镇江、苏州、无锡、丹徒和浙江的杭州、萧山、湖州、绍兴等地，也陆续开办起近代丝厂，设备和技术多取自上海。四川省也于 1902 年建立了第一家缫丝厂——褅农丝厂，设备完全采用意大利式直缫丝机。由于这些缫丝机为上海所产，故又称"上海式"。

意大利式直缫车是 20 年代以前中国缫丝业的主要设备。直缫车生产的厂丝因不是再缫丝，在使用时切断较多。日本对引进的意大利式直缫车进行了改造，成为再缫式，性能优于意大利式。这种日本的小簐再缫式座缫车又被称为日本式缫丝车，中国缫丝业也从日本引进推广。最早引进日本式缫丝车的是浙江杭州纬成公司。纬成公司是 1912 年由浙江中等工业学堂染织科主任朱光焘邀请官绅、富商集资 2 万元创办，初以丝织起家，生产"纬成缎"，颇有声誉。为保证原料质量，1914 年纬成公司增设制丝部，由留学日本东京蚕业讲习所的嵇侃主持，仿照日本丝厂，购置小再缫式缫丝机 100 台，并配置锅炉、蒸汽机、煮茧锅、复摇车等全套机械设备。采用这种日本式缫丝机比先前各厂采用的意大利式大直缫机，产量一般能增加 20%—30%，厂丝的品位提高，缫折也有所下降，因而各厂相继仿效。纬成所生产的高品位生丝，除满足本厂织制高档绸缎外，余均出口，在国际市场上曾获好评。广东地区再缫式生产始自 1918 年。当时日本三井洋行生丝部两名职员在顺德县葛岸钿记丝厂进行试验成功。此后添备复摇车，改为再缫式的丝厂逐渐增加。一般每 5—6 台丝车配备一部。用这种方法生产的厂丝迎合了美国市场的需要，其价格比旧直缫式每担高 100 余元。在江苏，1926 年由上海迁到无锡的永泰丝厂是当时江苏最重要的丝厂之一。1929 年薛寿萱去日本考察，了解到中国丝厂与日本丝厂设备上差距，便将永泰丝厂的全部意大利式直缫车改为日本式再缫座缫车，减少了生丝切断，提高了生丝品质。在四川，从 1915 年中日合办又新丝厂起，日本式缫丝车也逐渐引入。该丝厂由日本人宫板九郎负责管理。又新丝厂附设大新铁工厂，专门制造日式缫丝机械，四川的丝厂遂改过去到上海购置设备而就近到大新购置。据 1926 年调查，四川共有丝厂 18 家，其中日本式丝厂 7 家。

20 世纪 20 年代末，立缫机在中国开始出现。日本发明立缫机是在 1904 年，但至 20 年代才发展为多绪立缫。日本多绪立缫机出现四五年后，中国即引进和试制成功。1929 年由浙江省建设厅拨款在杭州武林门外兴建杭州缫丝厂，引进群马式立缫机 292 台及千叶式煮茧机 1 台，作为浙江各丝厂技术改造的试点。此后，庆云、纬成、惠纶、东乡等厂家也设置立缫机。到 1935 年，浙江全省 29 家丝厂的 7588 台丝车中，立缫机共 846 台，占 11%；再缫车 2078 台，占 27%；直缫车 4674 台，占 62%。1936 年秋季以后，随着国际丝市转旺，浙江省蚕丝统制委员会筹款 16 万元拨借各厂装置新式缫丝车，立缫机增至 2150 台，占全省丝车总数的 25%。其他如煮茧、复摇、检验等设备，也有充实发展。在江苏，立缫机最早出现于无锡泰丝厂。1929 年薛寿萱聘请从日本留学回国的邹景衡、王左泉、费达生及从美国留学回来的薛祖康等一批技术专家，致力于丝车设备改革。他们经过反复研究，于 1929 年设计并由无锡工艺铁工厂制造出一台 32 绪立缫车，后又修改完善为 20 绪立缫车，随即投入成批生产。1930 年薛寿萱投资建成新华制丝养成所。192 台 20 绪立缫机均系自造。当时《申报年鉴》称"其设备系最新式，管理之合法，可为全国之冠"。与此同时，永泰丝厂从日本引进 1 台千叶式煮茧机，经仿造后配置永泰系各丝厂。1932 年薛寿萱又将永盛、永吉两厂的 492 台座缫车全部改装为立缫机。浒墅关女子蚕校还与永泰丝厂一起研究设计女蚕式立缫机，由无锡合众铁工厂与上海环球铁工厂合造。1933 年 8 月，无锡玉祁瑞纶丝厂的吴申伯，捐资装置了一个有 32 台女蚕式立缫机的车间。永泰丝厂还在国内首创了集中复摇。如振元丝厂的丝用船运到新华丝厂复摇，锦纪的丝到永泰复摇，较好地解决了生丝物理指标及丝色统一等问题，提高了生丝质量。新华制丝养成所从 1931—1936 年办了每期半年的新手养成工培训，训练立缫女工，每期招收三百多人，对立缫技术的推广起了重要作用。抗日战争前夕，我国已有立缫机 3000 台，其中大部分集中在浙江省，约占全国丝车总数的 4.2%。抗日战争期间，我国丝厂设备受到日军的严重破坏。抗战胜利后，江苏、浙江、上海丝厂先后复业的约 110 家，丝车 13938 台，其中立缫机 2726 台。此外，四川丝业公司也设置立缫机 120 台。全国主要缫丝业省市的丝车总数，1946 年只有 1936 年的 29%，但立缫机占丝车总数的比例上升至 14%，1948—1949 年，这个比例达到 18% 左右。这种情况说明，从技术设备方面看，缫丝业有了不小的发展和进步。

　　尽管近代中国蚕丝业在养蚕技术、机械缫丝技术和设备等引进改良方面作了很大的努力，但是，其进步的速度和推广面远远不及我国生丝出口的最大竞争对手近邻的日本，加上半殖民地半封建社会下的历届政府没有明确的产业发展目标和具体的促进措施等多种原因，导致近代我国的生丝出口竞争力弱化。如后所述，近代我国生丝的出口成长跟不上世界生丝需求的增长，我国生丝出口在近代世界生丝市场上的地位呈现下降趋势。

第五节　出口生丝的检查与分级

由于生丝价格昂贵，其质量的好坏及含水量的高低对生丝价格的影响很大，因此，出口生丝的公正合理的质量检验在生丝对外贸易的发展中是必不可少的。世界最早的生丝检验所 1750 年在意大利的图里诺市成立，1779 年法国的里昂、1852 年英国的伦敦等地也设立了生丝检验所。

美国 1880 年在纽约设立了生丝检验所，数年后曾一度关闭。1970 年根据纽约州法律成立了新的美国生丝检验公司，兼并了原生丝检验所。

日本于 1868 年在东京，1869 年在横滨和神户等开港地成立了蚕业改良所，1873 年成立生丝改良公司。1878 年成立了生丝检查所。但当时仅检查出口生丝的数量和有无杂物混入而已。1895 年根据《生丝检查所法》才在横滨和神户设立了具有真正意义的日本国立生丝检验所。与意大利、法国、日本等国很早就设立生丝检验所相比，我国才于 1890 年 6 月在广州设立了生丝检查所，但成效不佳不久即关闭。此后，1922 年 2 月在上海的香港路 10 号仓库的 4 楼设立了中美合办生丝检查所，1930 年在广州再次设立了生丝检查所。

如前而所述，近代中国生丝出口的商权为外国洋行所控制。因而直至上海及广州设立生丝检查所以前，生丝的检查由各洋行独自进行，其品质分级也因洋行而有不同。

20 世纪初上海出口生丝根据质量的好坏分为：I. Grand Exrta，II. Double Extra，III. Extra，IV. Fair Extra，V. Best No.1，VI. No.1，VII.No.2 七等。其中 I–V 等还各可分为 A 上、A 下、A—B 上、A—B 下、B 上、B 下、B—C 上、B—C 下、C 上、C 下等级别。

从广州出口的生丝根据质量的好坏分为 I. Extra Extra A，II. Extra, Extra，III. Extra A，IV. Extra B，V. Selected Grant–Rereels，VI. Grant–Rereels 等六等。

由于从上海出口的生丝所分等级过于复杂，1924 年上海生丝洋行协会讨论决定把产于江浙地方的出口生丝分为：I. Grand Double Extra，II. Double Extra，III. Extra A，IV. Extra B，V. Extra C，VI. Good A，VII. Good B 七个等级。

产于山东的出口厂丝分为：I. Grand Extra A，II. Double Extra B，III. Extra A，IV. Extra B，V. No.1，VI. No.2 六个等级。

产于四川的出口厂丝分为：I. Grand Extra shop，Ⅱ. Petit Extra chop，Ⅲ. Good No.1 Chop，IV.No.1 Chop 四个等级。

座缲辑里丝的丝经分为：Ⅰ. Grand Extra，Ⅱ. Extra，Ⅲ. No.1，Ⅳ. No.2，Ⅴ. Inferior 五个等级。

而传统的座缲土丝分为：I. No.3（1/2），Ⅱ. No.4，Ⅲ. No.4（3/4），Ⅳ. No.5 Best，Ⅴ. No.5 Bonne，Ⅵ. No.5 Courantis 六个等级。

从广州出口的生丝、进入 20 世纪后基本上为厂丝。出口市场不同而有不同的等级划分。

1930 年代从广州出口至美国的厂丝分为：I. Grand XX，Ⅱ. XX Crack Superior，Ⅲ. XX Crack Good No.1，Ⅳ. XX Crack Good，Ⅴ. XX Crack 五个等级。

出口至欧洲的生丝分为：I. Grand Extra，Ⅱ. Small Extra，Ⅲ. Best No.1 Good，Ⅳ. Best No.1 四个等级[1]。

---

① 顾国达，《近代中国蚕丝业的经济分析》，京都工艺纤维大学硕士学位论文，1992 年 4 月，第 124 页。

第四章　近代中国生丝出口的"二港制"与出口生丝的流通路径

近代中国的生丝是从哪几个港口出口国外的？这些港口在近代中国生丝出口中具有什么样的地位？近代中国的出口生丝的交易方式和交易费用如何？出口生丝的贸易商权为谁所把持？在不同历史阶段中国出口生丝的流通路径有何变化？本章拟就上述问题，运用所能收集的史料和相关统计数据进行定性叙述与定量分析。

第一节　近代生丝出口的上海与广州"二港制"

一、近代生丝出口"二港制"的形成

自清朝于 1757 年（乾隆二十二年）禁止除广州以外诸如宁波、定海、厦门等海港与西洋人进行贸易以来，直至 1842 年 8 月清朝与英国签订丧权辱国的《南京条约》，允许广州、上海、福州、厦门、宁波等五港开港的 85 年间，我国对外贸易仅限于广州一地。因此，该时期的中国生丝出口可以称为广州"一港制"。

1840 年由英帝国主义挑衅发起的鸦片战争，因清朝的腐败和怯战终于失败，1842 年 8 月清朝被迫与英国在南京下关签订了丧权辱国的《南京条约》。根据这个不平等条约，清朝除割让香港岛，支付 2100 万银元给英国，废除对外贸易中长期实行的公行制度外，还允诺开放广州、福州、厦门、宁波和上海等五港，并同意在开港地设立租界，认可进出口从价 5% 的协议税率。根据《南京条约》，上海于 1843 年 11 月 17 日（清道光二十二年十月十五日）开港。由于当时我国蚕丝业的主产地位于与上海相邻的太湖南岸浙江省的湖州府、嘉兴府、杭州府和江苏省的苏州府。广东地方的蚕丝业当时还没有多大的发展。随着上海的开港，使从来由广州出口的江浙地方出产的"湖丝"几乎全由上海出口。在全国生丝出口总量中广州所占的比例，由 1844—1846 年度（7 月 1 日—翌年 6 月 30 的商业

年度）平均的 23.5%，下跌至 1848—1852 年度的 13.8%，1860 年前后只有 8% 左右。而上海所占的比例由 1844—1846 年度平均的 76.5%，提高至 1848—1852 年度的 82.6%，1860 年前后达到 90% 左右（表 4-1）。其他如宁波等港口虽有少量生丝出口，但在全国生丝出口总量所占比例很低。随着上海的开港，自 1844 年开始中国生丝出口从以往的广州"一港制"变为上海和广州的"二港制"。

二、上海成为中国出口的最大出口港是在 1845 年

正如当时外商所记述的那样，"上海开港后不久即成为中国的生丝市场，欧洲各国进口的中国生丝几乎来自于上海"[①]。上海开港后不久中国生丝的最大出口港就由广州改为上海。至于上海成为我国近代最大的生丝出口港的时间有不同后见解，杨源兴（1984）认为是 1843—1844 年度；戴亮（1989）和黄瓒雄（1990，1991）则根据莫骞（Morse，1910）的生丝出口数量统计认为是 1846 年，遗憾的是他们没有注意到年与年度的区别。

如表 4-1 所示，1844 年度上海的生丝出口量为 311.1 吨，少于广州的 328.2 吨；而 1845 年度上海生丝出口量为 734.7 吨，远远超过广州 171.9 吨，此后从上海出口生丝量均远多于广州的生丝出口量。另外，从上海和广州向英国出口的丝绸金额的比较看，1845 年上海向英国出口了价值 3806 千银元的生丝，而广州生丝和丝织品出口额合计为 2425 千银元，低于上海的生丝出口额（表 8-1）。英国如后所述在开港期垄断了当时中国的丝绸对外贸易（第 8 章）。从上海与广州对英国的丝绸出口额比较结果，也可证明上海取代广州成为我国最大的生丝出口港是在 1845 年。

那么，为什么上海开港后不久就能取代广州成为我国最大的生丝出口港呢？其最主要原因在于上海条件优越。因为上海位于中国沿海的中部，长江的入海口，我国蚕丝主产地——位于太湖的南岸的浙江省湖州府和嘉兴府和江苏省的苏州府与上海相邻；另一个蚕丝重要产地的四川省和湖北省位于长江中流，他们均可利用航船直达上海。

开港期，广东的蚕丝业还没有那么发展。从江浙的蚕丝主产地运送生丝到达上海只要数日，而如果要运到广州至少需要 3 个月以上的时间。清朝为了保护原来的生丝贸易港广州的繁荣从开港开始至 1862 年 3 月 23 日止，规定对从上海出口的江浙地方产生丝，继续征收从江浙运至广州所经过的北新、赣州，太平等三关计每担（60.453 公斤）生丝约 3 两 2 厘 9 分

---

① 姚贤镐，《中国近代对外贸易史资料》，北京：中华书局，1962 年，第 563 页。

9 厘的内地关税。上述征税规定取消后，使上海作为我国生丝主要出口港的地位得到了进一步的巩固。

表 4-1　开港后中国生丝出口量（1842—1852 年度）

年度	广州		上海		合计（吨）
	出口量（吨）	比例（%）	出口量（吨）	比例（%）	
1842	86.4	100			86.4
1843	125.9	100			125.9
1844	328.2	51.3	311.1	48.7	639.3
1845	171.9	19.0	743.7	81.0	906.6
1846	58.0	7.0	772.4	93.0	830.4
1847			1024.1		
1848	51.3	5.5	877.0	94.5	928.3
1849	208.2	22.0	736.9	78.0	945.1
1850	116.5	12.3	833.9	87.7	950.4
1851	171.6	14.7	997.7	85.3	1169.3
1852	221.3	14.0	1357.8	86.0	1579.1

注：年度为 7 月 1 日—翌年 6 月 30 日。1bale = 48.36kg 换算。
资料来源：Morse，H.B. *The International Relation of the Chinese Empire*，1834—1860，Lindon，1910，p.36；Williams，H.B. *The Chinese Commercial Guide*，Hongkong，1863，p.198.

尽管如此，由于江浙地方出产的生丝从广州出口不但需要花费运费，还需要较多的运输时间，以至"欧洲人在上海能采购到比广州约便宜一成的生丝，茶叶等商品"[①]。在条件上上海远优于广州。而宁波虽然与上海几乎同时开港，且位于我国蚕丝主产地浙江省的境内，但与上海相比，上海与蚕丝主产地湖州和嘉兴更近，有黄浦江水系直接相通。在陆路运输不便的当时，生丝从上海出口远比从宁波出口距离近，运输方便。

也就是说，在陆路运输不够发达的开港期，最邻近蚕丝主产地，水运方便的上海，远比其他开港城市有利。尤其是在外国洋行和外国殖民地银行大量登陆上海租界，商业和金融业的发达使上海从 1852 年开始取代广州成为中国近代对外贸易的中心后，进一步巩固了上海作为我国近代最大生丝出口港的地位。

三、上海和广州在我国生丝出口中的地位变化

据统计，自 1868 年至 1949 年后 82 年中我国的生丝出口总量达到

① 黄苇，《上海开埠初期对期对外贸易研究》，上海：上海人民出版社，1979 年，第 78 页。

460029.5 吨，其中出口桑蚕丝 385756.4 吨占 83.9%，出口柞蚕丝 74273.1 吨占 16.1%。可见，桑蚕丝是我国近代生丝对外出口的主体商品。以下就以桑蚕丝出口为焦点，考察上海和广州在我国近代生丝出口中的地位变化。

自 1873 年民族资本家陈启沅在广东省南海县简村创办继昌隆缫丝厂以后，在 19 世纪 80 年代广东地方的机器缫丝厂有了较大的发展，至 1893 年从广州出口的白厂丝已占该港生丝出口总量的 89.4%，1900 年达到 96.8%。而江浙地方虽然 1878 年由外国洋行在上海开办了法式机器缫丝厂，但由于传统的座缫制丝业和丝织业从业者的反对及地方政府的各种限制，江浙地方的机器缫丝业并没有像广东那样得到快速发展。受到甲午战争清朝败战的刺激，江浙地方，尤其是无锡和杭州一带的机器缫丝业才有较快的发展。但至 1906 年从上海出口的白厂丝仅占生丝出口总量的 1/4，至 1911 年也只有 36.4%。江浙地区和广东地区机器缫丝业发展的差异，也相当程度上影响该港生丝对外贸易的发展，从而在上海和广州生丝出口量占全国生丝出口量中比例有明显的表现。

如表 4-2 所示，1870—1939 年的 70 年中我国的桑蚕生丝出口总量为 370349.0 吨，其中上海的桑蚕生丝出口量为 241308.5 吨，占 65.2%；广州的桑蚕生丝出口量为 118094.0 吨，占 31.9%。自 19 世纪中期以后，山东芝罘（今烟台）等港口也有少量的生丝出口，但其他港口的生丝出口数量除甲午战争和抗日战争及其他个别年份外，大部分年份的出口量占全国生丝出口总量比例均低于 5%。基于 1870—1939 年的 70 年间上海和广州的生丝出口量占全国生丝出口总量的比例达 97% 左右，其他港口的生丝出口量仅占 3% 左右这样的历史事实，可以说我国近代生丝出口实行的是上海和广州的"二港制"。

上海和广州的生丝出口额占全国生丝出口总额的比例如表 4-3 所示。从上海与广州的生丝出口额占全国生丝出口总额中的比例变化也说明，近代中国的生丝出口是以上海和广州为中心进行的，其他口岸的生丝出口额在全国生丝出口额中所占比例最高年份的 1890 年也只有 6.43%，大多数年份所占比例均小于 3%。但就上海和广州比较，由于我国蚕丝业主产地江浙地方和广东省在机械缫丝发展上的不同，在 19 世纪 80 年代后期至 1931 年日本倾销库存生丝对我生丝出口产生显著影响期间，广州港在全国生丝出口的地位有较明显的上升，1890 年为 30.4%，1900 年为 33.1%，1910 年为 42.0%，1920 年达到 47.1%，1930 年为 36.6%。同期上海在全国生丝出口中的地位有相应的下降。

表4-2 上海和广州在中国桑蚕丝出口中所占的地位（1870—1939年）

5年平均	桑蚕丝出口总量（吨）	上海		广州		其他	
		出口量（吨）	比例（%）	出口量（吨）	比例（%）	出口量（吨）	比例（%）
1870—1874	3472.8	2598.1	74.8	874.7	25.2		
1875—1879	4179.5	3220.1	77.0	959.4	23.0		
1880—1884	3860.3	2982.5	77.3	877.8	22.7		
1885—1889	3867.7	2723.8	70.4	1062.1	27.5	81.8	2.1
1890—1894	4760.8	3311.1	69.5	1202.0	25.2	247.7	5.2
1895—1899	5803.9	3768.2	64.9	1814.1	31.3	221.6	3.8
1900—1904	5466.8	3232.8	59.1	2123.1	38.8	110.9	2.0
1905—1909	5420.2	3161.2	58.3	2173.0	40.1	86.0	1.6
1910—1914	6468.6	3960.9	61.2	2409.6	37.3	98.1	1.5
1915—1919	6627.0	4162.3	62.8	2294.4	34.6	170.3	2.6
1920—1924	6343.3	3451.1	53.6	2703.0	42.0	280.2	4.4
1925—1929	8664.4	6192.4	71.5	2268.4	26.2	203.6	2.3
1930—1934	5132.6	2828.1	55.1	1983.4	38.6	321.1	6.3
1935—1939	4001.9	2669.1	66.7	873.8	21.8	459.0	11.5
1870—1939 合计	370349.0	241308.5	65.2	118094.0	31.9	10946.5	2.9

资料来源：根据海关年报整理。

表4-3 1860—1946年全国各口岸生丝出口值比较

年份	上海		广州		其他口岸		全国合计
	万关两	%	万关两	%	万关两	%	万关两
1860	1962.07	93.09	145.60	6.91			2107.67
1870	1401.15	73.38	486.10	25.45	22.29	1.17	1909.54
1880	1966.61	87.00	293.83	13.00			2260.44
1890	1174.51	63.17	565.28	30.40	119.55	6.43	1859.34
1900	2200.90	64.93	1123.24	33.14	65.42	1.93	3389.56
1910	3620.16	56.99	2666.90	41.98	65.24	1.03	6352.30
1920	3059.01	50.08	2877.07	47.10	171.99	2.82	6108.07
1930	6083.65	61.10	3645.70	36.62	226.81	2.28	9956.16

资料来源：中国近代纺织史编委会，《中国近代纺织史（上）》，北京：中国纺织出版社，1997年，第210页。

第二节　丝绸出口税

一、丝绸出口税率的变化

在开港地设立海关对进出口物品行使行政管理职能，并依法征收进出口税是国家的主权行为。政府通过进出口税的征收在确保国家财政收入的同时，还可通过对进出口税率的调整达到保护和培育民族产业的目的。

我国早在唐朝就曾设立了现代海关的前身——"市舶司"，这种"市舶"制度一直延续明朝，有效地管理了我国的对外贸易。清朝入关（1644）后至康熙23年（1684）的40年间，废除了"市舶司"制度，对沿海地方的对外贸易进行了严厉的禁止。康熙24年（1685）清朝解除海禁，设立了江（江苏）、浙（浙江）、闽（福建）、粤（广东）等4个海关，对进出口商品进行检查，并征收关税。但是，这些海关在对外贸易中的管理权，不久即落入清朝的特许商人——"公行"（也称为"十三行"）的手中。当时，商品的进出口税率虽由"公行"和海关协商决定，但由于关税的征收由"公行"全权代理，外国来华商人除交缴进出口关税外，还必须向"公行"交纳关税相当额后的3%作为代理费。因此，对外贸易中"公行"的介在，严重阻碍了对外贸易的发展。

鸦片战争结束后，1842年由清朝与英国签订了丧权辱国的不平等条约——《南京条约》。该条约规定废除"公行"制度，要求将商品的进出税率定为从价5%的协议税率。1858年签订的《天津条约》把"值百抽五"这个进出口同一的协议税率固定化。

近代丝绸及相关商品的出口税率的变化如表4-4所示。1844—1857年的14年中各类丝绸商品，基本上按从价5%的协议税率征收。自1858年《天津条约》签订丧失关税自主权以后至1930年5月我国恢复关税自主权的73年中，各类丝绸商品的出口税按1858年所定税率征收。

1931年国民党政府为了增加国库的财政收入，无视日本和意大利等生丝出口竞争国为提高生丝出口竞争力早已取消生丝出口税的事实，更不顾受世界经济大危机影响，江浙沪丝厂大量倒闭，生丝出口受阻严重积压，蚕丝业处于生死存亡的危难现状，利用废除子口半税、厘金税、蚕茧落地税等税目的同时，提高了各类丝绸商品的出口税。但在日本库存生丝大量倾销，外国生丝出口严重受阻的背景下，加上蚕丝业界的强烈反对，又不得不于1932年5月宣布免征丝绸类商品的出口税。

表 4-4　近代中国丝绸相关商品的出口税率的变化

单位：海关两/担

品目	1843年	1844—1857年	1858—1930年	1931—1932年	备注
	税率	协议税率	税率	税率	
白丝	10.00	10.00	10.00	15.00	白厂丝、白土丝
黄丝		5.00	7.00	10.50	黄厂丝、黄土丝
双宫丝		5.00	5.00	7.50	同宫丝
野蚕丝	2.50	2.50	2.50	7.50	柞蚕丝
废丝	2.50	1.00	1.00	★5.0%	茧衣、汰头、长吐等废丝
丝绵	3.00	5.50	5.50		绵兜
丝绸	12.00	12.00	12.00	12.00	绢织物
其他丝绸	10.00	10.00	10.00	10.00	丝绒、丝带等
茧绸				4.50	柞蚕丝绸
蚕茧		4.00	3.00	11.00	桑蚕茧、双宫茧
茧壳			3.00	★7.5%	出壳茧
次下茧			★5.0%	★7.5%	蝇蛆茧、屑茧
野蚕茧			1.00		柞蚕茧

注：★ 为从价税率。

资料来源：姚贤镐，《中国近代对外贸易史资料》，北京：中华书局，1962年，第788页。
《日本中央蚕丝报》，第179期，第86页。

　　除关税外，受财源拮据困扰的清朝和国民党政府，不但征收出口税，对出口生丝在国内流通过程中还征收厘金税、沿海贸易税和子口半税，在出口港还征收河江税和码头税等各种附加税。清末民初上海对征收进出口税的商品的河江税税率定为关税的3%，其他商品的河江税税率为从价的0.15%。各种丝绸商品码头税税率如表4-5所示。

表 4-5　上海丝绸相关商品的码头税税率

单位：海关两/担

品目	税率
器械桑蚕丝	0.320
器械柞蚕丝	0.120
再缫桑蚕丝（白）	0.300
再缫桑蚕丝（黄）	0.250
座缫桑蚕丝（白）	0.160
座缫桑蚕丝（黄）	0.135
座缫柞蚕丝	0.100
蚕茧	0.060

二、生丝出口税对生丝出口竞争力的影响

在对外贸易中对商品的出口征收出口税对于国家的财政收入十分重要，但从产业培育和保护，鼓励出口创汇的目的出发，根据世界丝绸市场的供求关系和竞争国丝绸贸易的动向，对丝绸类商品的出税率进行适当的调整也是必要的。我国自 1858 年关税自主权完全丧失后至 1930 年 5 月恢复行使关税自主权的这段时期内，要对商品的出口税率进行适当的必要调整，事实上是不可能的。不仅出口税率的调整，甚至连有权废除的严重影响商品流通的国内各种流通税、捐及各种名目的附加税也长期地存在，影响了我国近代生丝的出口竞争力。

自 1880 年代以后，随着世界生丝市场的竞争日趋激烈，我国生丝出口竞争国之一的意大利，为了提高本国生丝的出口竞争力，促进蚕丝业的发展，于 1892 年 7 月 1 日开始废除了每公斤 0.385 利拉的生丝出口税。另一个重要的生丝出口竞争国日本也出于与意大利同样的目的，于 1899 年（明治 32 年）7 月 1 日废除了生丝出口税。但我国近代的生丝出口税一直存续到 1932 年 5 月。生丝出口税及各种国内流通税，名目繁多的各种捐及附加税的存在严重地损害了我国生丝的出口竞争力，阻害了蚕丝业的发展。

以 1901 年为例，当时白厂丝的出口价格平均为每担（60.453 公斤）436.69 海关两，在出口时需要交纳 10.00 海关两的出口税，关税 3.0% 相当额的河江税 0.3 海关两，以及 0.32 海关两的码头税，这些税金合计为 10.62 海关两，相当于生丝出口价格的 2.43%；同年白土丝的出口价格为每担 390.39 海关两，同样需交纳 10 海关两的出口税、0.30 海关两的河江税和 0.16 海关两的码头税，合计纳税额为 10.46 海关两，相当于出口价格的 2.68%。也就是即使忽略不计这些生丝从各产地运到上海需交纳国内流通税、各种捐及附加税，仅从上海港出口就需交纳占出口价格 2.5% 左右的税费。这些税费虽然只有《天津条约》所定"值百抽五"的进出口税率的一半，但在意大利和日本等竞争国相继取消生丝出口税的情况下，我国由于出口税的存在，至少使生丝出口的价格竞争力损失 2.5% 左右。

第三节　生丝贸易商权的失落与间接出口

1757 年清朝禁止广州以外的其他港口与外国人开展直接贸易以来，我国出口的生丝主要通过特许商人"十三行"，出售给垄断我国对外贸易的英国东印度公司，然后再出口至东南亚及欧美各国。也就是在 1832 年英国取消东印度公司对华贸易垄断权以前，我国出口生丝的国内汇集由"十三行"所垄断，生丝对外贸易的商权为东印度公司所垄断。

伴随 1842 年 8 月《南京条约》的签订，对外贸易中长期存在的"公行"制被废除，"怡和洋行"等外国公司陆续在上海和广州等租界内建立分支机构，开始直接收购各类丝绸商品以供出口。此后英国、法国、美国、日本和俄罗斯等帝国主义列强通过《天津条约》（1858 年）、《北京条约》（1859年）、《下关条约》（1895 年）等各种不平等条约，争夺中国对外贸易商权，各国从事生丝进出口业务的洋行大量登陆上海和广州等开港地。据有关资料统计：1918 年在上海从事生丝出口的洋行有 34 家（表 4-6），在广州从事生丝进出口业务的洋行有 15 家（表 4-7），而在上海和广州从事生丝出口业务的本国公司一家也没有。1927 年在上海从事生丝出口业务的公司有50 多家，其中本国公司只有称为"华昌洋行"的一家。

表 4-6　上海生丝出口洋行一览（1918 年）

国籍	洋行名	中国名
英国	A. Arnand Cost & R.V. Dent	？昌
英国	Arnhold K.E.	安利
英国	Burkill & Sons A.R.	祥茂
英国	Dyce &Co.	？信
英国	Jardine Matheson & Co.Ltd.	怡和
英国	Little & Co.William	中和
英国	Nabholz & Co.	新时昌
英国	Patel A.C. & Co.	美大
英国	Probest Hanbury & Co.Ltd.	公利
英国	PuthodA.	通顺
英国	Reiss & Co.	泰和
法国	Carisio C.	义昌
法国	China Silk & Agency Co.Ltd.	集昌
法国	Giullard J.	大昌
法国	Geyet E.	固益
法国	Madier Freres	信孚
法国	Marthound Freres	百多

（续表）

国籍	洋行名	中国名
法国	Patel A.C. & Co.	百利
法国	Sauvayre J.	有余
美国	Azedian Jaccques	洋利
美国	Bacha Michel & Co.	日升
美国	R. Pfister & Co.	
美国	Boyer Mazet & Co.	法昌
美国	General Silk Importing Co.	
瑞士	Burk Karedt Amidaui & Co.	保加
瑞士	Kuder & Co.E.	慎余
瑞士	Hiffer F. C.	公安
瑞士	Rayner Keusser & Co.	连纳
瑞士	Somekh B.A. & Co.	沙味
瑞士	Sulger Rudolph & Co.	达昌
瑞士★	Villa Bros A.P.	景昌
日本	Mitui Bussankaisha Ltd.	三井
	Sundries	
	Tata Sons & Co.	多多

资料来源：松下宪三郎（まつした けんざぶろう），《支那制丝业调查复命书》，农商务省农务局，1920年，第138页。

表4-7　广州生丝出口洋行一览（1918年）

国籍	洋行名	中国名
英国	Herber Dent & Co.	霞拔颠地
英国	T.E Griffth Ltd.	时昌
英国	Reiss & Co.	泰和
英国	Hogg & Co.	
英国	Jardine Matheson & Co.	怡和
法国	Boyer Mozet & Co.	纶泰
法国	Gerin Drvard & Co.	志利
法国	La General Soies	兴利
法国	Varenne Dowler & Co.	华连
美国	General Silk Importing Co.	时泰
德国	Arnhold K.E.	安利
西班牙	U. Spalinger	同和
西班牙	Spalinger & Co.	
意大利	Villa Bros A.P.	
日本	Mitsui Bussan Kaisha	三井

资料来源：松下宪三郎，《支那制丝业调查复命书》，农商务省农务局，1920年，第138页。

表4-8 上海各洋行生丝出口量及所占比例（1910—1914 年）

洋行名	1910年 出口量（公斤）	1910年 比例（%）	1912年 出口量（公斤）	1912年 比例（%）	1914年 出口量（公斤）	1914年 比例（%）
Carlowitz & Co.	683760	12.86	778980	12.37	298260	6.84
Jardine. Matheson & Co., Ltd	538860	10.14	533280	8.47	355320	8.15
Sulzger. Rudolph & Co.	420960	7.92	432300	6.87	241860	5.54
Rsiss & Co.	257820	4.85	411120	6.53	161040	3.69
Probest Hanbury & Co., Ltd	9060	0.17	389220	6.18	124980	2.87
Arnhold. Karberg & Co.	292740	5.51	321540	5.11	154860	3.55
Paturel. Co.	244620	4.60	293940	4.67	104400	2.39
Boyer Meget & Co.	96480	1.81	286680	4.56	52500	1.20
China Silk Agency Co., Ltd	199320	3.75	235080	3.74	150780	3.46
Gaillard. J.	198120	3.73	227640	3.62	73200	1.68
Schwarz Gaumer & Co.			224880	3.57	89760	2.06
Hepfer .F.C. & Co.	170280	3.20	215160	3.42	70620	1.62
Dyce & Co.	182100	3.43	182820	2.90	138420	3.17
Patel A.C. & Co.			174420	2.77	96180	2.20
Afshar & Co.M.M.B.	177000	3.33	168780	2.68		
Madier. H.	156120	2.94	144840	2.30	85380	1.96
Mitsui Bussan Kaisha			134820	2.14	173940	3.99
Azadian Lacques			125880	2.00	66360	1.52
Nabholtz & Co.	128400	2.42	110760	1.76	39480	0.91
Little.William & Co.	91320	1.72	100560	1.60	4980	0.11
Diederichsen & Co.	130380	2.45	100200	1.59	42540	0.98
China Japan Trading Co.	80000	3.39	98100	1.56	49380	1.13
Puthod A.			92160	1.46	77820	1.78
Somekh. B.A. & Co.	134040	2.52	91200	1.45	23700	0.54
Bacha. Michel & Co.	89400	1.68	77880	1.24	32280	0.74
Siber & Co.	114180	2.15	76260	1.21		
Tache J. & Co.	56940	1.07	66660	1.06		
Tatasons & Co.	45780	0.86	65340	1.04	19380	0.44
R. Pfister & Co.			56520	0.90	27480	0.63
Westphal. King & Ramsay Ltd	20940	0.39	37080	0.59	4800	0.11
Tabbah. Saleh & Aref	61620	1.16	17340	0.28		
Sundries			12600	0.20		
Burkill & Sons.A.R.	6000	0.11	5100	0.08	10980	0.25
Sienassen & Co.	25800	0.48	4200	0.06	24600	0.56
A. Arnaud Costs & R.V.Dent					14400	0.33

（续表）

洋行名	1910年		1912年		1914年	
	出口量 （公斤）	比例 （%）	出口量 （公斤）	比例 （%）	出口量 （公斤）	比例 （%）
Villa Stearns Co.					36900	0.85
Marthoudfreres					16200	0.37
其他	604200	11.37				
合计（吨）	5316.2	100.0	6293.3	100.0	4361.9	100.0

资料来源：日本《生丝检验所调查报告》，1913年，第119—121页；1914年，第94—96页。

表4-9　上海各洋行生丝出口量及所占比例（1939—1940年）

洋行名	国籍	中国名	1939年		1940年	
			出口量 （公斤）	比例 （%）	出口量 （公斤）	比例 （%）
Azadian.Jacques Fils	法国	祥利	39000	0.95	5520	0.16
Azadian. Leon	法国	礼荣	30300	0.74	1020	0.03
Les Succrsd' Ulysse Pila & Co.	法国	笔喇	27600	0.68	2400	0.07
Madier. Ribet & cie	法国	信孚	203880	4.99	114840	3.31
Marthoud & Cie	法国	百多	79920	1.96	21180	0.61
N.J. Sbath & Co.	法国	世?	56820	1.39	22500	0.65
TheUnited Mercantile Co.	法国	聊茂	41280	1.01	14940	0.43
Mitsubishi Shoji Kaisha.Ltd.	日本	三菱			550680	15.9
Mitsui Bussan Kaisha.Ltd.	日本	三井	489480	12.0	735180	21.2
Gibb Livingston & Co., Ltd.	英国	仁记	155400	3.80	78000	2.25
Jardine Matheson & Co., Ltd.	英国	怡和	503100	12.3	341460	9.84
Reiss. Bradley & Co., Ltd	英国	泰和	1500	0.04		
U.S.Far EasternTrading Corp.	美国	信臣	29580	0.72	73080	2.11
Clericibedoni & Co., S.A.	意大利	开利	74640	1.83		
Fumagalli & Gironi.C.	意大利	达丰	108480	2.66	59580	1.72
Erzinger & Co.	瑞士	连纳	77340	1.89	92280	2.66
Rudolph & Co., Charles	瑞士	达昌	586200	14.4	314760	9.07
J.C.Chinai & Co.	印度	三星			85020	2.45
L.S.Carasso	希腊	?宏	1260	0.03		
其他			492300	12.1	2340	0.07
小计（吨）			2998.1	74.4	2514.8	72.4
上海生丝出口总量（吨）			4084.4	100	3471.7	100

资料来源：上海生丝出口商同业公会调查，《华中蚕丝报》，第11期，第127页；第15期，第153页。

1910—1914 年和 1939—1940 年上海各商行的生丝出口量及所占比例如表 4-8 和表 4-9 所示。值得注目的是在上海生丝出口总量中日本三井物产公司所占的比例由 1912 年的 2.14% 和 1914 年的 3.99% 上升至 1939 年 11.98% 和 1940 年 21.18%，这是因为在日本侵华时期，日系商行在华特权得到保护和扩大之故。1911 年—1913 年广州各商行的生丝出口量及其所占比例如表 4-10 所示。

表 4-10　广州各洋行生丝出口量及所占比例（1911—1914 年）

洋行名	1911年度		1912年度		1913年度	
	出口量（公斤）	比例（%）	出口量（公斤）	比例（%）	出口量（公斤）	比例（%）
Reiss & Co.	338494	20.00	444068	20.06	474212	17.30
T.E.Griffith	290304	17.15	293401	13.26	323689	11.81
Boyer, Mazet & Co.	258177	15.25	265289	11.99	308400	11.25
Gerin Rykebus & Co.	226679	13.39	300803	13.59	422925	15.43
Arnhold, Karberg & Co.	148442	8.77	198810	8.98	276418	10.08
E.Pasquet & Co.	77559	4.58				
Jardin, Matheson & Co., Ltd.	72382	4.28	78818	3.56	82398	3.01
Verenne & Co.	67496	3.99	125266	5.66	129330	4.72
U.S palinger	62899	3.72	37256	1.68	61786	2.25
Herbert Dent & Co.	55013	3.25	123137	5.57	96381	3.52
Albert & Wullschleger	52013	3.07				
La Generale Soies	42610	2.46	222083	10.03	241630	8.82
Siemssen & Co.	8951	0.53	55400	2.51	68609	2.50
Deacon & Co.	8467	0.50				
Mitsui Bussan Kaisha	3629	0.21	6629	0.30	4838	0.18
Persees			36820	1.66	141233	5.15
Villa Bros, A.P.			25160	1.14	109058	3.98
合计（吨）	1712.1	100	2212.9	100	2740.9	100

注：年度为 5 月 1 日—翌年 4 月 30 日。

资料来源：日本《生丝检验所调查报告》，1913 年，第 129—130 页；1914 年，第 104—105 页。

进入 1920 年代后期，许多国人经营的大制丝厂纷纷在上海设立出口部，开始尝试对外国生丝直接出口业务。1926 年华通公司最先尝试将我国生丝直接出口至法国，在上海的华商资本如杭州纬成丝织公司的上海纬成国外贸易部，杭州虎林丝织公司的上海出口部，永泰、瑞纶、振艺、乾生等丝厂合办的通运生丝贸易公司，天章丝绸厂的景星公司，信昌丝厂的勤易公司等，致力于生丝的直接出口。但是，由于缺乏政府的支持、经营资本的贫弱和外国生丝市场的贸易壁垒面前，这些在上海设立的原本从事生丝直接出口的公司，大部分只是扮演了把生丝卖给洋行的所谓丝栈的角色。在1929年10月—1934年世界近代经济大危机时期，由于生丝出口的大幅度减少和生丝价格的暴跌，许多华商资本的生丝出口公司被迫歇业或倒闭。因此，我国近代的生丝出口主要依靠外国生丝洋行的间接出口，生丝贸易的商业利润为外国生丝洋行所窃取。生丝出口商权的旁落，使国内蚕丝业经营者难以直接获得国际市场的供求信息和客户的需要，不仅使我国损失了数额巨大的生丝贸易利润，也影响了我国蚕丝业的技术改良，进而影响了生丝出口竞争力的提高。

第四节　出口生丝的交易方式与流通路径

我国近代出口生丝的交易方式和流通路径，随着蚕丝业生产结构的变化而变化。尤其是机械缫丝业的普及带来的养蚕和制丝业的分化，以及日本侵华时期对蚕丝业的垄断与资源掠夺，给我国生丝流通路径带来了十分明显的影响。由于不同地区不同时期的出口生丝的流通路径和交易方式有所不同，为此，以我国蚕丝主产地的江浙地区为对象，分析不同时期出口生丝的交易方式与流通路径。

一、开港期出口生丝的交易方式和流通路径

1842年《南京条约》签订后，废除对外贸易上"公行"制，国外从事生丝贸易的"洋行"相继在开港地的租界内设立，使出口生丝的流通路径有很大的变化。

过去，养蚕农户利用农闲时期以赚取生丝加工费为目的，利用自家劳动力和生产的蚕茧，用传统的座缫制丝法生产生丝。开港后由于生丝出口的热销，只赚取蚕茧加工费为目的专业或半专业座缫作坊在养蚕主产地的周边城镇不断涌现，他们直接向专业蚕农购买蚕茧，或通过称为"踏花"的蚕茧贩子购买蚕茧。自缫制丝的蚕农或座缫作坊主把生产的生丝直接卖给在城镇开设的"丝行"或通过称为"白拉（小领头）"这样的中间商卖给"丝行"。开港期江浙蚕区的"丝行"，依经营者的籍贯及经营生丝的来源和种类分别称为"客行"（开港期，"客行"经营者多为广州人，因而也称"广

行"。以后逐渐为湖州当地人所替代)、"乡丝行"和"经丝行"。所谓的"客行"是把用于出口的生丝批发给在广州和上海"丝栈"的生丝批发商的"丝行";"乡丝行"是从事当地丝织业者所需生丝买卖的"丝行";"经丝行"是收购经丝，或借与细丝等原料委托地方作坊加工经丝的"丝行"①。

另外，在上海和广州等开港城市，在开港当初流行的是生丝现货交易，但不久即被称作"内地采购制度"（Up-country Purchase System）这种预付货款的交易方式所代替。所谓"内地采购制"就是国外的生丝洋行把大量现金借贷给代理人，委托他们赴蚕丝主产地的"丝行"收购出口用生丝，而这些代理人以后大多数成为"洋行"的买办（Compradore）②。

在 1840 年后期，在开港地出现了代替"公行"的"丝栈"。当初上海"丝栈"老板大多数是来自广东地方的买办，但不久即被蚕丝产地的湖州南浔镇的商人所代替。"丝栈"雇用"通事"（Linguists），由通事从事生丝收购和转卖给"洋行"的业务。而"洋行"也雇佣中国人做买办，直接从"丝栈"购入生丝。

广州直到 1856 年"公行"还从事出口生丝的买卖③，上海在 1855 年已经设立有丝茶公所。在太平军进攻上海的 1860 年以湖州商人为主的 27 家"丝栈"组织了独立的丝业会馆。随着在开港城市以"洋行"为买卖对手的由中国人自己经营的生丝中介商的出现及其组织化，1860 年代外国殖民地银行支行的相继开张，英国资本以外的外国生丝"洋行"在中国市场的开拓，1869 年苏伊士运河的开通，1871 年伦敦至上海之间海底电缆的铺通等生丝贸易环境的变化，外国生丝"洋行"的经营方式从追求交易利润的"采购交易"方式向追求手续费收入的"定货交易"方式变化。

1867 年 3 月以 Kiu Chee-quai 对怡和洋行（Jardine Matheson & Co.）事件为契机，1867 年 6 月上海丝业公会拟定了生丝交易规章制度，转交给上海的洋行公会，要求遵守④。其中的第一条和第三条的内容如下：

①根据以往的习惯，生丝在每年生丝市场开始前通过丝栈的通事卖给洋行……为避免混乱，明确责任，禁止无所属的通事作为中介人的外国洋行收购生丝。

① 山本进（やまもと すすむ），《清代江南牙行》，《东洋学报》，1991 年，总 74 期，第 48—49 页。

② 本野英一（もとの えいいち），《アーロー战争后の长江中下流域の信用构造と世界市场—アメリカ南北战争の影响を中心に》，《史学杂志》，1984 年，总 93 期，第 37 页。

③ 梁嘉彬，《广东十三行考》，台中东海大学，1937 年初版，1960 年再版，第 11 页。

④ 本野英一，《アーロー战争后の长江中下流域の信用构造と世界市场—アメリカ南北战争の影响を中心に》，《史学杂志》，1984 年，总 93 期，第 39 页。

③由于生丝交易不可能采用现银交易，在生丝称量和定价时由洋行开出背书有货物品名、支付日期（必须在轮船出口港前）的期票，并通过通事交给出口生丝的出售商丝栈保管。

以生丝交易规章制度的公布为契机，生丝代价的日后支付，由"丝栈"为"洋行"收购出口用生丝的交易习惯得以建立。

开港期的出口生丝的流通路线如图4-1所示。

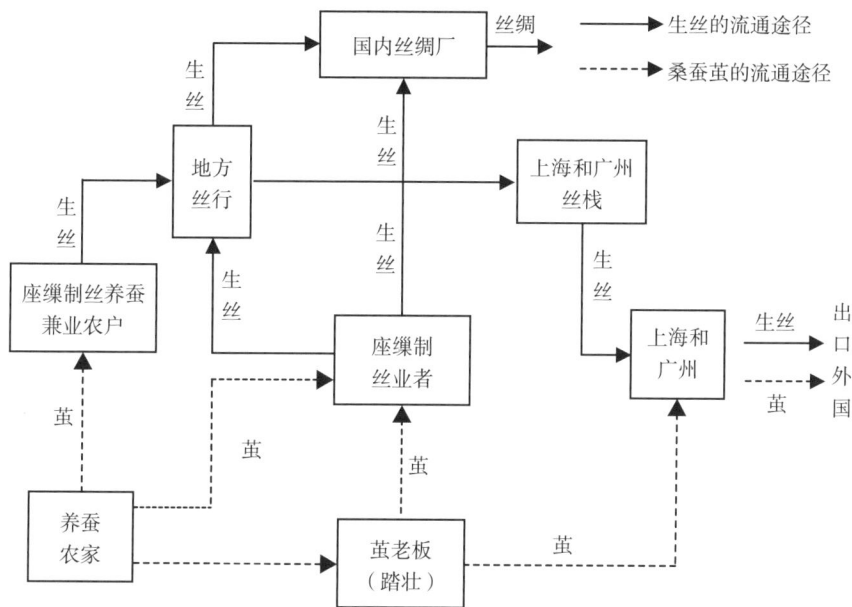

图4-1　开港期桑蚕茧和生丝的流通路径

二、清末民国前期的生丝交易方式、交易费用和流通路径

1. 广州市场的生丝交易方式与费用

以1872年陈启沅在广东省南海县简村设立继昌隆制丝厂以后，机器缫丝在广东省的蚕丝主产地南海、顺德两县为中心开始普及，至1880年已有10个工厂2400绪至1902年增加至86个工厂34600绪，自广州出口的生丝总量中所占的厂丝比例到1900年度已上升至96.8%。进入20世纪后，自广州出口的生丝基本上是厂丝。清末民国期广州市场的生丝交易如图4-2所示。

广州市内国人经营的"丝栈"的通事，走访在沙面租界内的外国生丝"洋行"接受订单。根据"洋行"所要求的订货种类、价格和交货日期，从地方丝厂买入生丝，或者把订单转卖给丝厂。如转卖订单一般由丝厂支付成交价 1.0%—1.5% 作为手续费。丝厂与"洋行"之间一般不直接进行交易。

生丝交易分为现货交易和远期交易。现货交易一般最迟需在成交签约后的 2 周内交货。如远期交易则商定交货期限，在规定日期前交货。

交货的生丝经肉眼检查合格后，要放在干燥室内干燥 12 小时再称量，每 10 包（约 483.6 公斤）用 6 个圆筒形的大气体干燥。

生丝从丝厂至洋行仓库的运输费、包装费，各种税捐由丝厂或丝栈负担，1918 年前后出口生丝 1 包（80 斤 =48.36 公斤）由产地丝厂运至"洋行"仓库的费用如表 4–11 所示，从广州出口 1 包（80 斤 =48.36 公斤）生丝需要交纳各种税费 19.875 两，即出口每公斤生丝需要交纳各种税费 0.411两。从广州出口的生丝一般先运至香港，再转口国外，由广州运至香港的运费每包为 1.6 元（运费 1.5 元，租界码头税 0.1 元）则由"洋行"负担。

表 4–11 广州生丝的出口费用

单位：包

工厂至洋行仓库的运输费	约1.3银两
包装费	约1.0银两
广东常关税	约1.0银两
炮台税	3.675银两
厘金税	4.9银两
出口正税	8.0海关两

生丝价款原则上在香港装船出港后的第二日支付。但由于"丝栈"资金的紧张关系，大多数在仓库称量后当日支付。支付的支票有由广州沙面租界内设立的外国银行的现金支票或在香港付款的期票二种。前者当日即可支取现金，后者支取现金一般需隔 1—2 日。1918 年前后广州市场的"丝栈"如表 4–12 所示。

表 4–12 广州丝栈和中间商一览（1918 年）

丝栈名	老板
源记	何杰堂
永和	何杰堂
裕丰成	何晓东
兴昌	冯仲唐
一德	刘卓田
宝经祥	刘安甫
广永纶	何采山
瑞和祥	刘裔乡
均合	胡沛文

（续表）

丝栈名	老板
大经	胡沛文
德隆	黄民生
和兴	黄民生
德新	胡秉石
均祥	胡秉石
和诚	梁秉衡
祥安泰	梁秉衡
和隆	欧芸林
阜经	？伟南
广经	黄君素
均益	黄君素
祥经和	秦祥先
仁隆	陈仲鸣

资料来源：松下宪三郎，《支那制丝业调查复命书》，农商务省农务局，1920 年，第 136—137 页。

2. 上海市场的生丝交易

1862 年英国人开设的怡和洋行曾在上海建造了有 100 绪的机器缫丝厂。但由于原料蚕茧采购的困难和经营不当，于 1866 年被迫关闭。1870年以后，以湖州为中心把座缫土丝经过再摇加工生产丝经的"经丝行"有很快的发展。1878 年美国人开设的旗昌洋行雇用法国技师卜鲁纳（Brumat P.）在上海开办了旗昌的缫丝厂（Kee Chong Silk Filature），此后机器缫丝厂在上海有所发展。中日甲午战争以后，机器缫丝厂在浙江和江苏两省的蚕丝生产地也有较快发展。1899 年包括上海在内的江浙地区已有 34 家机器缫丝厂 9194 绪。除上海外在江浙地方建立缫丝厂主要在江苏无锡县和浙江省绍兴县等新兴的蚕丝主产地，而蚕丝主产地湖州地方的机器缫丝厂没有多大的发展，因此到 1929 年厂丝出口量占上海生丝出口总量的比例也只有 66.8%。在这种生丝生产结构下，清末民国初期从上海出口的生丝可以分为座缫丝（土丝）、再缫丝（丝经）和机器丝厂丝等 3 大类。地方上的"丝行"也根据其经营的生丝种类而分为"土丝行""丝经行"和"厂丝行"。清末民国初期上海市场生丝交易方式如下：

在上海市场厂丝大多采用现货交易，少数采用内定价格的期货交易。"洋行"通过经营厂丝的"丝栈"和地方上的厂丝行的中介与丝厂代表直接签订交易契约，由中介人在"洋行"拟定的契约书或账册上写上商品交易的各项条件后，签字或盖章。商品交易的条件包括①商标（商号），②等级（丝质），③数量，④纤度，⑤装船日期（交货），⑥价格。此外，还需附上质量保证书，保证所交易的生丝与其他有关厂家的同级生丝具有同等品质。

根据所签订的契约由丝厂运至"洋行"仓库的生丝，经过肉眼或器械检验后，合格品再打包发货装船。厂丝价款在轮船离港后的第二天支付。

四川等内地或江浙地方的座缫丝和再缫丝由当地的"土丝行"和"经丝行"收购后，再集中整理打包后运至上海交给"丝栈"，"丝栈"向各"洋行"派出通事（中介人）打听生丝的需求情况。有生丝需求时"丝栈"招来地方丝行的老板与"洋行"方面就交易价格等进行协商，再签订交易契约。契约内容与前述的厂丝交易的契约内容基本相同。土丝和丝经主要采用现货交易。

有关生丝出口前的各项费用，一般是地方上的丝厂（或丝行）负担生丝的打包费和生丝从地方运到上海"洋行"仓库的运费和各种税捐，其他费用如出口税等则由"洋行"负担。1918年前后上海生丝1担（60.453公斤）的出口费用如表4-13所示，从上海出口1担（60.453公斤）的生丝至少需要交纳各种税费18.36两，相当于每公斤生丝需要交纳各种税费0.304两。此外，出口到美国的生丝，还需添加美国驻上海领事给的证明，办理的证明费用为每件2.5美元。

表4-13　上海生丝的出口费用

出口费用	金额
包装费	1.60两/担
制丝工厂至码头的运费	2.50两/担
码头税	0.32海关两/担
江河税	0.30海关两/担
出口税（出口正税10.0，租界税等1.14）	11.14海关两/担
中介手续费	2.50两/担

"洋行"去轮船公司订船取得装船通知单，然后凭装船通知单，和记录有出口商品种类数量的价格等项目报关单，向海关申报，接受海关检查和交纳关税办理出口的手续后，将出口生丝装船并把装船通知单换成装船证明书后运往生丝出口的目的港。

1918年前后，上海市场的"丝栈"和老板如表4-14所示。

表 4-14　上海丝栈和老板一览（1918 年）

丝栈名	老板	经营品目	始业年
恒生泰	吴登瀛	器械丝	1912
永益泰	吴云台	器械丝	1906
祥泰新	吴粹声	器械丝	1912
陈记	陈灏泉	器械丝	1906
陆润记	陆润苏	器械丝	1907
鼎余	丁汝霖	器械丝	1901
绪丰	薛浩风	器械丝	1901
泰丰	黄吉文	器械丝	1914
振丰	杨济良	器械丝	1917
	邱毓庭	器械丝	1914
	谢鸿源	器械丝	1917
	费秋屏	器械丝	1903
	潘荫棠	器械丝	1910
	严礼乡	器械丝	1914
泰康祥	杨振元	江浙丝、四川丝	1878
电昌	戴鹿苓	江浙丝	1893
振裕祥	朱良土	江浙丝	1904
同康泰	杨仲笙	江浙丝	1904
宝源祥	快茂生	四川丝	1901—1902
葆泰和	朱琪祥	四川丝	1904—1905
益昌祥	黄寿椿	四川丝、江浙丝	1917
和聚	郑良瑜	柞蚕丝	1903—1904
益丰长	王守和	柞蚕丝、山东丝	1917
恒兴公	朱献淮	柞蚕丝、山东丝	1903—1904
恒祥同		柞蚕丝、山东丝	1906—1907
恒茂	许君梅	江浙丝	1903—1904
振泰	邱印笙	江浙丝	1878

资料来源：松下宪三郎，《支那制丝业调查复命书》农商务省农务局，1920 年，第150—153 页。

3. 清末民国初期出口生丝流通路径

清末民国初期出口生丝的流通结构如图 4-2 所示，位于湖州市等蚕丝产地的座缫土丝生产作坊及养蚕缫丝兼营的农户，把生产的座缫土丝卖给地方上的"丝行"，其中的一部分经过在上海和广州的由国人经营的"丝栈"的中介，卖给生丝"洋行"出口至国外，另外的部分由地方上的厂丝经行，收购后，复摇加工或系经后，再通过"丝栈"和"洋行"出口至国外。而机器缫厂生产的厂丝也有经过"丝栈"转卖出售给"洋行"后出口至国外的，但大部分由"丝栈"介绍直接与"洋行"签订供货契约进行买卖交易。

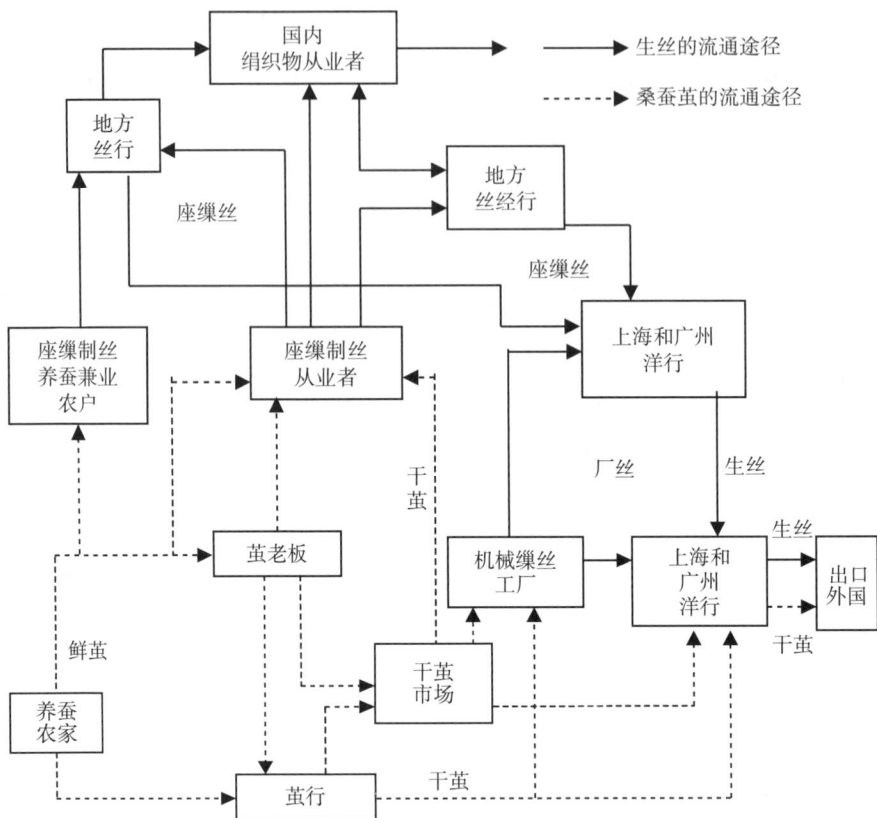

图4-2　清末民国期桑蚕茧和生丝的流通路径

三、抗战时期的生丝交易与流通路径

1937 年 7 月 7 日卢沟桥事变发生后，日本开始了对中国的大规模侵略。1937 年底日本军占领了我国蚕丝主产区钱塘江以北太湖沿岸的江浙蚕区。作为日本殖民地政策的重要一环，于 1938 年 5 月组织成立了"中支蚕业组合"，同年 8 月 10 日在上海四川北路新亚宾馆改组成立了"华中蚕丝股份有限公司"①。并通过汪精卫伪政府开始对中国的蚕丝业资源进行垄断和掠夺。

1938 年 9 月汪精卫伪政府发布了《实业部管理丝茧事业临时办法》，在蚕丝业生产中引入许可证制度。华中蚕丝股份有限公司从伪政府领取了 129 个蚕种场，314 个茧行，53 个家机器缫丝厂10956绪的经营许可证。并对占领区的蚕种场、茧行和丝厂进行强制性的购买兼并。1939 年 1 月把

---

① 　渡辺辖二（わたなべ　かつじ），《华中蚕丝股份有限公司沿革史》，上海，1944 年，第3页。

这种蚕丝垄断区域由华东、华中扩大至华北。1939 年 6 月 13 日日本兴亚院华中连络部发布了蚕种生产和茧行经营由华中蚕丝股份有限公司垄断的通知，开始阻断上海租界内和未占领区丝厂对原料茧的采购。自 1938 年8 月 10 日华中蚕丝股份有限公司成立至 1943 年 11 月 5 日该公司解散为止的 5 年多时间里，敌占区蚕茧和生丝的流通路径如图 4-3 所示。

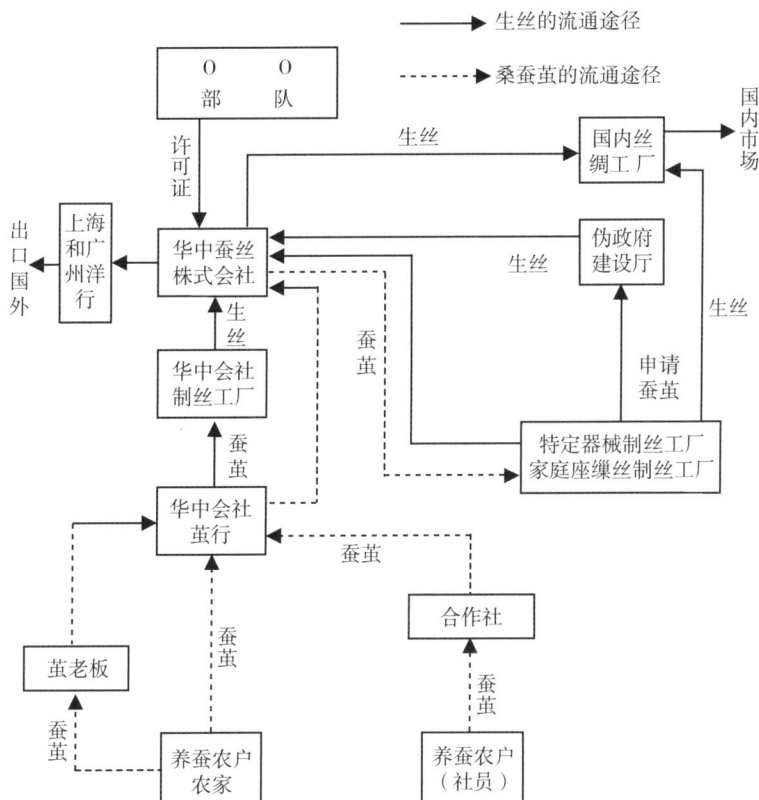

图4-3　蚕丝统制期（1938—1943年）蚕茧和生丝的流通路径

第五节　本章小结

通过本章的研究，得到了以下结论：

1. 鸦片战争后，伴随着上海等五港的开港，我国的生丝出口实现了自由化，上海成为中国出口的最大出口港是在 1845 年。自 1844 年开始中国生丝出口从以往的广州"一港制"变为上海和广州的"二港制"，1870—1939 年的 70 年间上海和广州的生丝出口量占全国生丝出口总量的比例达97% 左右，其他港口的生丝出口量仅占 3% 左右，进一步证明我国近代生丝出口为上海和广州"二港制"。

2. 明确了近代我国不同时期丝绸出口税率的变化，探讨了生丝出口税费对竞争力的影响。研究表明，我国近代的生丝出口税一直存续到1932年5月，生丝出口税及各种国内流通税，名目繁多的各种捐及附加税的存在严重地损害了我国生丝的出口竞争力，阻害了蚕丝业的发展。即使忽略不计生丝从各产地运到上海需交纳国内流通税、各种捐及附加税，仅从上海港出口就需交纳占出口价格2.5%左右的税费，这在意大利和日本等竞争国相继取消生丝出口税的情况下，说明由于我国生丝出口税的存在，至少使生丝出口的价格竞争力损失2.5%左右。

3. 我国近代的生丝出口主要依靠外国生丝洋行的间接出口，生丝贸易的商业利润为外国生丝洋行所窃取。尽管在1920年代后期，许多国人经营的大制丝厂纷纷在上海设立出口部，开始尝试对外直接出口生丝业务，但由于缺乏政府的支持、经营资本的贫弱和外国生丝市场的贸易壁垒，这些在上海设立的原本从事直接生丝出口的公司，大部分只是扮演了把生丝转卖给洋行的所谓丝栈的角色。生丝出口商权的旁落，使国内蚕丝业经营者难以直接获得国际市场的供求信息和客户的需要，不仅使我国损失了数额巨大的生丝贸易利润，也影响了我国蚕丝业的技术改良，进而影响了生丝出口竞争力的提高。

4. 不同时期我国蚕茧和生丝的流通路径和出口生丝的交易方式与交易费用各有其特点，本章对开港期、清末民国前期和抗日战争时期我国蚕茧和生丝的流通路径进行了清晰图示分析。

第五章 开港期（1842—1867 年）的生丝出口

为便于研究工作的展开，把 1842 年上海等五港开港至我国海关有系统的海关统计前的 1867 年间作为开港期。本章以散落在各处的生丝出口统计及相关史料为依据，就开港期的生丝出口量的变化及其主要因素进行研究，然后定量分析该时期我国生丝出口的种类，各出口港的地位，出口生丝的产地来源，以及生丝的出口地及其消费市场。

第一节 生丝出口量变化的原因分析

一、生丝出口量

中国自 1859 年开始进行海关统计，而走上正轨是 1873 年在海关总税务司设立统计课以后[①]。1859—1967 年中有 Returns of Trade 1859—1863，Customs Annual Reports 1864—1867，Trade Reprots，Shanghai 1866 等海关报告，但是，这些报告中的统计都不够完全，且把开港地之间的贸易量也作为对外贸易量进行了统计[②]。从海关报告中可较准确把握全国生丝出口量的是在 1868 年之后。因此，对于开港期（1842—1867 年）的生丝出口量，在利用不十分完整的海关报告的同时，必须尽量参考其他有关的贸易资料。

在莫骞（1910）的书中可查到开港期从广州出口的生丝数量，但其出处没有注明。另外，从上海出口的生丝数量如表 5-1 所示，1844—1853 年度威拉姆（Willams，1863）的数据和源自《北华捷报》（North china Herald）数据相一致，1854—1858 年度上述二者数据基本接近；但与莫骞（1910）年中数据有一年的时间差距。另外，莫骞的 1853—1858 年度上海

---

① 郑敦诗，《中国海关统计》，北京：外贸出版社，1988 年，第 1 页。

② 张仲礼，《1834—1867 年我国对外贸易的变化与背景》，《学术学刊》，1960 年第 9 期，第 54 页。

的生丝出口量，据书中注中的说明，这些数据是来源于上海和广州的从香港出口的生丝数量。1859—1965 年度的生丝出口量，把上海海关报告中的数据与"怡和洋行"（Jardine Matheson Archive）的数据进行比较，除 1864—1865 年度外，二者的数据未见大的差异。

表 5-1　上海生丝出口量（1844—1867 年度）

单位：吨

年度	Morse[1]	Williams[2]	N.C.H.[3]	T.R.S.[4]	J.M.A.[5]
1844	311.1	311.1	311.1		
1845	734.7	734.7	734.7		
1846	1024.1	772.4	772.4		
1847	877.0	1024.1	1024.1		
1848	736.9	877.1	877.1		
1849	833.9	736.9	736.9		
1850	997.7	833.9	833.9		
1851	1996.9	997.7	997.7		
1852	2820.3	1357.8	1357.8		
1853	2622.7	2820.3	2820.3		
1854	2718.4	2622.7	2609.7		
1855	3829.9	2776.8	2778.9		
1856	2900.9	3686.4	4456.9		
1857	4157.5	2809.3	3210.7		
1858	3282.4	3659.4	4157.5		4141.4
1859		2965.0		3061.2	3069.1
1860		3081.5		3602.8	3736.2
1861				3240.1	3158.4
1862				2514.7	2482.8
1863				1276.7	1299.7
1864				1209.0	1714.1
1865				2026.3	1620.1
1866				1401.0	1533.1
1867				1766.4	1996.1

注：年度为 7 月 1 日—翌年 6 月 30 日。按 1 包（bale）= 48.36 公斤换算。
1.Morse（1910）：p.366；2. Williams（1863）：p.198；3. *North China Herald*：1860 年 7 月 7 日第 4 版；4. *Trade Reports*，Shanghai（1866）：p.8；5. 原出处为 *Jardine Matheson Archive C1/46*，本文参照杉山（1979）：p.268。

全国的生丝出口量，如表 5-2 所示不同资料间存在着差异。林雷（Lindley，1866）的数据根据其注中的说明，1845—1858 年是根据 The Friend of China（除宁波外）的出口总表，其他是根据 The China Overland Trade Peport 汇总的。张仲礼的数据是利用 1859—1886 年海关报告和在

《北华捷报》上登载的英国和美国的领事报告拼合成的，其中 1843 年度的出口量与表 5-3 中所示的 1844 年上海的生丝出口量相同，1862 年度的生丝出口量明显过少。此外，巴利斯特（Barister）的数据是历年的统计数据，不包括柞蚕丝。

表 5-2　中国生丝出口量（1842—1867 年度）

单位：吨

年度	张仲礼	Lindley	Banister*
1842	86.4		
1843	246.0		
1844	625.5		
1845	906.6	899.5	
1846	894.0	918.8	
1847	1082.1	1033.8	
1848	839.7	833.1	
1849	787.9	780.2	
1850	1042.1	1070.8	
1851	1170.3	1114.2	
1852	1576.5	1236.6	
1853	2997.5	2997.5	
1854	2609.7	2489.9	
1855	2778.9	2441.6	
1856	4457.1	3589.0	
1857	3259.0	2937.2	
1858	4157.5	3923.7	
1859	3282.4	3343.5	3167.7
1860	4013.9	4292.1	3796.4
1861	3627.0	3545.9	3107.3
1862	1824.7	4026.6	3711.8
1863	1345.8	2266.3	1825.7
1864	2031.1	1989.0	1438.8
1865	1837.7		2472.5
1866	2176.2		1868.0
1867			2375.8

注：★为历年。年度为 7 月 1 日—翌年 6 月 30 日。按 1 包（bale）= 48.36 公斤，1 担（picul）=60.453 公斤换算。

资料来源：张仲礼，《1834—1867 年我国对外贸易的变化与背景》，《学术学刊》，1960 年第 9 期，第 57—62 页；Lindley, A.F. *The Ti-Ping Revolution*, 1866, London, p.838—839. Banister, T.R.（1933）: *A History of the External Trade of China, 1834—1881*, in *China Maritime Customs, Decennial Reports, 1922—1931*. 2vols. Shanghai, 1933, p.91.

在缺乏权威性生丝出口的统计量的情况下，对开港期的生丝出口量到底采信哪一列数据难以判断。但不管是哪一列数据，它们的长期性增减趋势变化基本一致。

在表 5-2 中已经表明，开港期上海的生丝出口量已占全国生丝出口总量的 3/4 以上。因此，下面就以上海为中心的对生丝出口量的年际变化进行分析。

二、生丝出口量的变化原因

过去，受到清朝出口量限制的生丝，随着《南京条约》签订后广州、上海等五港的开港，对外贸易中"公行"制的废除，生丝可自由出口。开港后英国于 1845 年 11 月，美国于 1847 年，法国于 1849 年相继在上海设立租界，"怡和洋行"等外国洋行陆续登陆上海滩，其总数由 1844 年的 11 行增加至 1854 年的 154 行。

1844 年"治和洋行"开设了香港至上海的定期班轮。第二年"P&O 轮船公司"（The Peninsular and Oriental Company）开设了锡兰至香港的定期航班，并于 1850 年把航线延长到上海；1848 年"丽如银行"（Oriental Banking Corpration）开始在上海开设分行，此后，其他欧美银行陆续在上海开设了分行。交通和金融条件的改善，大大促进了上海生丝出口量的增加。

在鸦片战争爆发的同时，恰好于 1840 年前后在法国养蚕产区桑蚕微粒子病开始流行，并于 1847 年越过法、意边境传入意大利北部的蚕丝主产地，由此造成法国和意大利蚕茧的大幅度减产，使欧美市场生丝供应严重不足，急需从其他蚕丝主产国进口生丝，成为中国生丝出口量增加的外部需求因素。

邻接蚕丝主产地并占有交通和地理之利的上海开港，开港后英、法、美等国在上海设立租界，洋行、金融和交通资本在上海的登陆，使上海成为我国最大的生丝出口港。上海的生丝出口量从 1844 年度的 311.1 吨，急增至 1845 年度的 734.7 吨，此后每年虽有小幅的增减，至 1851 年度生丝出口量一直维持在 700 吨以上的水平。

1853 年太平天国占领了三大丝绸产地之一的南京。由于南京被太平军所占领，市内 5 万台丝绸织机停产，高级生丝失去了一个重要的国内消费市场，使杭州和苏州一带所产高品位生丝不得不大量出口以寻求消费市场[1]。

---

[1] Morse, H.B. *The International Relation of the Chinese Empire, 1834—1860*, Lindon, 1910, p.466.

同时期在英国和法国的丝织生产规模有很大的发展，但1854之后欧洲各蚕丝主产国因为蚕微粒子病大流行，蚕茧和生丝生产量大幅度下跌。如欧洲蚕丝主产国法国的蚕茧生产量从1853年的26000吨，减少至1855年的19800吨，1856年只有7500吨；造成欧洲市场生丝供给严重不足，从而使上海生丝出口量从1852年度的1357.8吨，急增至1853年度的2820.3吨，至1862年以前，维持了年出口量超2500吨的水平。上海生丝出口量的迅速增加，也是促使上海从1853年开始成为我国近代最大贸易港的重要因素之一。

1856年度生丝出口量的急增，是因为蚕微粒子病流行使生丝供给严重不足的里昂市场在1856年其生丝交易价格达到历史上的最高位，每公斤生丝交易价格达到创纪录的100法郎，为此，英国从中国大量出口生丝。1856年度英国生丝的过度进口和1857年欧洲发生的商业危机使丝绸消费一度低迷，于是1857年度上海的生丝出口量与上年度相比有明显的减少。

1863—1864年度生丝出口的大幅度减少，国外因素是由于美国在南北战争（1861—1865年）后期减少了对中国生丝的进口。国内因素是因为清朝于1862—1864年间对太平天国进行了血腥的镇压，太湖南岸的蚕丝主产地，因战乱而受到严重破坏的缘故。

1853—1863年间，太湖南岸的蚕丝主产地置于太平天国的势力范围下。该时期上海生丝出口量有明显的增加，年均出口量达3079.4吨，相当于1844—1852年度上海年均生丝出口量849.5吨的3.6倍。这不仅与前述的欧洲蚕丝主产国蚕微粒子病流行引起的蚕茧大幅度减产，以及因战乱国内丝织工厂大面积停产有关，还与太平天国在对外贸易上采取了一定的鼓励保护政策有关。太平天国占领浙江时期，对蚕桑丝织采取鼓励保护政策。《天朝田亩制度》中规定："凡天下，树墙下以桑，凡妇蚕绩缝衣裳。"

第二节　出口生丝的产地

开港后，生丝以过去的产地名作为品牌向国外出口。在当时的出口生丝中以产于浙江湖州地方的"辑里丝"（或称为七里丝）品质最佳，出口量最大。以至于在19世纪后半期江浙地方生产的上等土丝的大部分以"辑里丝"的品牌向国外出口。但在开港期浙江嘉兴地方产的土丝以"嘉兴丝"，海宁地方产的土丝以"海宁丝"或"袁花丝"这样的地方品牌向国外出口。

另外，出口丝的品牌中"广东丝"为广东地方的土丝，"台山丝"为四川省台山地方出产的土丝（主要是黄丝），而"大蚕丝"则是江浙地方产的粗土丝。

开港期（1844—1847 年）从上海出口的各类生丝出口量如表 5-3 所示。在 1844—1847 年的 4 年中"辑里丝"出口量为 1565.3 吨，占上海生丝出口总量 2513.9 吨的 62.3%。"大蚕丝"的出口量为 736.6 吨占出口总量的 3.0%。从上述比例可见，开港期从上海出口的生丝主要来自于上海附近，我国蚕丝主产地浙江省的湖州和嘉兴一带，仅有极小部分来自于长江中流四川省台山一带或广东珠江三角洲。

表 5-3　上海各种生丝出口量（1844—1847 年）

| 年份 | 辑里丝 | | 大蚕丝 | | 袁花丝 | | 其他丝 | | 合计 |
	数量（吨）	比例（%）	数量（吨）	比例（%）	数量（吨）	比例（%）	数量（吨）	比例（%）	（吨）
1844	140.1	56.9	67.4	27.4	38.3	15.6	0.2	0.1	246.0
1845	363.6	58.8	175.5	28.9	47.9	7.9	20.8	3.4	607.8
1846	412.3	52.7	305.7	39.1	24.5	3.1	39.5	5.0	782.0
1847	649.3	73.9	188.0	21.4	24.7	2.8	16.1	1.8	878.1
平均	391.3	62.3	184.2	29.3	33.8	5.4	19.2	3.0	628.5

注：按 1 包（bale）= 48.36 公斤换算。
资料来源：姚贤镐，《中国近代对外贸易史资料》，北京：中华书局，1962 年，第 579 页。

当时，世界最大的生丝进口国为英国，且英国垄断了开港期我国的生丝对外贸易。英国从我国进口的各类生丝量如表 5-4 所示。表中的"辑里丝"也包括了"嘉兴丝"和"袁花丝"等产于浙江省嘉湖地区的上等土丝。在 1857—1866 年的 10 年中除 1857 和 1864 年等个别年份外，"辑里丝"占英国生丝进口总量的 60%—70%，"大蚕丝"占 18%—35%。从表 5-4 中我们还可以发现自 1865 年以后英国进口的"广东丝"数量有明显的增加，这当然与清朝于 1863—1864 年在江浙蚕丝主产区对太平天国进行血腥镇压有关，导致从上海出口的产于蚕丝主产地的"辑里丝"等生丝数量有所减少；同时，从另一个侧面说明广东的珠江三角洲作为我国近代蚕丝出口的主产地是在 1865 年以后。

表 5-4　英国从中国进口的各种生丝数量与比例（1857—1867 年）

| 年份 | 辑里丝 | | 大蚕丝 | | 广东丝 | | 合计 |
	数量（吨）	比例（%）	数量（吨）	比例（%）	数量（吨）	比例（%）	（吨）
1857	1938.6	50.1	1683.7	43.5	249.9	6.4	3872.2
1858	1443.8	70.5	521.6	25.5	83.0	4.0	2048.4
1859	2201.3	67.6	968.0	29.7	85.7	2.6	3255.0
1860	2071.1	70.5	785.2	26.7	82.6	2.8	2938.9
1861	1715.5	61.8	975.7	35.1	87.1	3.1	2778.3
1862	1890.1	61.6	1062.8	34.6	115.7	3.8	3068.6
1863	1399.8	70.2	487.6	24.5	106.1	5.3	1933.5
1864	891.8	76.6	220.9	19.0	51.2	4.4	1163.9
1865	1086.8	61.7	517.6	29.4	156.0	8.9	1760.4
1866	703.1	59.3	230.4	19.5	251.3	21.2	1184.8
1867	1038.3	67.7	275.8	18.0	219.1	14.3	1533.2

注：按 1 包（bale）= 48.36 公斤换算。

资料来源：杉山伸也（すぎやま しんや），《幕末、明治初期における生丝出口の数量の再检讨》，《社会经济史学》，1979 年总第 45 期，第 275 页。

生丝出口价格的年际变化主要受到生丝市场供求关系的影响，而各种生丝间的价格差主要体现了生丝的品质差别，进而反映了蚕丝生产技术的高低。1844—1847 年从上海出口的"辑里丝"的平均价格为 360 银元 / 包（1 包 = 48.36 公斤），而"大蚕丝"为 270 银元 / 包，"袁花丝"为 272 银元 / 包；1845—1856 年度从上海出口的"辑里丝"的平均价格为 351.9 银元 / 包，而"台山丝"只有 263.8 银元 / 包[①]。由此可见，开港当时"辑里丝"的价格一般比"大蚕丝""袁花丝"和"台山丝"高三成左右。在 1860 年代的欧洲生丝市场上中国各类生丝的交易价格也表现出同样的趋势。在英国伦敦生丝市场 1860—1865 年间"辑里丝"的平均交易价格为 21.917 先令 / 英磅，比大蚕丝的 17.979 先令 / 英磅约高二成，比"广东丝"的 14.729 先令 / 英磅约高五成。在法国里昂生丝市场，"辑里丝"4 等的平均交易价格为 67.5 法郎 / 公斤，比"嘉兴市"2—3 等的 60.3 法郎 / 公斤约高一成（表 5-5）。

综上所述，"辑里丝"在开港期我国的生丝出口中占有较大的比例，它的出口价格也高于其他品牌的生丝。因而，可见得出如下结论：开港期，江浙地方尤其是太湖南岸的湖州府一带是我国最重要的出口生丝的供应地，在蚕丝技术方面也领先国内其他地方，广东作为我国出口生丝的主产

[①]　姚贤镐，《中国近代对外贸易史资料》，北京：中华书局，1962 年，第 579 页。

地之一是在 1865 年以后。

表 5-5　中国各种生丝在欧洲生丝市场的交易价格

年份	伦敦市场（先令/磅）			里昂市场（法郎/公斤）	
	辑里丝	大蚕丝	广东丝	辑里丝	嘉兴丝
1860	22.500	17.875	12.500	66.0	58.0
1861	20.250	15.875	12.500	53.5	42.0
1862	19.000	13.875	12.500	64.5	54.0
1863	22.250	18.500	13.000	64.5	60.0
1864	22.500	20.750	17.875	74.5	70.0
1865	25.000	21.000	20.000	82.0	77.5
平均	21.917	17.979	14.729	67.5	60.3

注：取最高和最低价格的平均值。伦敦市场各种生丝等级不明；里昂市场辑里丝为 4 等，嘉兴丝为 2—3 等。

资料来源：杉山伸也，《幕末、明治初期における生丝出口の数量の再检讨》，《社会经济史学》，1979 年总第 45 期，第 277—278 页。

第三节　生丝的出口市场

如表 5-6 所示，在我国生丝出口总量中英国所占的比例，由 1844—1850 年度的 97.1%，逐年降至 1851—1857 年度的 90.5%。这是因为继英国于 1845 年在上海建立租界后，美国和法国也分别于 1847 年和 1849 年相继在上海设立租界，租界内的法国和美国的洋行也开始从事生丝出口业务，从而使出口英国的生丝数量在我国生丝出口总量中的比例逐年下降。

表 5-6　中国生丝的出口国别数量（1851—1857 年度）

年度	出口总量（吨）	英国（%）	美国（吨）	法国（%）
1851	1170.3	95.2	1.3	3.5
1852	1576.5	96.0	1.6	2.4
1853	2997.5	98.1	1.7	0.2
1854	2609.7	95.8	1.2	3.0
1855	2778.9	87.9	2.0	10.1
1856	4457.6	80.5	1.8	17.7
1857	3259.0	90.6	1.9	7.5

注：年度为 7 月 1 日—翌年 6 月 30 日。按 1 包（bale）= 48.36 公斤换算。

资料来源：张仲礼，《1834—1867 年我国对外贸易的变化与背景》，《学术学刊》，1960 年第 9 期，第 61 页。

1858—1866年度从上海出口的生丝主要面向英国和法国市场。在上海生丝出口总量中出口至英国的生丝数量所占的比例，由1858—1864年度平均的87.6%，1862—1863年度的82.2%，下降至1964—1866年度的76.6%。而法国的比例由1858—1861年度平均的8.7%，1862年度的15.3%，迅速上升至1864—1866年度的20.5%。1860年以后对法国生丝出口量快速增加的原因主要有二个。其一，以1860年《英法自由通商条约》的签订为契机，英国取消了15%的丝绸进口税，英国国内丝绸市场的开放，加速了英国丝织业的没落，英国的生丝进口量由1856—1860年平均的3091.2吨，减少至1861—1865年的1948.2吨，1866—1870年为1608.4吨；[①] 英国生丝进口总量的减少导致从中国进口数量的减少，从而导致英国在我国生丝对外贸易中的地位明显下降。其二，1858年丧权辱国的《天津条约》的签订后，法国和美国的对华生丝贸易进一步活跃，尤其是法国商人以往主要从伦敦购入中国生丝，自那以后加速了从中国直接进口生丝的行动，并要求法国政府开设"印度—中国银行"，开通法国—印度—中国间的汽轮直航。在他们的要求下，1860年"割引银行"在上海开设第一家分行。1862年成立了法国邮轮公司，开通了马赛—印度—中国的远东航线。金融和交通等贸易条件的改善，促进了法国从中国直接进口生丝数量的增加，如表5-7所示法国在我国生丝对外贸易中的地位自1862年后有明显的提高。

综上所述，开港期中国生丝的主要出口市场为英国和法国，对美国生丝出口量在1860年代也仅占总出口量的5%以下。英国在开港期我国生丝对外贸易中的地位不断下降。从上海出口至英国的生丝数量占上海生丝出口总量的比例，由1844—1850年度的97.1%，逐年下降至1851—1857年度的90.5%，进入1860年代后下降速度进一步加快，1865—1869年度下降至75.9%。即使在1860年代后期，对英国的生丝出口量仍占我国生丝出口总量的3/4以上，由此可见开港期的中国生丝对外贸易基本上为英国所垄断。考虑到1860年代以后英国进口生丝量有近2/5转口至法国的历史事实，可见开港期中国生丝的消费市场主要是英国和法国。

---

① Schober, J. *Silk and the Silk Industry*, London, 1930, p.225. Howitt, F.O. *Silk-An Historical Survey with Special Rererence to the Past Century*, *Journal of the Textile Institute*, Proceedings, 1952(42): p.347.

表 5-7　上海生丝的国别出口量比例（1858—1872 年度）

年度	出口总量（吨）	英国（%）	法国（%）	美国（%）	其他（%）
1858	4141.4	87.9	9.3	2.8	0.0
1859	3069.1	89.9	7.9	2.2	0.0
1860	3737.2	86.0	9.3	1.8	2.9
1861	3158.4	86.7	8.2	0.5	4.6
1862	2482.8	80.7	15.3	0.9	3.0
1863	1299.7	83.8	9.0	1.3	5.8
1864	1714.1	75.2	20.9	0.3	3.6
1865	1620.1	77.8	19.6	0.2	2.4
1866	1533.1	76.9	21.0	0.2	1.9
1867	1996.1	76.3	20.0	0.7	3.0
1868	2259.7	73.8	22.7	1.8	1.6
1869	2065.0	74.5	23.4	1.4	0.7
1870	1625.3	74.8	18.7	5.8	0.7
1871	2436.5	70.1	19.8	5.8	4.3
1872	2723.1	67.5	19.2	7.0	6.3

注：年度在 1866 年以前为 7 月 1 日—翌年 6 月 30 日，此后为 6 月 1 日—翌年 5 月 30 日。按 1 包（bale）= 48.36 公斤换算。1866 年以前生丝出口量中包括捻丝和粗丝。生丝出口总量中已减去从上海出口的日本丝。

资料来源：杉山伸也，《幕末、明治初期における生丝出口の数量的再检讨》，《社会经济史学》，1979 年总第 45 期，第 36 页。

第四节　本章小结

通过本章的研究，得出以下几点结论：

1. 开港期中国生丝出口量的变化主要受到国内社会经济和欧美市场生丝需求变化的影响。太平天国的贸易保护政策对 1850 年代后期我国生丝出口量的增加起了一定的作用。

2. 开港期中国的生丝贸易为英国所垄断。自 1860 年以后，随着英国国内丝织业的没落和法国、美国对中国生丝直接贸易的增加，而逐渐失去其垄断优势。中国生丝最大的出口市场和消费国是英国，法国位列第二。

3. 以湖州府为中心的江浙地方是中国出口生丝最主要的供应地。在蚕丝技术方面也领先于其他地方。"辑里丝"是当时品质最高的名牌出口生丝。广东作为我国出口生丝的主产地是在 1865 年以后。

4. 开港期，江浙地方尤其是太湖南岸的湖州府一带是我国最重要的出口生丝的供应地，在蚕丝技术方面也领先国内其他地方，广东作为我国出口生丝的主产地之一是在 1865 年以后。

5. 开港期上海的生丝出口量占全国生丝出口总量的 3/4 以上。开港期从上海出口的生丝主要来自于上海附近，我国蚕丝主产地浙江省的湖州和嘉兴一带，仅有极小部分来自于长江中流四川省台山一带或广东珠江三角洲。

第六章 清末期（1868—1911年）的生丝出口

自1868年开始，我国始有比较系统的进出口统计，本章以海关的丝绸进出口统计及有关史料为依据，对生丝出口量变化的引发原因从国内蚕丝业的发展，国际政治经济关系，丝绸流行的变迁，外汇汇率的变动及主要丝绸进出口国的蚕丝业发展及贸易政策的变化等方面进行多角度的分析，对出口生丝的产地分布、生丝的出口市场等进行定量的分析。

第一节 生丝出口变化的背景

一、生丝出口量变化的特点

1. 生丝出口的相对停滞（与日本的比较）

我国出口的蚕丝分为桑蚕丝和柞蚕丝，如表6-1所示，我国的生丝出口量从1868—1872年平均的383.7吨，增加到1908—1912年平均的8296.1吨，增加了2.45倍。而出口竞争国日本的生丝出口量从1868—1872年平均的583.4吨，增加到1908—1912年平均的8567.5吨，增加了14.69倍。从生丝出口的增长率看，我国从1867—1869年平均的3039.1吨，增加到1910—1912年平均的8610.3吨，这43年中的年增长率为2.45%，而同时期日本的生丝出口量从1868—1869年平均的524.3吨，增加到1910—1912年平均的9281.0吨，这42年中的年增长率为7.08%。由此可见，清末期我国生丝出口虽然呈增长趋势，但与竞争国日本相比，其增长速率明显滞缓，可以说是相对停滞。

从桑蚕丝和柞蚕丝出口总量占蚕丝出口总量的比例变化看，桑蚕丝所占比例从1868—1884年平均的92.18%，降低至1885—1902年的83.3%，1903—1911年的76.0%。相应的柞蚕丝所占的比例则由1868—1884年平均的7.2%，上升至1867—1869年的16.7%，1903—1911年的24.0%。柞蚕丝的出口量从1867—1869年平均的334.5吨，增加到1910—1912年平

均的 1995.6 吨，43 年间的年增长率为 4.24%，而桑蚕丝从 1967—1869 年
平均的 2704.6 吨，增加至 1910—1912 年的 6612.7 吨，43 年间的年增长率
为 2.1%，只有柞蚕丝的一半。由此可见，清末期我国与日本相比生丝出口
的相对停滞主要的原因在于桑蚕丝。

柞蚕丝出口年增长率大于桑蚕丝，这主要有两个方面的原因。首先是
我国柞蚕丝的出口没有像桑蚕丝那样受到激烈的竞争。其次是自 1880 年
代以后由于丝与棉、丝与毛的交织物流行，纤度较粗的适于交织的柞蚕丝
的需要也随之增加的缘故。

表 6-1　清末·明治期日中两国生丝出口量的变化（1868—1912 年）

| 5年平均 | 中国[1] | | | | | 日本[2]生丝出口量（吨） |
| | 生丝出口总量（吨） | 桑蚕丝 | | 柞蚕丝 | | |
		出口量（吨）	比例（%）	出口量（吨）	比例（%）	
1868—1872	3383.7	3137.1	92.7	246.6	7.3	583.4
1873—1877	4287.4	3978.6	92.8	308.8	7.2	834.3
1878—1882	4359.7	4090.0	93.8	269.7	6.2	1111.1
1883—1887	4190.9	3647.6	87.0	543.3	13.0	1620.8
1888—1892	5478.8	4458.2	81.4	1020.6	18.6	2608.0
1893—1897	6157.1	5173.5	84.0	983.6	16.0	3102.1
1898—1902	7290.9	6085.4	83.5	1205.5	16.5	3862.9
1903—1907	6684.5	5104.4	76.4	1580.1	23.6	5274.0
1908—1912	8296.1	6273.5	75.6	2022.6	24.4	8567.5
1868—1911 合计	241092.0	202374.0	83.9	38718.0	16.1	51572.5

注：1. 1881 年以前的柞蚕丝中含有少量低级粗桑蚕丝。1 担 = 60.453 公斤换算。2. 1 担
= 60.0 公斤换算。
资料来源：1. China Maritime Customs, Annual Teade Reports and the Trade Returns of the
Various Treaty Ports, 1868—1912；2. 日本农林省蚕丝局，《蚕丝业要览》，东京，1962，
A-6。

2. 生丝出口量变化的特点

从 19 世纪后半期的生丝出口量的年际变化来看，生丝出口确实按 34
年周期循环变化[1]。在数据处理过程中，为了使生丝周期性变化也能体现，
就采用了 3 年移动平均法。从生丝出口量的 3 年移动值的变化中看，在长
期的增加趋势中，可看出生丝出口增长率相对高或相对低的不同时期。

---

① 志村茂治（しむら　しげはる），《生丝市场论》，东京：明文堂，1933 年，第 333 页。

如以清末期 43 年间的平均年增长率 2.45% 为基准，把年出口增长率高于 2.45% 的时期称作顺畅期，低于 2.45% 大于 0 的时期称为徘徊时期，年出口增长率低于 0 的时期称为低迷期，进行时期划分的话，那么，1868—1870 年和 1892—1897 年可称为生丝出口的徘徊期，1875—1878 年、1880—1884 年、1900—1906 年为生丝出口的低迷期，其他年份可称为顺畅期（表 6-2）。

表 6-2　清末期中国生丝出口成长的时期区分

时期	出口成长率（%）	时期区分
1868—1870	2.09	徘徊期
1870—1875	8.29	顺畅期
1875—1878	−3.96	低迷期
1878—1880	5.00	顺畅期
1880—1884	−4.41	低迷期
1884—1892	5.70	顺畅期
1892—1897	1.08	徘徊期
1897—1900	6.06	顺畅期
1900—1906	−1.96	低速期
1906—1911	5.14	顺畅期

注：出口年增长率以生丝年出口量的 3 年移动平均数计算。

二、生丝出口量变化的背景

1. 长期变化的背景

1860 年代欧洲蚕业主产国桑蚕微粒子病流行，导致蚕业大幅度减产，而法国丝绸业快速发展对生丝需求量大幅度增加，使欧洲市场生丝供求不平衡加剧，伦敦市场中国辑里丝 3 号的价格由 1863 年的 56.5 法郎 / 公斤，猛涨至 1864 年的 70.3 法郎 / 公斤，1865—1872 年的 8 年间平均价格达到 82.18 法郎 / 公斤[①]。但当时我国蚕业主产地以湖州为中心的江浙一带由于清朝镇压太平天国而受到战乱的摧残，加上蚕业规模扩大的缓慢等原因，我国生丝出口量并未有很大的增加，1868—1872 年的出口年增长率为2.09%，处于生丝出口的徘徊期。进入 1870 年代后，随着社会趋向稳定，蚕丝业得到恢复，新的蚕业产地不断出现使生丝出口供应量不断增加，加上当时法国和美国丝绸业的快速发展，生丝需求增长的需要，1870—1875年生丝出口增长率为 8.29%，生丝出口为顺畅期。

---

① 日本农商务省商务局，《蚕丝贸易概述》，东京，1880 年，第 31—32 页。

表6-3 广州厂丝出口量占桑蚕丝出口量的比例（1881—1900 年度）

年度	桑蚕丝出口总量（吨）	机械缫丝		座缫丝	
		出口量（吨）	比例（%）	出口量（吨）	比例（%）
1881	697.1			697.1	100
1882	578.0	75.9	13.1	502.1	86.9
1883	715.8	172.8	24.1	543.0	75.9
1884	396.3	207.9	52.4	188.4	47.6
1885	424.6	269.6	63.5	155.0	36.5
1886	944.7	432.9	45.8	511.8	54.2
1887	781.9	527.4	67.5	254.5	32.5
1888	416.3	309.9	74.4	106.4	25.6
1889	916.1	618.1	67.5	298.0	32.5
1890	822.3	624.0	75.9	198.3	24.1
1891	1016.4	734.6	72.3	281.8	27.7
1892	1382.5	1129.7	77.7	252.8	22.3
1893	1112.2	994.2	89.4	118.0	10.6
1894	1230.1	1099.5	89.4	130.6	10.6
1895	1397.3	1247.7	89.3	149.6	10.7
1896	1489.2	1343.3	91.2	145.9	8.8
1897	1491.5	1374.6	92.2	116.9	7.8
1898	2220.3	2059.7	92.8	160.6	7.2
1899	2237.1	2093.4	93.6	143.7	6.4
1900	1940.0	1877.3	96.8	62.7	3.2

注：年度为 6 月 1 日—翌年 5 月 30 日。1 担＝ 60.453 公斤换算。

资料来源：*China Maritime Customs, Decennial Reports, 1882—1891*，p.554；*1892—1901*，Ⅱ，p.177.

随着 1870 年代国际交通、通信、金融条件的不断统改善，国外许多中小生丝贸易企业相继在我国开港地上海和广州设立生丝洋行，洋行间生丝抢购竞争日趋激烈，在前些年生丝出口顺畅，洋行间过度的投机性抢购竞争的背景下，发生了多起"表里不一""以次充好"的不正当交易，导致我国生丝在国际市场上的信用度明显下降[①]。而在国际上，随着 1871 年日本政府取消"严禁在平地栽种桑茶"的禁令后，蚕丝业生产快速发展。而意大利等西欧蚕业生产国应用巴斯德的"袋制蚕种，母蛾镜检"法后，桑蚕微粒子病得到有效控制，蚕丝业生产有所恢复。而由于法国和美国在丝

[①] 鸿巢久（こうのす ひさし），《支那蚕业之研究》，东京：丸山舍，1919 年，第 101 页；铃木智夫，《上海机械制丝业的成立》，《中岛敏先生古稀记念论集（上）》，汲古书院，1980 年，第 19 页。

织机械上大力推广应用高速织机，使座缲土丝的需求产生了供大于求的情况，在这种背景下，1875—1878 年生丝出口年增长率为 -3.96%，生丝出口进入低迷期。此后，国内出口生丝品质和信誉的提高，出口量也恢复性增长，1878—1880 年的生丝出口增长率达 5.00%，迎来了短暂的生丝出口顺畅期。

1880 年代后期开始，意大利等西欧蚕丝生产国实行生丝贸易的保护主义。法国最先于 1888 年采用茧丝进口税，但由于国内丝织业者的反对，而于 1891 年 2 月放弃，代之于 1892 年 4 月公布实施对蚕丝业实行奖励法案。意大利为了提高出口生丝的价格竞争力于 1892 年 7 月废除了生丝出口税。加上欧美高速织机普及对厂丝需求增加，对座缲土丝需求的低迷，1892—1897 年间我国的生丝出口增长率为 1.08%，处于相对徘徊期。

中日甲午战争后，机械缲丝厂在江浙地区有所发展（如上海机械缲丝厂由 1894 年 10 家工厂约 2500 绪增加到 1897 年 25 家工厂 7500 绪），使上海生丝出口厂丝的比例有所增加，加上此时银汇率的下跌（金与银的比值由 1896 年的 1：30.59 下跌到 1898 年 1：35.03），使我国生丝出口的价格竞争力有所提高，从而使 1897—1900 年间我国生丝的出口增长率达 6.06%，生丝出口处于顺畅期。

我国生丝出口竞争国日本的生丝出口当时受意大利和法国生丝贸易保护政策的影响，在 1890 年代前期，生丝出口的增长率也有所降低[①]。因而日本政府为了提高出口生丝的竞争力，稳定出口生丝的品质和促进生丝出口商的积极性，于 1896 年建立了生丝检验所，1897 年废除银本位制而采用金本位制，1899 年废除了生丝出口税，采取了各种对策。与日本相反的是当时的清王朝没有采取任何有意义的对策实施。生丝出口税由于关税主权失落的关系和财政困难而照旧征收，与生丝有关的各种税捐至少使我国的生丝出口的价格竞争力下降约 2.5%。在这种背景下，在美国市场从来处于价格低位的上海厂丝的价格，自 1899 年开始高于日本厂丝，1900 年开始高于意大利的厂丝。我国生丝在美国丝绸市场上所占的比例由 1895—1899 年平均的 28.3% 逐年下降。因而 1900—1906 年我国生丝出口的年增长率为 -1.96%，为生丝出口的低迷期。此后，由于江浙地方机械缲丝厂的快速发展（如上海地区机械缲丝厂由 1905 年的 22 工厂 7610 绪增加到 1911 年 46 工厂 13062 绪），用于高速织机用的厂丝供应量的增加，加上美国生丝需求量的大幅度增加，我国生丝出口再次增长，1906—1911 年生丝

---

① 小野旭（おの あきら），《制丝业の增长分析》，《长期经济统计》第 11 卷，东洋经济新报社，1979 年，第 143 页。

出口增长率为 5.14%。

2. 年际大幅度变化的背景

下面就生丝出口量相对于上年比较有大幅度变化的年份进行分析。

1873 年我国生丝出口量为 3706.8 吨，比 1872 年减少 245.0 吨，其中桑蚕丝减少 555.9 吨，柞蚕丝增加 310.9 吨。这是因为受欧洲经济危机的影响，伦敦市场辑里丝价格比上年下跌了 5.2%，从而导致国内丝商惜售生丝引起的。

1877—1878 年生丝出口量的明显减少是因为蚕丝主产地湖州一带因为气候不顺导致湖丝减产（《申报》，1877 年 5 月 25 日）和前面论及的当时生丝买卖中"表里不一"和"以次充好"现象影响我国生丝的信誉，以及生丝"洋行"因担心土耳其和俄罗斯的战争影响交通而减少了对出口生丝的收购等因素引起的 [1]。

1881 年生丝出口减少主要是由蚕业主产地的蚕病的流行和上年意大利蚕茧丰收，欧洲市场减少了对我国生丝的需求而引起的。

1885 年生丝出口量的减少是由于 1884 年 7 月发生的中法战争，使我国对法国生丝出口量大幅度减少而引起的。

1888 年生丝出口量的减少是因为我国主要生丝出口市场法国对蚕茧和生丝进口进行征税，导致对法国生丝出口的一时停滞而引起的。

1890 年生丝出口量的减少主要是欧美发生了金融危机，随着美国发布银元条例而使银价大幅度提高，以及因银价过高，纽约生丝进口商因而大量亏本而相继歇业所引起的 [2]。

1893 年生丝出口量减少是因为在第 4 次国际货币会议上决定不采用美国提出的扩大银元使用区域的提案。当时生丝进口商以为银元会大幅度跌价引起的生丝惜售和金银汇率的大幅度变化阻碍了生丝出口 [3]。

1896 年生丝出口量的减少是由于发生了委内瑞拉事件，英国从美国撤回投资，导致美国国内金融紧缩，以及基于毛织物的流行，担心对丝绸消费的影响，美国和法国大幅度减少了生丝进口，加上国内蚕茧减产等多方面的影响所致 [4]。

1898 年的生丝进口量的减少是由于美国和西班牙之间的战争及法国

---

[1] 秦惟人，《清末湖州の蚕丝业と生丝の输出》，《中嶋敏先生古稀记念论集》，汲古书院，1981 年，第 533 页。

[2] 志村茂治，《生丝市场论》，东京：明文堂，1933 年，第 269 页。

[3] 志村茂治，《生丝市场论》，东京：明文堂，1933 年，第 270 页。

[4] 桥本重兵卫（はしもと　じゅんべえい），《生丝贸易之变迁》，丸山舍，1902 年，第 90 页。

外交上的各种争执使美国和法国的生丝进口量比上年减少了近二成所引起的。

1897 年日本决定采用金本位制，导致银价大幅度下跌。对生丝出口国中唯一使用银元的中国生丝出口十分有利，为此，1899 年我国生丝出口量有明显的增加，达到 8953.1 吨的高纪录。

1900 年、1903 年和 1905 年的生丝出口量减少是由于美国等国经济危机引起的丝绸消费减少，1900 年义和团起义的影响和蚕病流行引起的蚕茧减产等各种原因所引起的。

第二节　出口生丝的品种结构

一、桑蚕丝和柞蚕丝

桑蚕丝和柞蚕丝 5 年平均的出口量及在生丝出口总量中的比例如表 6-1 所示。

桑蚕丝的出口尽管受到日本和意大利的竞争，但在欧美生丝需求量大幅度增加的背景下，其出口量由 1868—1872 年平均的 3137.1 吨增加到 1908—1912 年平均的 6273.5 吨。40 年间桑蚕丝出口的年增长率为 1.75%；而柞蚕丝的出口由于印度柞蚕丝发展缓慢而没有受到桑蚕丝那么激烈的竞争。因而，柞蚕丝出口量由 1868—1872 年平均的 246.6 吨增加到 2022.6 吨，40 年间柞蚕丝的年出口增长率为 5.4%，尤其是在 1880 年代和 20 世纪初，柞蚕丝的出口增长非常迅速，这与丝棉、丝毛交织物的流行时期相一致。

由于柞蚕丝的出口年增长率高于桑蚕丝，因此，柞蚕丝出口量占生丝出口总量的比例，如表 6-1 所示，从 1868—1884 年平均的 7.2%，1885—1902 年的 16.7% 年升到 1903—1911 年的 24.0%。相应的桑蚕丝出口量占生丝出口总量中的比例由 1868—1884 年平均的 92.8%，1885—1902 年的 83.3%，降低至 1903—1911 年的 76.0%。由此也说明，清末期我国生丝出口与日本相比表现为相对停滞是因为桑蚕丝出口增长率相对缓慢的缘故。

据海关统计，1868—1911 年的 44 年中我国桑蚕丝的出口总量为 202374 吨，占生丝出口总量 241092 吨的 83.9%；柞蚕丝的出口总量为 38718 吨，占生丝出口总量的 16.1%。

表6-4 白丝和黄丝出口量占中国桑蚕丝出口总量的比例（1886—1912年）

3年平均	桑蚕丝出口总量（吨）	白丝		黄丝	
		出口量（吨）	比例（%）	出口量（吨）	比例（%）
1886—1888	3924.9	3445.3	87.8	479.6	12.2
1889—1891	4435.3	3840.9	86.6	594.4	13.4
1892—1894	5004.6	4373.6	87.4	631.0	12.6
1895—1897	5325.5	4806.6	90.3	518.9	9.7
1898—1900	5926.3	5258.2	88.7	668.1	11.3
1901—1903	5680.8	4963.8	87.4	717.0	12.6
1904—1906	5182.1	4517.6	87.2	664.5	12.8
1907—1909	5703.3	4880.4	85.6	822.9	14.4
1910—1912	6612.6	5579.8	84.4	1032.8	15.6
1886—1911 合计	136018.4	118954.3	87.5	17064.1	12.5

资料来源：China Maritime Customs，*Annual Teade Reports and the Trade Returns of the Various Treaty Ports*，*1868—1912.*

二、白色桑蚕丝和黄色桑蚕丝

近代我国生产的桑蚕丝依产地不同有白色丝和黄色丝之分。1880年代后，随着长江中流四川、湖南、湖北和安徽等黄色桑蚕丝产地蚕丝业的发展，黄色桑蚕丝的出口量有所增加，于是自1886年以后的海关统计上就把桑蚕丝分为白色桑蚕丝和黄色桑蚕丝。

1886—1912年的27年间根据海关统计整理的白色桑蚕丝和黄色桑蚕丝的3年平均出口量及其占出口总量中的比例如表6-4所示。

1895—1897年黄色桑蚕丝出口量减少，和1904—1906年白色桑蚕丝和黄色桑蚕丝的出口量均减少，从表6-4中可以得到确认。这是因为1896—1898年长江中流黄色桑蚕丝的生产地因为洪水等气候不调及蚕病流行导致茧丝生产量减少影响了出口，而1904—1906年桑蚕丝出口量的减少是因为在日本、意大利等国废除生丝出口税，采取贸易促进政策后，清政府没有采取相应的对策，加上此时银价上升，影响了我国生丝的出口。

如表6-4所示，黄色桑蚕丝占桑蚕丝出口总量中所占的比例，在1907—1912年间有明显提高外，在此以前，除1896—1898年外基本上没有多大的变化。1886—1911年的26年间黄色桑蚕丝的出口量为17064吨，占同期桑蚕丝出口量的12.5%，生丝出口总量的10.1%。

三、上海和广州的桑蚕丝出口量比较

从上海和广州的桑蚕丝的 5 年平均出口量及其占桑蚕丝出口总量中的比例如表 6-5 所示。上海的桑蚕丝出口量在不同时期有所增减。但在 1880 年代以后基本上稳定在 3 千吨左右的程度。与此相反的是，从广州出口的桑蚕丝数量在 1884 年前稳定在 900 吨左右，此后从 1885—1889 年平均的 1062.1 吨逐年增至 1895—1899 年 1814.1 吨、1900—1904 年的 2123.1 吨和 1910—1914 年的 2409.6 吨。因而，从广州出口的桑蚕丝占全国桑蚕丝出口总量中的比例由 1870—1884 年平均的 23.6%，上升至 1885—1899 年平均的 28.3%，1900—1914 年 38.6%。而上海所占的比例则由 1870—1884 年平均的 76.4% 逐年下降至 1885—1899 年的 67.9%，1900—1914 年的 59.7%。清末期 1868—1911 年的 44 年间从广州出口的桑蚕丝为 62010 吨，占全国桑蚕丝出口总量的 30.6%，占生丝出口总量的 25.7%。由此可以推计，清末期从广东和广西出产的白色桑蚕丝的出口量约占全国生丝出口量 1/4。同时期上海出口的桑蚕丝总量为 135507 吨，占全国桑蚕丝出口总量的 67.0%，占生丝出口量的 56.2%。上海出口的桑蚕丝中白色桑蚕丝的比例年际间上下波动呈下降趋势。考虑到 1872—1911 年的 30 年间平均为 84.3%，且江浙地方出产的桑蚕丝基本上由上海出口的事实，那么，可以推算出江浙地方出产的白色桑蚕丝的出口量约占我国桑蚕丝出口总量的 56.5 %（=67.0% × 84.3%），约占全国生丝出口量的 47.4%（=56.2% × 84.3%）。

而从白色桑蚕丝出口量占上海出口的桑蚕丝总量的比例，由 1872—1881 年平均的 92.5% 下降至 1882—1891 年的 83.5%，1902—1911 年的 78.0%。可以看出，前面所论及的 1880 年代以后上海出口桑蚕丝处于相对停滞，其主要原因在于江浙地方出产的白色桑蚕丝出口增长的停滞。

自 19 世纪 70 年代以后，随着高速丝绸织机的普及，世界生丝市场动质量均一的厂丝需要快速增长，座缲土丝的消费市场逐渐萎缩。从厂丝出口统计看，如表 6-3 所示，在广州的桑蚕丝出口总量中厂丝所占的比例由 1882 年度（6 月 1 日至翌年 5 月 30 日）的 13.1%。快速上升至 1884 年度的 52.4%，1893 年度的 89.4%，1900 年度达到了 96.8%。而上海桑蚕丝出口总量中厂丝所占的比例如表 6-5 所示，从 1895 年的 9.4% 上升至 1901 年的 21.2%，1910 年的 33.5%。广州在 1883 年度其厂丝出口量已占桑蚕丝出口量的 24.1%，而上海在 20 年以后的 1904 年才达到同等的水平。广东地方在 1902 年已经有 86 工厂 34600 绪的机械缫丝生产规模，但同年上海市内只有 21 工厂 7306 绪的机械缫丝生产规模。江浙地方的机械缫丝生产

规模也非常有限。因而，前面论及的1880年代以后江浙地才出产的白色桑蚕丝出口的相对停滞，其背景在于机械缫丝发展缓慢，产品难以适应世界生丝市场的需求，导致其产品竞争力下降。

表6-5 上海厂丝出口量占桑蚕丝出口总量的比例（1894—1911年）

年份	桑蚕丝出口总量（吨）	座缫丝		厂丝	
		出口量（吨）	比例（%）	出口量（吨）	比例（%）
1894	3557.7	3295.1	92.6	262.6	7.4
1895	4024.8	3645.4	90.6	379.4	9.4
1896	2684.3	2364.3	88.1	320.0	11.9
1897	3832.8	3136.4	81.8	696.4	18.2
1898	3334.2	2849.9	85.5	484.3	14.5
1899	4971.6	4191.3	84.3	780.3	15.7
1900	2865.9	2403.2	83.9	462.7	16.1
1901	4203.5	3312.6	78.8	890.9	21.2
1902	3707.3	2856.6	77.1	850.7	22.9
1903	2200.2	1555.1	70.7	645.1	29.3
1904	3187.4	2416.4	75.8	771.0	24.2
1905	2678.3	1905.0	71.1	773.3	28.9
1906	2954.1	2216.6	75.0	737.5	25.0
1907	3185.9	2366.8	74.3	819.1	25.7
1908	3450.6	2565.1	74.3	885.5	25.7
1909	3537.1	2504.3	70.8	1032.8	29.2
1910	3888.2	2587.5	66.5	1300.7	33.5
1911	2524.2	2240.3	63.6	1283.9	36.4

资料来源：China Maritime Customs, *Annual Teade Reports and the Trade Returns of the Various Treaty Ports*, *1868—1912.*

第三节 出口生丝产地分布的推计

清末期不同种类、色别及不同出口港的生丝出口量比例在前节已经有了定量的分析，再根据第二章所论及的各蚕丝产地的生丝生产种类、色别以及出口生丝的流通路径，可把全国出口生丝的来源分为：①辽宁、山东、河南的柞蚕丝产地，②四川、湖北、湖南及山东的黄色桑蚕丝产地，③广东和广西的白色桑蚕丝产地，④浙江、江苏和安徽的白色桑蚕丝产地等四大区域，从而来定量分析出口生丝的产地分布。

清末期（1868—1911年）的44年间我国的生丝出口量达到241092吨，

其中以辽宁、山东及河南为产地的柞蚕丝的出口量约占 1/6，以四川、湖北、湖南、河南及山东为产地的黄色桑蚕丝约占 1/10，以广东和广西为产地的白色桑蚕丝约占 1/4，以浙江、江苏和安徽为产地的白色桑蚕丝约占 1/2。

第四节　生丝的出口市场与消费市场

一、生丝的出口市场

1.桑蚕丝的出口市场

由于从广州出口生丝的近 90% 转运至香港后再转口，因而，根据海关统计要定量地分析全国桑蚕丝的出口地十分困难。而从上海出口的桑蚕丝在海关统计中有明确的出口地，且上海的桑蚕丝出口量占全国 2/3 左右，上海桑蚕丝的出口地与广州的桑蚕丝出口地基本相同。因此，可从上海的桑蚕丝出口来分析我国桑蚕丝的出口地。

表 6-6　清末期上海座缲缲丝的出口地（I）（1868—1878 年）

年度	出口总量（吨）	英国（%）	美国（%）	法国（%）
1868	2259.7	73.8	1.8	24.4
1869	2065.0	74.5	1.4	24.1
1870	1625.3	74.8	5.8	19.4
1871	2463.5	70.1	5.8	24.1
1872	2723.1	67.5	7.0	25.5
1873	2531.4	67.2		32.8
1874	3150.2	51.3		48.7
1875	3324.6	39.3	10.5	50.2
1876	3455.9	43.3	6.1	50.6
1877	2594.0	40.7	8.6	50.7
1878	2973.5	30.4	11.1	58.5

注：年度在 1872 年以前为 7 月 1 日—翌年 6 月 30 日，1873 以后为 6 月 1 日—翌年 5 月 31 日。
资料来源：1868—1872 年度为杉山伸也，《幕末、明治初期における生丝出口の数量の再检讨》，《社会经济史学》，1979 年总第 45 期，第 268 页。1873—1878 年度为秦惟人，《清末湖州の蚕丝业と生丝の输出》，《中嶋敏先生古稀记念论集》，汲古书院，1981 年，第 528 页。

1868—1878 年度上海座缲桑蚕土丝的出口地如表 6-6 所示，1874 年以前，英国是上海座缲桑蚕土丝的最大出口地，法国次于英国位居第二位。此后，法国取代英国成为最大出口地，英国成为第二大出口地。美国在1870年以后在我国桑蚕丝出口中的地位有明显的上升。从英国在1873年以前其从上海进口的座缲桑蚕土丝量占上海出口总量的2/3以上。可见在1873年以前，英国在上海生丝出口中具有垄断性的优势地位。

表6-7　清末期上海座缲缫丝的出口地（Ⅱ）（1882—1905年）

年份	出口总量 （吨）	法国（%）	美国（%）	英国（%）	意大利（%）	其他（%）
1882	2657.7	54.8	13.7	22.7	3.3	5.5
1883	2481.1	52.3	9.8	31.6	1.0	5.3
1884	2963.6	60.6	11.1	17.1	3.1	7.1
1885	2331.4	53.2	17.2	18.7	1.6	9.3
1886	2718.4	70.4	15.2	6.6	1.7	6.1
1887	2476.9	64.4	11.2	10.5	2.7	11.2
1888	2879.0	65.3	10.5	10.5	3.8	9.9
1889	3213.3	69.4	11.2	7.8	1.9	9.7
1890	2365.5	62.8	11.9	8.8	1.1	15.4
1891	3637.7	63.8	11.3	9.5	1.5	13.9
1892	3624.0	66.9	11.6	5.0	4.8	11.7
1893	3370.4	57.3	9.4	7.0	4.4	21.9
1894	3295.1	51.7	13.5	4.1	10.7	20.0
1895	3645.4	54.9	12.5	3.1	9.0	20.5
1896	2364.3	54.1	9.4	5.2	14.9	16.4
1897	3136.4	51.8	14.0	3.2	14.4	16.6
1898	2849.9	52.2	10.9	4.1	15.8	17.0
1899	4191.3	48.0	14.2	7.2	13.6	17.0
1900	2403.2	38.6	12.8	5.1	10.8	32.7
1901	3312.6	36.2	16.7	4.4	16.8	25.9
1902	2856.6	41.4	17.7	4.2	21.0	15.7
1903	1555.1	39.4	19.3	1.7	16.5	23.1
1904	2416.4	36.0	17.2	3.4	21.5	21.9
1905	1905.1	28.8	19.3	3.5	27.2	21.2

资料来源：China Maritime Customs, *Annual Teade Reports and the Trade Returns of the Various Treaty Ports, 1868—1912.*

　　1882—1905年的上海桑蚕丝的出口地如表6-7所示。对法国的出口量占上海桑蚕丝出口总的比例以1886年的70.4%为最高，此后逐年降低，但一直占据第一位。对英国的出口量所占比例下降迅速，自1886年前后一时提高后又下跌，1894年以后虽每年有所波动且呈上升趋势。意大利在

1892 年 7 月取消蚕丝类的出口税后，从中国大量进口生丝加工成捻丝后再出口，因而自 1892 年以后对意大利的桑蚕丝出口量所占比例迅速提高，自 1894 年后超过英国居第三位。其他的出口地还有法国、瑞士、印度和中国香港地区。自 19 世纪 80 年代以后，这些国家和地区所占的比例也有所上升。

厂丝在上海海关统计上单列的是在 1894 年以后。1894—1911 年上海桑蚕厂丝的出口地如表 6-8 所示，上海桑蚕厂丝的 90% 以上出口至法国和美国。但对美国的出口量所占的比例以 1895 年的 67.5% 为最高，此后逐年降低。而对法国的出口量所占的比例逐年上升，至 1909 年达到 72.3%。由此可见，上海桑蚕厂丝出口在甲午战争前是以美国为主的，进入 20 世纪后改由向法国出口为主了。

表 6-8　清末期上海厂丝的出口市场（1894—1911 年）

年份	出口总量（吨）	法国（%）	美国（%）	意大利（%）	其他（%）
1894	262.6	32.0	66.3	1.3	0.4
1895	378.9	30.2	67.5	1.8	0.5
1896	320.0	43.0	54.6	1.8	0.6
1897	696.4	44.2	51.1	3.6	1.1
1898	484.3	48.7	45.2	3.2	2.9
1899	780.3	43.1	47.1	5.9	3.9
1900	462.7	44.2	45.6	6.3	3.9
1901	890.9	49.6	41.5	7.1	1.8
1902	850.7	45.4	49.6	0.1	4.9
1903	545.1	68.0	27.1	4.6	0.3
1904	771.0	45.2	46.1	8.2	0.5
1905	773.3	50.4	41.5	8.0	0.1
1906	737.5	65.2	24.4	10.3	0.1
1907	819.1	61.1	30.1	8.7	0.1
1908	885.5	65.0	26.8	8.2	0.0
1909	1032.8	72.3	18.5	9.0	0.2
1910	1300.7	71.1	16.8	11.3	0.8
1911	1283.9	63.3	25.4	10.8	0.5

资料来源：China Maritime Customs, *Annual Teade Reports and the Trade Returns of the Various Treaty Ports, 1868—1912.*

那么上海的桑蚕厂丝的出口地为什么在世纪之交有如此大的变化呢？那是因为，日本生丝出口看好美国市场，并于 1896 年设立生丝检验所，1897 年实施金本位制以稳定生丝出口价格，1899 年废除了生丝出口税，通过减轻生丝出口过程中的流通等费用来强化生丝出口价格的竞争力，加上银价的上涨对中国生丝出口的不利，自 1899 年以后在美国生丝市场上，中国厂丝价格超过日本和意大利，在价格上居于不利位置，从而使上海白厂丝在美国市场上的占有率不断下降。

2. 柞蚕丝的出口市场

19 世纪后半期我国的柞蚕丝和桑蚕丝一样，绝大部分是从上海和广州出口国外的，其出口地在开港期主要出口英国，进入 1880 年代后主要出口至法国，英国居第二位，甲午战争后出口地顺位为法国、意大利、美国和英国[①]。

1902—1911 年的我国生丝出口地如表 6-9 所示，这 10 年间我国的生丝主要出口至法国、美国、日本、中国香港地区、意大利和瑞士。日本从我国进口柞蚕丝数量的增加是在 1890 年代以后，这从日本生丝进口量统计也可以明确这一点。这 10 年间我国柞蚕丝的出口量为 6981.3 吨，其中美国市场占 18.1%，中国香港市场占 15.0%，日本市场占 12.1%。而对法国市场的出口量比例在 1904 年并不清楚，但估计在约 1/3 以上，意大利和瑞士等国约占 1/5。

表 6-9 清末期中国柞蚕丝的出口市场（1902—1911 年）

年份	出口总量（吨）	法国（%）	美国（%）	中国香港地区（%）	日本（%）	其他（%）
1902	1159.4		16.8	25.6	21.8	35.8
1903	1337.7		11.5	19.8	11.4	57.3
1904	2026.8		13.4	16.8	4.6	65.2
1905	1546.3	31.5	16.6	15.9	17.1	18.9
1906	1544.9	34.1	14.9	13.5	16.1	21.4
1907	1444.6	38.4	14.9	16.3	14.9	15.5
1908	2064.3	42.4	14.6	13.0	10.0	20.0
1909	2056.1	34.5	30.3	10.7	14.4	10.1
1910	1755.7	34.3	25.7	15.6	6.9	17.5
1911	2045.2	42.8	18.5	9.6	9.8	19.3

资料来源：China Maritime Customs, *Annual Teade Reports and the Trade Returns of the Various Treaty Ports, 1868—1912.*

---

① 徐新吾主编，《中国近代缫丝工业史》，上海：上海人民出版社，1990 年，第 48 页。

二、生丝的消费市场

由于中国香港地区是我国（尤其是从广东）生丝的中转地，且从美国和法国的中国生丝进口量与我国对美国和法国的生丝出口量之间存在着很大的差距，因此，生丝的出口地和消费市场未必一致。那么，我国生丝的消费市场主要是哪里，各占多少比例。下面利用美国和法国的中国生丝进口量统计进行估算。

从当时交通水平及部分生丝由香港中转等历史事实考虑，从我国出口至美国及法国的生丝所需的运输时间需要 3—6 个月，也就是我国的生丝出口量统计与美国和法国的中国生丝进口量统计之间有 3—6 个月的时间差。但是，如果以 5 年平均值来定量分析，那么这 3—6 个月的时间差引起的数误差可以忽略不计。清末期我国生丝的消费市场的推算值如表 6-10 所示。1860 年代以后，随着英国丝织业的衰退及法国和美国丝织业的大发展，我国生丝的消费市场自 1870 年代以后有明显的变化。

表 6-10　清末期中国生丝的消费市场（1870—1911 年）

5年平均	出口总量（吨）	美国（%）	法国（%）	其他（%）
1870—1874	3749.0	6.0	20.3	73.7
1875—1879	4430.6	4.2	36.4	59.4
1880—1884	4173.2	14.2	41.3	44.5
1885—1889	4634.5	11.1	43.4	45.6
1890—1894	5769.5	11.5	40.5	48.0
1895—1899	6922.6	16.5	47.9	35.6
1900—1904	6847.5	19.7	52.8	27.5
1905—1909	7151.5	21.3	42.6	36.2
1910—1914	8279.4	27.9	44.2	27.9
1870—1911 合计	234663.0	15.1	42.4	42.5

注：统计数据中包括柞蚕丝。生丝出口总量根据海关年报汇总；国别比例根据美国和法国从中国进口的生丝量计算。

如表 6-10 所示，法国的中国生丝进口量占我国生丝出口量的比例由 1870—1874 年平均的 20.3% 上升至 1875—1879 年的 36.4%，1880—1884 年的 41.3%，以后保持在 40% 以上，1900—1904 年曾达到最高的 52.8% 的水平。1870—1911 年的 42 年中法国从我国进口的生丝总量达 99598.6 吨，占同期我国生丝出口量 234663.0 吨的 42.4%。美国的中国出口进口量占我国生丝出口量的比例由 1875—1879 年的 4.2% 快速上升至 1880—1884 年的 14.2%，1885—1894 年一时下降至 11.3%，随着甲午战争后美国高速丝织机的快速普及（美国高速丝织机台数占美国丝织机总数的比例由 1875 年的 59.7% 上升至 1880 年的 62.7%，1890 年达到 92.3%，1900 年以后几乎全部为高速丝织机），我国厂丝对美国出口虽然与日本相比处于停滞，但总量有明显增加，因而美国从中国进口的生丝量占我国生丝出口总量的比例由 1895—1899 年的 16.5%，1900—1904 年的 19.7% 上升至 1905—1909 年的 21.3%。1870—1911 年的 42 年中美国从中国进口的生丝总量为 35360.7 吨，占我国生丝出口总量的 15.1%。

另外，在甲午战争以前，以英国和中国香港为主的，甲午战争以后对意大利、中国香港、印度和日本等的生丝出口量比例由 1870—1874 年的 73.7% 快速下降至 1880—1884 年的 44.5%，此后相对稳定，1885—1889 年为 45.6%，1890—1894 年为 48.0%，1895—1899 年下降至 35.6%，1900—1904 年进一步下降为 27.5%。1870—1911 年的 42 年中英国、意大利、印度、日本和中国香港等市场消费的我国生丝量占生丝出口总量的 42.5%。

第五节　本章小结

通过本章的研究，得出以下几点结论：

1. 清末期中国生丝出口年增长率为 2.45%。但与日本生丝出口年增长率 7.08% 相比，我国生丝出口相对停滞，增长率不及日本的一半。

2. 以清末期生丝出口年增长率 2.45% 为基准，生丝出口增长率超过 2.45% 的时期作为顺畅期，生丝出口增长率为 0—2.5% 的作为停滞期，生丝出口增长率低于 0 的作为低迷期划分的话，那么 1868—1870 年和 1892—1897 年为我国生丝出口的停滞期，1875—1878 年、1880—1884 年和 1900—1906 年为生丝出口的低迷期，其余年作为生丝出口的顺畅期。

3. 影响我国生丝出口量的长期波动和年次波动的主要原因，因时期和年份的不同而异。但可归纳为：①美国、法国等生丝进口消费国的经济景气变化；②战争等国际政治经济条件的变化；③生丝贸易过程中投机交易的发生及金融混乱；④洪涝灾害及蚕病流行等导致产量的增减变化；⑤主要生丝供求国的产业与贸易政策及外汇政策的变化；⑥以机械缫丝的发展为代表的蚕丝技术进步差异所表现出的生丝出口竞争力的变化等六个方面。

4. 1868—1911 年的 44 年中我国的生丝出口总量为 241092 吨，其中柞蚕丝的出口量为 38718 吨，桑蚕丝的出口量为 202374 吨，分别占生丝出口总量的 16.1% 和 83.9%。从广州出口的桑蚕丝总量为 62010 吨，占我国桑蚕丝出口总量的 30.6%，占生丝出口总量的 25.7%，从上海出口的桑蚕丝总量为 135507 吨，分别占我国桑蚕丝出口总量的 67.0% 和生丝出口总量的 56.2%。

5. 1880 年代以后上海桑蚕丝出口的相对停滞，主要是产于江浙地方的白色桑蚕丝出口的停滞，这是由于江浙地方机械缫丝业发展缓慢的缘故。

6. 1868—1911 年的 44 年中我国的生丝出口量 241092 吨，各产地占比例的推算结果如下：产于辽宁、山东和河南的柞蚕丝占 1/6；产于四川、湖北、湖南、河南和山东的黄色桑蚕丝约占 1/10；产于广东和广西的白色桑蚕丝约占 1/4，产于浙江、江苏和安徽的白色桑蚕丝约占 2/5。

7. 英国在 1873 年以前基本垄断了我国的生丝出口，1875 年以后，让位于法国而居第二位；1886 年居美国之后居第三位；1894 年以后居意大利之后下跌至第四位，这是由英国丝织业的衰退和我国对外贸易的多元化等原因所引起的。法国自 1870 年以后开始大量进口我国生丝，1875 年以后成为我国生丝的最大出口地。美国自 1886 年取代英国成为我国第二大生丝出口地，自 1894 年以后开始从我国进口的生丝量有明显的增加。尽管如此，我国国生丝在美国市场所占的比例则处于下降状态，这是由于我国生丝在美国市场的竞争力弱于日本生丝和意大利生丝所引起的。意大利于 1892 年开始增加从中国的生丝进口量，于 1894 年替代英国成为我国第三大生丝出口国。

8. 法国、美国、英国和意大利是清末期我国最主要的生丝消费市场。1870—1911 年的 42 年中我国生丝出口总量为 234663.0 吨，其中法国从中国进口生丝达 99598.4 吨，占我国生丝出口总量的 42.4%；美国从中国进口生丝达 35360.7 吨，占我国生丝出口量的 15.1%；其他国家英国、意大利、印度和日本等国的进口量约占出口总量的 42.5%。

第七章 民国期（1912—1949 年）的生丝出口

自 1912 年中华民国成立至 1949 年中华人民共和国成立的 38 年间作为民国期。本章以海关生丝出口统计及相关史料为依据，就民国期的生丝出口量的变化及其主要因素进行分析研究，然后定量分析该时期我国生丝出口的种类，各出口港的地位，出口生丝的产地来源，以及生丝的出口地及其消费市场。

第一节 生丝出口量波动的背景

一、生丝出口量波动的特点

民国期我国生丝出口量的年际变化自 1912 年以后有两次急剧的下降过程：第一次为 1930—1934 年，第二次为 1940—1944 年。如果用生丝出口量的 3 年移动值进行统计分析，那么，1912—1918 年、1934—1940 年和 1944—1949 年是生丝出口的停滞期，1929—1934 年和 1940—1944 年为生丝出口的激减期，1918—1925 年为生丝出口的增长期。

二、生丝出口量波动的原因分析

在前章中已经指出 1905 年以后，以上海为中心的江浙地方机械缫丝生产规模的快速发展，为 1910 年前后生丝出口的顺畅奠定了基础。但 1911 年辛亥革命后社会的一时混乱，使机械缫丝业的发展受挫。与此同时日本自 1906 年由外山龟太郎提出应用蚕的杂交一代后，杂交蚕种在日本迅速普及。且 1914 年日本人又发现了用盐酸人工孵化蚕种的方法，使一年多次饲养一化性高产蚕种有了可能。在这种技术进步的支撑下，日本蚕丝生产水平迅速提高，生丝出口竞争力得到进一步的强化。加上该时期银价的再次上涨，使我国生丝出口的价格竞争力得到损害，表现在美国纽约市场上，从来价格处于低位的我国上海白厂丝自 1900 年以后高于日本和意大利的白厂丝。受日本生丝的竞争挤压，自 1903 年开始，江浙地方生产的白厂丝也与座缫土丝一样，开始以法国市场为主要出口市场。但是 1914 年 6 月 28 日第一次世界大战爆发后，法国的丝织业因为周边出口市场为战火所笼罩，丝绸出口的低迷使法国进口我国生丝的数量减少。因而 1912—1918 年我国生丝出口处于低迷期。尤其是生丝出口量从 1913 年的 9007.9 吨下跌至 1914 年的 6564.5 吨，跌幅达 27.1%，是由于第一次世界大战爆发对生丝出口的影响所致。

以第一次世界大战为契机，美国从债务国转变为世界最大的债权国，美元开始取代英镑，成为国际贸易的结算货币，经济的繁荣促进了美国丝绸消费的增加和丝织业的繁荣。世界生丝消费市场从美国和法国的两极体制开始向美国一极集中。1920—1924 年美国年均生丝进口量为 19612.7 吨，为法国 4827.3 吨的 4.06 倍。受世界丝绸消费中心向美国一极集中的影响，我国生丝出口也开始向美国集中。但如前所述，竞争国日本由于蚕丝业生产技术的快速进步和政府税收、融资等方面的支持，至第一次世界大战结束时，一代杂交蚕种已经普遍应用，一年多次饲养一化性蚕种的生产技术开始确立，伴随多绪缫丝机的开发应用，如钟渊、片仓等大资本制丝生产体制得到确立，且日本生丝出口商权也从外国洋行得到收回，使日本生丝出口竞争力得到进一步加强。在美国市场上，不但在品质方面优于我国上海产厂丝，而且价格继续保护低位的优势。意大利的蚕丝业在第一次世界大战后得到恢复发展，其生丝生产量由 1918 年的 2741.0 吨增加到 1925 年的 5223 吨；生丝出口量也由 1918 年的 821.5 吨增加到 3165.1 吨，且出口市场与我国一样以法国为主。法国市场上与意大利生丝竞争的激化，美国市场上与日本、意大利生丝竞争的激化，我国的生丝处于竞争弱势，1918—1925 年生丝出口处于停滞状态。其中 1919 年生丝出口量的激增和 1924 年的大幅度减少是受到当时世界经济景气变化的影响。1920 年代，美国生丝市场的消费结构由于人造丝产业的发展有所变化。宽幅丝绸的部分原料为人造丝所代替，但由于超短裙的流行，长筒丝袜广为流行，生丝消费量反而有利于增长。但编织丝袜用生丝一般为 14 旦尼尔的生丝，这种生丝的生产对原料茧和制丝技术有较高要求。日本方面能很好地适应美国市场对生丝要求的变化，我国虽于 1923 年在上海成立了中美合办的生丝检验所，对出口生丝进行质量检验，并于 1924 年 9 月在北京召开全国实业会议，并开始引进日本的技术推广一代杂交种和盐酸人工孵化蚕种法，但由于制丝方面的小资本合股制及丝厂所有权与经营权分离，租厂制的机械缫丝厂在江浙地方多数存在，且生丝出口商权们为外国资本控股的"洋行"所控制，加上我国蚕业生产技术的进步远落后于日本，与生丝需求相应的生产体制也不如日本。但1925—1932年间得银价下跌的帮助，在美国生丝市场上上海厂丝的价格于1925年开始低于意大利丝，1928年开始低于日本厂丝，使我国生丝的价格竞争力有所恢复，因此1925—1929年随着美国生丝需求扩大带来的对美国生丝出口量的增加，生丝出口处于顺畅期。

1929年10月爆发的历时4年的近代世界经济大危机给美国等资本主义国家的经济以严重的打击，由于民众购买能力的减退，以及廉价人造丝绸对市场的蚕食，丝绸需求日益减少。美国的生丝进口量从1929年的39558.9吨，激减到1933年的30202.6吨和1936年的26646.8吨，法国的生丝进口量也由1928年的7801.5吨激减至1931年的3572.1吨，1936年的2635.8吨。在生丝需求量大幅度减少的同时，生丝的使用领域也有更明显的变化。以美国为例，用于宽幅丝绸生产的生丝消费量占生丝消费总量的比例由1929年的73.0%，下跌至1934年的51.7%和1939年的19.9%，而用于丝袜等针织丝绸的生丝消费量占生丝消费总量的比例由1929年的27%，上升至1934年的48.3%和1939年的81.1%。而银价自1932年以后再次升值，这些无疑给我国的生丝出口以巨大的打击。在世界生丝需求锐减，生丝使用领域发生变化，银价上涨的背景下，加上日本为倾销过剩生产所产生的大量库存生丝，导致我国生丝出口量由1929年的11484.8吨激减至1931年的8232.8吨，1932年的4728.6吨，1934年的3297.7吨。1929—1934年为我国生丝出口的激减期，生丝出口量的锐减给国内蚕丝业以严厉的打击，江浙地方的机械缫丝规模由1930年的182工厂45781绪激减至1934年的72工厂20144绪。丝厂倒闭，桑园大量改种，蚕丝业的生产基础受到严重的破坏。

1937年卢沟桥事变后，日本发动全面侵华战争，1937年底占领了我国蚕丝主产地江浙地方。日本为了垄断世界生丝市场的供应，在日军和汪精卫伪政权的支持下，于1938年5月在上海设立中支蚕业组合，同年8月改组为华中蚕业股份有限公司，开始对中国蚕丝业进行资源垄断与掠夺。日本侵华引起日美关系恶化，美国于1939年7月对日宣布废除《日美通商条约》，并决定于1940年1月开始实施。由于日美关系恶化，美国减少了从日本的生丝进口量，转而从中国大量进口生丝。美国从中国进口生丝的数量由1936年的1014.3吨降至1938年的575.8吨后，1939年激增至2531.4吨，1940年达到3143.6吨。在世界范围生丝需求下降，国内蚕丝业生产基础受损及抗战初期对美生丝出口的大幅度增加的背景下，1934—

1940 年间生丝出口处于停滞期。其中 1938 年生丝出口量的减少是受到日本侵华进攻上海的影响。

1939 年 9 月第二次世界大战爆发后，主要生丝供求国相继陷入战乱。1940 年 9 月"日、德、意三国同盟"成立，生丝供给国日本（当时，中国的蚕丝主产地处于日本的占领下）和意大利与生丝需求国美国、法国和英国等相互处于敌对状态。在日本偷袭珍珠港后，美国于 1941 年 7 月 25 日公布"对日资产冻结令"，日美间的生丝贸易处于断绝状态。随着战争激化而引起的国际交通和金融的不完备，世界生丝市场终于崩溃。于是，我国的生丝出口量从 1941 年的 2744 吨快速下跌至 1942 年的 47.4 吨，1943 年的 69.4 吨。因而 1940—1944 年间生丝出口处于徘徊期。

第二节　出口生丝的品种结构与出口港

一、桑蚕丝与柞蚕丝

表 7–1 是桑蚕丝和柞蚕丝的 5 年平均出口量及其在生丝出口总量中所占的比例。如表所示 1929 年后由于世界经济大危机对国内经济的波及及此后的抗日战争和解放战争的影响，世界生丝市场消费结构的变化，人造丝对丝绸消费市场的蚕食而引起的桑蚕丝价格年下跌，使柞蚕丝的消费市场为桑蚕丝所侵夺，柞蚕丝出口量的减少比桑蚕丝出口量的减少更多，从而使柞蚕丝出口量占生丝出口量中所占的比例由 1920—1924 年平均的 20.4% 激剧下跌至 1930—1934 年的 14.7% 和 1935—1939 年的 2.2%，反之，由于桑蚕丝出口量的减少慢于柞蚕丝的关系，桑蚕丝出口量虽明显下降，但其在生丝出口总量中所占比例由 1920—1924 年平均的 79.6% 快速增长至 1935—1939 年的 97.8%。

1919—1949 年的 38 年间我国生丝出口总量为 218937.5 吨，其中桑蚕丝的出口量为 183382.4 吨，占生丝出口总量的 83.8%，柞蚕丝的出口量为 3555.1 吨，占生丝出口总量的 16.2%，与清末期桑蚕丝和柞蚕丝出口量占生丝出口总量的比例分别为 83.9% 和 16.1% 相比基本没有变化。但是清末期柞蚕丝出口量占生丝出口总量的比例呈上升趋势，而民国期则呈相反的下降趋势，这是具有明显先生的不同之处。

表 7-1　民国期中国生丝出口量的推移（1910—1949 年）

5年平均	生丝出口总量（吨）	家蚕丝		柞蚕丝	
		出口量（吨）	比例（%）	出口量（吨）	比例（%）
1910—1914	8279.4	6468.6	78.1	1810.8	21.9
1915—1919	8237.3	6627.0	80.5	1610.3	19.5
1920—1924	8083.2	6434.3	79.6	1648.9	20.4
1925—1929	10460.1	8664.4	82.3	1795.7	17.2
1930—1934	6015.0	5132.6	85.3	882.4	14.7
1930—1939	4093.4	4001.9	97.8	91.5	2.2
1940—1944	1432.8	1416.0	98.8	16.8	1.2
1945—1949	440.5	425.7	96.6	14.8	3.4
1912—1949 合计	218937.5	183382.4	83.8	35555.1	16.2

资料来源：根据海关年报和中国丝绸进出口公司，《中国丝绸出口历史统计资料汇编（1902—1949）》，1989 年。

二、白色桑蚕丝和黄色桑蚕丝

桑蚕丝出口量中白色和黄色丝的出口量及其比例如表 7-2 所示，白丝和黄丝出口量的年际变化与生丝出口总量的年际变化基本相同。其中黄丝占桑蚕丝出口总量中的比例由 1925—1929 年平均的 18.7% 上升至 1930—1934 年的 24.0%，这是因为经济危机后由于人们对丝绸购买力的下降，使价格处于低位黄丝的消费量的减少少于白色桑蚕丝而引起的。此后由于美国和法国生丝消费结构的变化和人造丝竞争的压力，白色桑蚕丝在供大于求的情况下，其价格也大幅度下跌，以及因为抗战时期从黄丝产地四川、湖南、湖北到上海等港口城市的运输上的不便等影响，黄丝出口量的减少远远大于白色桑蚕丝，因此黄丝占桑蚕丝中的比例由 1935—1939 年平均的 15.5% 下跌至 1940—1945 年的 6.2%；相应的白色桑蚕丝的出口量也激剧减少，但其的减少速度相应慢于黄色桑蚕丝，占桑蚕丝出口量中的比例由 1935—1939 年平均的 84.5% 上升至 1940—1944 年的 93.8%。

1912—1949 年的 38 年中桑蚕丝的出口总量为 181051.4 吨，其中白色桑蚕丝的比例为 81.6%，黄色桑蚕丝的比例为 18.4%。

表 7-2　白丝和黄丝出口量占桑蚕丝出口总量的比例（1910—1949 年）

5年平均	桑蚕丝出口总量（吨）	白色桑蚕丝		黄色桑蚕丝	
		出口量（吨）	比例（%）	出口量（吨）	比例（%）
1910—1914	6468.6	5410.5	83.6	1058.1	16.4
1915—1919	6627.0	5427.1	81.9	1199.9	18.1
1920—1924	6434.3	5174.2	80.4	1260.1	19.6
1925—1929	8441.4	6861.4	81.3	1580.0	18.7
1930—1934	4978.8	3781.4	76.0	1197.4	24.0
1935—1939	3912.5	3302.6	84.5	609.9	15.5
1940—1944	1416.0	1328.5	93.8	87.5	6.2
1945—11949	425.7	397.3	93.3	28.4	6.7
1912—1949 合计	181051.4	147720.0	81.6	33331.4	18.4

资料来源：根据海关年报和中国丝绸进出口公司，《中国丝绸出口历史统计资料汇编（1902—1949）》，1989 年。

三、厂丝与土丝

如表 7-3 所，随着世界生丝市场消费结构的变化和国内机械缫丝业生产规模的变化，厂丝出口量从 1910—1914 年平均的 3690.7 吨增加至 1925—1929 年的 6754.3 吨，占桑蚕丝出口总量中的比例也由 1910—1914 年平均的 57.1% 上升至 1925—1929 年平均的 78.1%。此后，由于受世界经济大危机波及的影响，世界生丝市场需求减少和竞争的激化导致国内机械缫丝厂大量倒闭[①]，抗日战争时期战乱的影响以及日本对我国蚕丝资源的垄断与掠夺，上海租界内及后办的机械缫丝厂由于原料难以保证，不能保证顺利开工或被迫关闭等影响，厂丝的出口量从 1930—1934 年平均的 4000 吨激减至 1945—1949 年的 333.6 吨。

在同样的背景下，土丝出口量也由 1910—1914 年平均的 2777.9 吨减少至 1920—1924 年的 1703.4 吨，1925—1929 年由于世界生丝需求总量的快速增加土丝出口量增加至 1910.1 吨，但其占桑蚕丝出口总量中的比例由 1910—1914 年平均的 42.9% 下降至 1925—1929 年的 22.0%。此后，由于廉价的土丝维持了对印度出口的顺调，出口量维持了 1100 吨水平，因此其占桑蚕丝出口量中的比例也由 1930—1934 年的 22.1% 上升至 1935—

---

① 岛一郎（しま いちろう），《世界恐慌の中国制丝工业》，《经济学论丛（同志社大）》，1973 年总第 21 期，第 434—436 页。

1939 年的 28.6%。此后一直维持在 22% 左右。

表 7–3　厂丝和土丝出口量占桑蚕丝出口总量的比例（1910—1949 年）

5年平均	桑蚕丝出口总量（吨）	机械缫丝		座缫丝	
		出口量（吨）	比例（%）	出口量（吨）	比例（%）
1910—1914	6468.6	3690.7	57.1	2777.9	42.9
1915—1919	6627.0	4337.5	65.5	2289.5	34.5
1920—1924	6434.3	4730.9	73.5	1703.4	26.5
1925—1929	8664.4	6754.3	78.0	1910.1	22.0
1930—1934	5132.6	4000.0	77.9	1132.6	22.1
1935—1939	4001.9	2857.5	71.4	1144.4	28.6
1940—1944	1416.0	1080.0	76.3	336.0	23.7
1945—1949	425.7	333.6	78.4	92.1	21.6
1912—1949 合计	183382.4	131680.5	71.8	50701.9	28.2

资料来源：根据海关年报和中国丝绸进出口公司，《中国丝绸出口历史统计资料汇编（1902—1949）》，1989 年。

总体上看，1910—1949 年的 38 年间桑蚕丝的出口总量为 183382.4 吨，其中厂丝出口量为 131680.5 吨占 71.8%，土丝出口量为 51701.9 吨占 28.2%。

四、上海和广州的桑蚕丝出口比较

在民国期除抗日战争等特定的时期外，我国的桑蚕丝绸以上海和广州为中心出口国外，而柞蚕丝有相当一部分从山东烟台直接出口日本。

从广州出口的桑蚕丝几乎是产于广东和广西的白色桑蚕丝。由于广东地方机械缫丝业的发展比江浙地方早而且普及速度快，因而至 19 世纪末，广州出口桑蚕丝的 90% 以上为白厂丝，民国期从广州出口的桑蚕丝基本上是白厂丝。

从上海出口的桑蚕丝由产于江浙地方的白色桑蚕丝和产于四川、湖北、湖南等长江中流及内陆部的黄色桑蚕丝所组成。由于蚕丝主产地浙江湖州地区和黄色丝产区机械缫丝业发展的迟缓，这些地方出产的土丝继续由上海出口国外。由于上海和广州出口生丝种类及产地的差异性，世界生丝市场消费结构的变化，以及广州出口的厂丝没有像上海出口的厂丝那样与日本的厂丝产生激烈的竞争，因而我国生丝出口总量中上海和广州出口的桑蚕丝的比例如表 7–3 所示那样随着时期的不同而有变化。

1912—1949 年间全国的桑蚕丝出口总量为 186644 吨，其中从上海出口的桑蚕丝数量为 116317 吨占全国桑蚕丝出口总量的 62.3%，从广州出口的桑蚕丝总量为 62663.0 吨占 33.6%，从其他港口出口的桑蚕丝数量为 7664 吨占 4.1%。

第三节　出口生丝产地分布的推计

近代我国桑蚕丝主产地主要是浙江、广东、江苏和四川。但是，由于存在着原料茧在产地间的流通以及国内丝织业（主要集中于江浙地方）原料利用的地区差的关系，出口生丝的产地分布与桑蚕茧及桑蚕丝的产地分布存在一定的差距。

由于交通条件的所限及从来的流通习惯，我国生丝的出口商权在民国期依旧为外国"洋行"所掌握，这些洋行继续以广州和上海为据点从事生丝贸易的经营活动，因而在抗日战争以前，我国出口生丝的流通路径基本上与清末期没有多大的变化。

下面如同前章那样把出口生丝的来源分为：①以辽宁、山东、河南作为柞蚕丝产地，②以四川、湖北、湖南及山东作为黄色桑蚕丝的产地，③从广州出口的白色桑蚕丝主要为广东和广西出产的，④从上海出口的白色桑蚕丝主要是从浙江、江苏和安徽出产的地等四大产地进行推算的话，那么 1912—1949 年的 38 年间我国出口的生丝总量为 218937.5 吨，其中①以辽宁、山东、河南为主产地的柞蚕丝的出口量为 35555.1 吨占总量的 16.2%；②以四川、湖北、湖南、河南及山东为产地的黄色桑蚕丝的出口量为 33331.4 吨占 15.2%；③从广州出口的以广东和广西出产的白色桑蚕丝的出口量为 60882.9 吨（183382.4 吨 ×33.2%）占总量的 27.8%；④从浙江、江苏、安徽出产的白色桑蚕丝的出口总量为 89168.9 吨约占总量的 40.7%。

第四节　生丝的出口市场和消费市场

一、生丝的出口市场

1. 桑蚕丝的出口市场

如表 7-4 所示，民国期的我国桑蚕丝的主要出口地中国香港地区占

28.6%，法国占23.9%，美国占23.3%，印度占13.3%，对上述国家和地区的桑蚕丝的出口量占当时我国桑蚕丝出口总量的89.1%。

　　对法国的桑蚕丝出口量除1925—1929年的30.9%外，大体上占1/5，对美国的生丝出口量所占的比例呈上升倾向，第一次世界大战期间由于对意大利出口量的减少而从1910—1914年平均的15.4%快速上升至1915—1919年的23.1%。对印度的桑蚕丝出口以黄色土丝为中心保持在800吨前后，随着桑蚕丝出口总量的增减，对印度的桑蚕丝出口量占全国桑蚕丝出口总量的比例由1920—1924年平均的11.6%下跌至1925—1929年的9.9%，后于1930—1934年急剧上升至18.2%。

表7-4　民国期中国桑蚕丝国别出口量比例（1910—1939年）

5年平均	出口总量（吨）	美国（%）	法国（%）	印度（%）	中国香港地区★（%）	其他（%）
1910—1914	6468.6	15.5	21.7	12.4	37.9	12.5
1915—1919	6627.0	23.1	23.1	11.5	35.2	7.1
1920—1924	6434.3	19.0	21.0	11.6	43.0	5.4
1925—1929	8664.4	25.2	30.9	9.9	25.6	8.4
1930—1934	5132.6	24.7	21.4	18.2	21.0	14.7
1935—1939	4001.9	31.8	20.8	18.5	2.5	26.4
1912—1939合计	174173.9	23.3	23.9	13.3	28.6	10.9

★：包括中国澳门地区。
资料来源：根据海关年报和中国丝绸进出口公司，《中国丝绸出口历史统计资料汇编（1902—1949）》，1989年。

　　对其他国家的桑蚕丝出口在第一次大战以前，主要是意大利，此后为英国。由于世界经济大危机使美国和法国的丝织业的停滞和人造丝对生丝消费市场的蚕食，伴随着生丝价格的下降，英国的丝织业有所恢复，其生丝的纯进口量由1920—1924年平均的339.0吨快速激增至1930—1934年的1096.6吨，1935—1939年达2169.7吨。由于英国生丝进口量的增加，我国对英国的生丝出口量也明显增加，对英国的桑蚕丝出口量占全国桑蚕丝出口总量的比例由1925—1929年平均的8.4%快速上升至1935—1939年的26.4%。

　　对中国香港地区的生丝出口量并非由香港本地消费，其大部分再转口至美国和法国。1920年代初由于世界生丝市场生丝价格的高涨而使生丝中转贸易的手续费收入明显提高，因而对中国香港地区的桑蚕丝出口量占全国桑蚕丝出口量的比例由 1915—1919 年平均的 35.2%，提高至 1920—1924 年的 43.0%。1923 年在上海设立中美合办生丝检验所，1930 年在广州设立生丝检验所后，美国和法国从我国直接进口生丝的数量，加上近代世界经济大危机后生丝价格的下跌引起的生丝中转贸易的手续费大幅度下降，以及 1937 年抗日战争爆发的影响，对中国香港地区的桑蚕丝出口量占全国桑蚕丝出口量所占的比例由 1925—1929 年平均的 25.0%，1930—1934 年的 21.0% 快速下跌至 1935—1939 年的 2.5%。

接着把桑蚕丝分为厂丝和土丝两类来分析出口地的变化。如表 7-5 所示，厂丝主要出口地为中国香港地区占 38.2%，法国占 28.2% 及美国占 24.5%。在厂丝出口总量中法国所占的比例相对稳定，而美国在不同时期有明显的变化总体呈上升趋势。土丝的出口地如表 7-6 所示，主要出口印度占 38.5%，美国占 20.3%，法国占 13.5%，其他国家（主要是意大利和英国）占 22.5%。土丝对美国和法国出口量所占比例自 1930 年以后均呈下降趋势，是由于受经济危机的影响生丝消费量减少以及生丝消费结构由丝织业向针织业变化所致。

对法国的厂丝出口量多于美国，土丝出口量少于美国，以及中国香港地区主要从事厂丝的中转贸易，这些也可从表 7-5 及表 7-6 中得到确认。香港主要从事厂丝的中转贸易，其原因在于香港邻接广东，且从手续费的收入来看，从事厂丝的转口贸易比从事土丝的转口贸易利润更高。

表 7-5　民国期中国桑蚕厂丝国别出口量比例（1910—1939 年）

5 年平均	出口总量（吨）	美国（%）	法国（%）	中国香港地区★（%）	其他（%）
1910—1914	3690.7	10.6	23.7	61.9	3.8
1915—1919	4337.5	21.5	26.5	49.5	2.5
1920—1924	4730.9	17.7	23.9	56.9	1.5
1925—1929	6754.3	25.9	35.9	32.1	6.1
1930—1934	4000.0	29.1	25.5	27.5	17.9
1935—1939	2857.5	40.1	26.9	1.8	31.2
1912—1939 合计	124612.5	24.5	28.2	38.2	9.1

★：包括中国澳门地区。

资料来源：根据海关年报和中国丝绸进出口公司，《中国丝绸出口历史统计资料汇编（1902—1949）》，1989 年。

表7-6　民国期中国桑蚕土丝国别出口量比例（1910—1939年）

5年平均	出口总量（吨）	美国（%）	法国（%）	印度（%）	中国香港地区★（%）	其他（%）
1910—1914	2777.9	21.9	19.1	28.3	5.4	25.3
1915—1919	2289.5	26.1	16.8	33.0	7.5	16.6
1920—1924	1703.4	22.5	13.2	43.4	4.1	16.8
1925—1929	1910.1	22.4	13.4	43.6	2.7	17.9
1930—1934	1132.6	7.8	6.7	48.8	2.9	33.8
1935—1939	1144.4	13.6	6.0	33.1	2.7	44.6
1912—1939 合计	45561.4	20.3	13.5	38.5	5.2	22.5

★：包括中国澳门地区。

资料来源：根据海关年报和中国丝绸进出口公司，《中国丝绸出口历史统计资料汇编（1902—1949）》，1989年。

2. 柞蚕丝的出口市场

如表7-7所示，在第一次世界大战以前，我国柞蚕丝主要出口地是法国和美国，此后主要出口地为日本和美国。

表7-7　民国期中国柞蚕丝国别出口量比例（1910—1939年）

5年平均	出口总量（吨）	美国（%）	法国（%）	日本（%）	中国香港地区★（%）	其他（%）
1910—1914	1810.8	26.7	33.5	11.7	11.2	16.9
1915—1919	1610.3	38.2	10.7	41.7	6.8	2.6
1920—1924	1648.9	24.2	8.1	62.4	3.4	1.8
1925—1929	1795.7	27.0	6.5	65.2	0.0	1.1
1930—1934	882.4	17.1	9.2	71.9	0.0	1.8
1935—1939	91.5	17.5	60.8	13.5	0.0	8.3
1912—1939 合计	35397.1	28.1	12.2	51.8	3.9	4.0

★：包括中国澳门地区。

资料来源：根据海关年报和中国丝绸进出口公司，《中国丝绸出口历史统计资料汇编（1902—1949）》，1989年。

对法国的柞蚕丝出口量在第一次世界大战前后有明显的变化，是因为受第一次世界大战及1920年发生的经济危机的影响。法国国内对丝绸消费的购买力有明显的衰退，尤其是以往在普通平民间流行的丝与棉和丝与毛的交织绸的消费市场萎缩十分明显，以致用于交织用的粗纤度的柞蚕丝的进口量明显减少，从而导致对法国的柞蚕丝出口量占我国柞蚕丝出口总量中的比例，由 1910—1914 年平均的 33.5%，迅速下跌至 1915—1919 年的 10.7% 和 1920—1924 年的 8.1%。1935—1939 年对法国柞蚕丝出口量年元均只有 56 吨，比 1930—1934 年减少了 30.7%。但相对于同时期美国减少 89.3% 和日本减少 98.0%，减少率较低，这是因为在世界经济大危机后随着生丝价格的急剧下跌，法国丝织业又得到恢复性发展，柞蚕丝进口量也明显增加。柞蚕丝出口量由 1925—1929 年平均的 1795.7 吨急剧下跌至 1930—1934 年的 882.4 吨，1935—1939 年的 91.5 吨，由于对法国的柞蚕丝出口的减少率低于美国和日本，于是对法国的柞蚕丝出口量占全国柞蚕丝出口量中的比例由 1930—1934 年平均的 9.2% 快速上升至 1935—1939 年的 60.8%。

对美国柞蚕丝占我国作蚕丝出口量中的比例以 1915—1919 年平均的 38.2% 为最高，此后从 1925—1929 年平均的 27.2% 下跌至 1930—1934 年的 17.1%，这是缘于美国国内丝绸消费结构的变化。

甲午战争后日本随着国内经济的快速发展，低价位的丝与棉的交织绸在日本平民中消费增加，以及从殖民地朝鲜市场驱逐中国柞蚕绸的关系，在日本栃木县的足利、爱知县的尾西及新潟县的见附形成了三大丝与棉的交织绸产地，从中国进口柞蚕丝的数量也从那时起逐年增加[①]，因而对日本的柞蚕丝的出口量占我国柞蚕丝出口量中的比例由 1910—1914 年平均的 11.2% 快速上升至 1915—1919 年的 41.7%，1920—1924 年的 62.4%，1930—1934 年达到 71.9%。1929 年 10 月世界经济大危机发生后，由于桑蚕丝价格的大幅度下跌，日本的柞蚕丝消费市场的大部分被其国产低级桑蚕丝所取代。日本从我国进口柞蚕丝数量大幅度下跌，于是在我国柞蚕丝出口总量中的比例由 1930—1934 年的 71.9% 急剧下跌至 1935—1939 年的 13.5%。

二、生丝的消费市场

世界生丝市场中美国和法国的相互地位的逆转，对我国生丝消费市场也有影响。如表 7-8 所示，美国从消费我国生丝的数量占我国生丝出口总量的比例由 1910—1914 年平均的 27.8% 逐年上升，以 1925—1929 年的 49.3% 为最高，1930 年由于受世界经济大危机的影响，美国所占的比例

---

① 大岛荣子（おおしま えいこ），《绢绵交织物产地の形成过程》，《社会经济史学》，1985 年总第 50 期，第 534、541 页。

又逐年下跌，1935—1939 年为 33.1%。而法国从我国进口的生丝量占我国生丝出口量的比例除 1925—1929 年一时有所上升外，从 1910—1914 年的 44.1%，下降至 1935—1939 年的 23.2%。第一次世界大战期间美国取代法国成为我国最大的生丝消费市场。但从美国和法国的历年进口中国生丝进行比较，法国和美国的地位逆转发生在 1915 年。1915 年美国进口中国生丝数量为 3459.7 吨，比法国的 2518.8 吨多 940.9 吨。

表 7-8　民国期中国生丝的消费市场（1910—1939 年）

5 年平均	出口总量（吨）	美国（%）	法国（%）	印度（%）	其他（%）
1910—1914	8279.4	27.8	44.1	9.7	18.4
1915—1919	8237.3	39.4	30.3	9.3	21.0
1920—1924	8083.2	45.8	29.9	9.2	15.0
1925—1929	10460.1	49.3	36.5	8.2	6.0
1930—1934	6015.0	38.5	24.1	15.6	21.8
1935—1939	4093.4	33.1	23.2	18.1	25.6
1912—1939 合计	209571.0	41.0	31.7	11.0	16.3

资料来源：根据海关年报和中国丝绸进出口公司，《中国丝绸出口历史统计资料汇编（1902—1949）》，1989 年。

1930 年代随着生丝价格的大幅度下跌，印度从中国进口生丝数量的减少幅度远低于美国和法国。在我国生丝出口总量从 1925—1929 年平均的 10460.1 吨，急剧下跌至 1935—1939 年的 4093.4 吨的前提下，印度进口我国生丝量占我国生丝出口总量中的比例从 1925—1929 年平均的 8.2% 上升至 1930—1934 年的 15.6%，1935—1939 年达到 18.1%。印度进口的生丝大部分是价格低廉的黄色土丝。

1912—1939 年间我国的生丝出口总量为 20571.0 吨，同时期美国的进口量为 86014.8 吨，占我国生丝出口总量的 41.0%；法国的进口量为 66398.4 吨，占 31.7%；印度的进口量为 23123.8 吨，占 11.0%。由上可见，民国期我国生丝的主要消费市场为美国、法国和印度，这三国消费我国生丝的数量约占我国生丝出口总量的 5/6。

第五节　本章小结

通过本章的研究，得出以下几点结论：

1. 民国期我国的生丝出口量在 1929—1934 年和 1940—1944 年间呈急

剧的减少。以 3 年平均值进行分析，1912—1918 年和 1934—1940 年为生丝出口的低迷期；1929—1934 年和 1940—1944 年为生丝出口的激减期；1918—1925 年和 1944—1949 年为生丝出口的停滞期；1925—1929 年为生丝出口的顺畅期。

2. 人造丝对消费市场的蚕食，服饰流行变化和经济周期性波动引起的世界生丝市场需求及消费结构的变化；蚕丝出口国之间蚕丝技术发展的差异，外汇市场汇率的变化及相关政策的不同而引起的生丝出口竞争力的变化；世界大战及国内战乱等原因是民国期我国生丝出口量大幅度增减变化的主要原因。其中 1929—1934 年我国生丝出口量的急剧减少是因为世界经济大危机而引起欧美国家平民对丝绸购买能力的下降，人造丝发展对丝绸消费市场的蚕食，以及生丝供大于求而引起的；1940—1944 年的急剧减少是日本等法西斯挑起的第二次世界大战所引起的。

3.1912—1949 年的 38 年间我国的生丝出口总量为 218937.5 吨，其中桑蚕丝为 183382.4 吨占 83.8%，柞蚕丝为 35555.1 吨占 16.2%。桑蚕丝出口总量中白色桑蚕丝和黄色桑蚕丝分别占 81.6% 和 18.4%；厂丝和土丝约占 71.8% 和 28.2%。

4. 民国期的生丝出口港与清末期并没有太多的变化，除上海和广州以外的其他港口出口的生丝数量十分有限。1912—1939 年间桑蚕丝的出口量为 186644 吨，其中上海的出口量为 116317 吨占 62.3%，广州的出口量为 62663 吨占 33.6%，其他港口的出口量为 7472.7 吨占 4.3%。

5. 出产于辽宁、山东、河南的柞蚕丝占生丝出口总量的 16.2%；出产于四川、湖北、湖南、河南和山东等地的黄色桑蚕丝占 15.2%；出产于广东、广西的白色桑蚕丝占 27.8%；出产于浙江、江苏和安徽的白色桑蚕丝占 40.8%。

6. 美国、法国、印度、意大利、英国和日本是民国期我国生丝的主要消费市场。1912—1939 年的 28 年间我国生丝出口总量为 209571 吨，其中美国从我国进口的生丝量为 86014.8 吨占 41.0%，法国从我国进口的生丝量为 66398.4 吨占 31.7%，印度占 11%，意大利、英国和日本从我国进口生丝数量不及我国生丝出口总量 1/6。美国取代法国成为我国最大的生丝消费市场是在 1915 年。

第八章 丝绸在我国近代对外贸易中的经济地位

丝绸是我国传统的出口贸易商品，在我国对外贸易和文化交流史上具有十分重要的地位和作用。尤其在近代，丝绸和茶叶作为我国最主要的出口商品，在出口创汇补填外贸赤字方面发挥了重要作用。对于近代我国的丝绸贸易至今已经有较多的研究积累，主要是从丝绸贸易的路径、生丝贸易量的变化以及丝绸贸易对区域社会经济及蚕丝业发展的影响等方面进行了研究，而对丝绸贸易在对外贸易中的经济地位缺乏系统的实证分析。本章以海关年报等丝绸贸易统计为基础，对蚕茧、生丝、废蚕丝和绸缎等各大类丝绸商品出口额进行分类统计，从丝绸出口额在我国近代商品出口总额中所占的比例，丝绸在各大类出口商品中的相对地位的变化，分析丝绸在近代我国对外贸易中的经济地位，并对引起丝绸出口额年际变化的背景因素进行考察。

第一节 开港期（1842—1867 年）

1842 年清朝政府被迫与英国签订《南京条约》后，广州、厦门、福州、宁波和上海被迫开港。由于历史背景和区位条件等原因，开港期我国的对外贸易主要是以广州和上海为主进行的。继承了东印度公司的衣钵的英国洋行，基本上垄断了开港期的中国对外贸易。因此，可以说 1840 年代广州和上海的对英国贸易基本反映了当时我国对外贸易的情况。

表 8-1 是 1844—1850 年间上海和广州对英国的出口额统计。从出口总额中可见，开港后上海和广州的对英国的丝绸出口额迅速增加，从 1844 年的 457.6 万美元，增加到 1847 年的 701.3 万美元；受 1847 年下半年英国发生的商业危机的影响，1848 年对英出口额减少至 394.2 万美元，低于 1844 年的水平；但 1850 年又恢复至 702.5 万美元。丝绸出口额占上海和广州二港对英国出口总额的比例除 1845 年和 1848 年比上年略有下降外，总

体呈上升趋势。1844—1850 年的 7 年间，丝绸出口额占上海和广州二港对英国出口总额的比例平均为 29.2%，低于茶叶的 60.2%，位居第二。

表8-1　1844—1850 年上海和广州对英国商品出口额

单位：千美元

年份		1844	1845	1846	1847	1848	1849	1850	平均
上海	生丝	2003	3806	4430	4819	3331	4417	5529	4048
	茶叶	322	2221	2027	1834	1654	2019	2427	1786
	杂品	35	19	35	73	96	78	65	57
	小计	2360	6046	6492	6726	5081	6514	8021	5891
广州	生丝	2172	2425	1344	1808	444	860	1010	1438
	绸缎	401	522	426	386	167	415	486	400
	茶叶	13433	15826	11113	11848	7382	9336	7673	10944
	杂品	1919	1961	2496	1680	660	875	750	1477
	小计	17925	20734	15379	15722	8653	11486	9919	14259
二港合计	生丝A	4175	6231	5774	6627	3775	5277	6539	5486
	丝绸B	4576	6753	6200	7013	3942	5692	7025	5886
	茶叶C	13755	18047	13140	13682	9036	11355	10100	12730
	合计D	20285	26780	21871	22448	13734	18000	17940	20150
比例（%）	A/B	91.2	92.3	93.1	94.5	95.8	92.7	93.1	93.2
	A/D	20.6	23.3	26.4	29.5	27.5	29.3	36.4	27.2
	B/D	22.6	25.2	28.4	31.2	28.7	31.6	39.2	29.2
	C/D	67.8	53.4	60.1	60.1	65.8	63.1	56.3	63.2

注：1844 年的上海出口额为 1843 年 11 月 17 日上海开港以后的统计。

资料来源：Robertson, *Her Majesty's consul at Shanghai on the trade of port during the year 1856*, by British Parliamentary Papers, 1856, p.46; Parkes, *British consul at Canton in the trade of that port during the year 1856*, by British Parliamentary Papers, 1856, p.30.

从 1845 年以后上海的生丝出口额远远大于广州的丝绸出口额这一点，可以得出上海成为我国丝绸主要出口港始于 1845 年的结论。另外，从上海和广州出口的商品种类看，1844—1850 年的 7 年间上海对英国的商品出口总额中生丝占 68.7%，茶叶仅占 30.3%；而同期广州对英国的商品出口总额中丝绸仅占 12.0%，茶叶占 76.8%，说明当时丝绸是以上海为主，茶叶是以广州为主出口英国的。造成这种差异的背景主要是区位条件。因为，当时我国的生丝主产地为钱塘江以北的嘉湖地区近邻上海；茶叶主产地福建、湖南和江西等靠近广州，且广州在五港开港前就是对外贸易港。

1848 年丽如银行（Oriental Banking Corporation），1854 年美洲银行（Agra and United Service Bank）、有利银行（Mercantile Bank of India, London and

China）等金融机构先后在上海设立分部，1850 年 P&O 轮船公司（The Peninsular and Oriental Company）把锡兰至中国香港地区的航线延长至上海后，加上区位条件的优越等原因，上海从 1852 年开始成为近代中国对外贸易的中心。因此，1850 年代上海的商品出口可以反映当时我国的对外贸易的情况。

　　表 8-2 为 1850 年代生丝出口额占上海出口总额中的比例。从表 8-2 可见，上海的生丝出口额从 1851 年的 559.1 万银元，增加至 1853 年的 935.7 万银元，但生丝出口额占上海出口总额中的比例且由 1851 年的 53.7%，下降至 1853 年的 41.0%。这是因为从来由广州出口的茶叶，受太平天国起义的影响，其中一部分改由上海出口的缘故。1856—1857 年上海的年均生丝出口额达 2097.2 万银两，占出口总额的 65.9%，比 1851 年和 1853 年有大幅度的提高。这是因为 1853 年以后至 1862 年的近 10 年间，太湖周边的蚕丝主产地基本上处于太平天国的统治下，因为战乱导致江宁织造府等关闭，国内生丝需求萎缩；而太平天国为获取外汇对丝绸出口等采取了贸易保护政策；加上当时意大利等国桑蚕微粒子病开始蔓延，欧洲丝绸市场的生丝供不应求。在上述背景下上海的年均生丝出口量从 1844—1852 年度的 849.5 吨，增加到 1853—1862 年度的 3079.4 吨。考虑到 1850 年度后期生丝出口量大幅度增加的因素，可以得到 1850 年前期上海的丝绸出口额约占上海出口总额的 1/2 强，1850 年后期上海的丝绸出口额约占上海出口总额的 2/3 左右的结论。另外，张仲礼（1960）也认为，1850 年代丝绸出口额仅次于茶叶，约占全国商品出口额的四成。

表 8-2　1850 年代生丝出口额占上海出口总额的比例

年份	单位	出口总额	生丝出口额	比例（%）
1845	千英镑	1347	836	62.1
1851	千银元	10403	5591	53.7
1853	千银元	25527	9375	41.0
1856	千银两	30294	20246	66.4
1857	千银两	33344	21697	65.1

资料来源：姚贤镐，《中国近代对外贸易史资料》，北京：中华书局，1962 年，第 566、574、576 页。

　　1859—1867 年丝绸出口额占全国商品出口总额的比例如表 8-3 所示。该时期内，丝绸出口额占全国商品出口总额的比例以 1860 年的 69.4% 为最高，以 1863 年的 22.0% 为最低。1859—1862 年的 4 年间由于茶叶出口低迷，丝绸出口额超过茶叶成为当时我国最大的出口商品。但是，丝绸出口额占全国商品出口总额的比例1859年的58.1%和1860年的59.4%显然过高。据张仲礼（1960）推算，1858—1860年度的3年间生丝出口额占全国商品出口总额的47.9%（其中1850年超过50%），超过茶叶成为第一大的出口商品。

出口的丝绸还可细分为生丝、蚕茧、废丝、蚕种、绸缎和绸带等。其中生丝的出口额占丝绸出口总额的88.4%，因此，生丝出口量和出口价格的变化是影响丝绸出口额变化的最主要因素。1863—1864年间清朝对太平天国进行了血腥的镇压，太湖南岸的蚕丝主产地受到战乱的破坏，乡民四处逃难，桑园荒废，蚕丝生产萎缩，导致生丝出口量急剧减少，丝绸出口总额从1863年的1312.7万海关两，激增至1864年的1151.9万海关两；丝绸占全国商品出口总额的比例于1863年下跌至22.0%。

1859—1867年间丝绸的出口总额为17882.9万海关两，占全国商品出口总额46660.5万海关两的38.3%；其中生丝出口额为15803.2万海关两，占丝绸出口额的88.4%，占全国商品出口总额的33.9%；仅仅次于茶叶的41.0%，在各大类出口商品中位居第二。

表8-3　1860年代丝绸在我国对外贸易中的地位

单位：千海关两

年份	全国商品出口总额A	丝绸出口总额B	生丝出口额C	比例（%）		
				C/B	C/A	B/A
1859	38536.4	22379.0	20535.9	91.8	53.3	58.1
1860	32561.0	22610.0	21874.0	96.7	67.2	69.4
1861	51149.6	20968.1	18364.8	87.6	35.9	41.0
1862	79619.2	34253.1	30510.2	89.1	38.3	43.0
1863	59771.1	13127.3	9511.7	72.5	15.9	22.0
1864	37800.7	11518.6	9686.9	84.1	25.6	30.5
1865	56269.6	18449.8	16667.8	90.3	29.6	32.8
1866	53002.1	16660.7	14506.4	87.1	27.4	31.4
1867	57895.7	18862.2	16372.5	86.8	28.3	32.6
平均	51845.0	19869.9	17558.9	88.4	33.9	38.3

注：原资料中金额单位为海关两和元，按1.558元＝1海关两换算。
资料来源：李圭，《通商表》，第10—13页。

第二节　清末期（1868—1911 年）

1870 年以后清朝对外贸易从英国的垄断中逐渐挣脱，随着贸易对手国的增加和出口商品种类的增多，全国商品出口总额如表 8-4 所示，从 1868—1872 年平均的 6388.0 万海关两，逐年增加至 1888—1892 年平均的 9600.5 万海关两，1893—1897 年平均的 13652.3 万海关两，1908—1912 年平均的 34886.9 万海关两。同时期，由于美国和法国丝绸工业的大发展，对生丝需求量也快速增加，我国的丝绸在法国和英国等西欧市场上同意大利，在美国市场上与日本进行了激烈的竞争。在生丝需求大幅度增加的背景下，我国以生丝为主的丝绸商品出口量也逐年增加，丝绸出口额从 1868—1872 年平均的 2659.8 万海关两，增加至 1878—1882 年平均的 2665.7 万海关两，1888—1892 年平均的 3480.7 万海关两，1908—1912 年平均达到 9170.2 万海关两。由于 1868—1912 年间丝绸出口额的年均增长率为 3.1%，低于全国商品出口总额的年均 4.3% 的增长率。因此，丝绸出口额占全国商品出口总额中所占的比例由 1868—1872 年平均 41.6%，逐年下降至 1878—1882 年平均 37.4%，1888—1892 年平均的 36.3%，1908—1912 年平均为 26.3%。

表 8-4　清末期（1868—1912 年）丝绸在我国对外贸易中的地位

单位：千海关两

5年平均	全国商品出口总额A	丝绸出口总额B	生丝出口额C	比例（%）		
				C/B	C/A	B/A
1868—1872	63880.3	26598.4	23941.0	90.0	37.5	41.6
1873—1877	70674.5	27595.3	23357.2	84.6	33.0	39.0
1878—1882	71225.4	26656.9	20656.8	77.5	29.0	37.4
1883—1887	73083.6	25535.0	17489.4	68.5	23.9	34.9
1888—1892	96004.9	34806.5	23769.6	68.3	24.8	36.3
1893—1897	136522.6	45757.2	31857.4	69.0	23.3	33.5
1898—1902	179531.6	65557.0	50216.2	76.6	28.0	36.5
1903—1907	236513.0	76663.7	57908.4	75.5	24.5	32.4
1908—1912	348869.0	91701.9	66066.0	72.0	18.9	26.3
1868—1912 合计（平均）	6381524.5	2105359.5	1576309.9	74.9	24.7	33.0

资料来源：历年海关统计。

虽然，丝绸出口额的年均增长率低于全国商品出口总额的年均增长率，但与茶叶等主要出口商品相比较，它的增长率高于他们，因此，丝绸在主要出口商品中的地位进一步得到加强。茶叶出口由于遇到了印度和日本的激烈竞争，出口额几乎没有增长，因此，如表8-5所示，1887年丝绸取代茶叶成为我国第一大出口商品。

表8-5 清末期丝绸和茶叶的出口额顺位的变化

单位：百万海关两

年份	第1位		第2位	
	商品名	出口额	商品名	出口额
1868	茶叶	33.3	丝绸	27.6
1870	茶叶	27.4	丝绸	24.0
1872	茶叶	40.3	丝绸	31.2
1874	茶叶	36.8	丝绸	23.1
1876	茶叶	36.6	丝绸	35.8
1878	茶叶	32.0	丝绸	25.1
1880	茶叶	35.7	丝绸	29.8
1882	茶叶	31.3	丝绸	22.8
1884	茶叶	29.1	丝绸	23.2
1886	茶叶	33.5	丝绸	28.9
1887	丝绸	31.7	茶叶	30.0
1889	丝绸	36.4	茶叶	28.3
1891	丝绸	36.9	茶叶	31.0
1893	丝绸	38.1	茶叶	30.6
1895	丝绸	50.7	茶叶	32.4
1899	丝绸	55.3	茶叶	31.5
1901	丝绸	60.9	茶叶	18.5
1903	丝绸	74.3	茶叶	26.3
1905	丝绸	70.4	茶叶	25.4
1907	丝绸	89.1	茶叶	31.7
1909	丝绸	90.0	大豆	52.2
1911	丝绸	92.7	大豆	48.2

资料来源：海关统计。

从上述实证分析，可以得出如下的结论：清末期丝绸出口额呈增长趋势，在主要出口商品中的地位得到加强，但其在全国商品出口总额中的地位呈下降趋势。引起这种相背的增降趋势，我认为是由于出口商品多元化引起的。

另外，如考察各年丝绸出口额占全国商品出口总额的比例，可以发现这种下降过程呈现波状变化。下面就引起这种波状变化的原因进行简要的分析。如表 8-4 所示，1868—1912 年间丝绸出口总额中生丝所占的比例为 74.9%，低于前一时期的 88.4%，说明丝绸内部的出口商品种类有所增加。尽管如此，由于生丝出口额仍占丝绸出口总额的 3/4，因此，生丝出口量和出口价格的变化是引起丝绸出口额变化的主要因素。

本时期，我国的生丝出口以法国和美国为主要出口市场，生丝出口量除 1880 年代前期由于蚕病流行，出口量有所徘徊外，生丝出口量总体呈现增长趋势。生丝出口量从 1868—1872 年平均的 3383.7 吨，逐年增加至 1878—1882 年平均的 4356.0 吨，1888—1892 年平均的 5478.8 吨，1898—1902 年平均的 7290.9 吨，1908—1912 年平均的 8296.1 吨。但是，从 1870 年代开始美国等采用金本位制的国家逐年增多，银对金的外汇比价逐年低下，加上生丝需要国的经济波动和丝绸流行变化对生丝需求的影响，生丝出口国中国、日本和意大利之间激烈的市场竞争，加上蚕丝生产的年度丰歉变化，使生丝出口价格出现明显的低下趋势，从而导致生丝和丝绸出口额的增加赶不上出口量的增加。

第三节　民国期（1912—1949 年）

进入 20 世纪后，随着金融、交通、通讯的迅猛发展，国际贸易规模不断扩大，贸易商品的数量也不断增多。1911 年辛亥革命成功后，随着对外交流和贸易的发展，我国的出口商品数量迅速增加，尤其是大豆、蛋制品、金属矿产和食用油等的出口量迅速增长，成为重要的出口商品。重要出口商品数量的增多和出口量的增加，导致我国商品出口额的快速增加。

如表 8-6 所示，我国商品出口总额从 1913—1917 年平均的 42462.5 万海关两，迅速增加到 1928—1932 年平均的 100352.1 万海关两。本时期由于美国丝绸业的快速发展，在 1929 年 10 月世界经济大危机发生以前，我国的丝绸出口量快速增加，丝绸出口额也由 1913—1917 年平均的 10108.1 万海关两，增加到 1928—1929 年平均的 1888.9 万海关两，但其年增长率为 4.3%，低于全国商品出口总额的 6.1% 增长率，从而使丝绸出口额占全国商品出口总额的比例由 1913—1917 年平均的 23.8%，逐年降低至 1928—1929 年平均的 18.8%。

表 8-6　民国期丝绸在对外贸易中的地位

单位*：千海关两

年份 （平均）	全国商品出口总额A	丝绸出口总额B	生丝出口额C	比例（%）		
				C/B	C/A	B/A
1913—1917	424624.5	101081.2	71712.2	70.9	16.9	23.8
1918—1922	582894.2	134758.2	98955.2	73.4	17.0	23.1
1923—1927	816793.9	172755.5	132048.4	76.4	16.2	21.2
1928—1929	1003521.1	188890.4	146563.0	77.6	14.6	18.8
1930—1932	795769.4	109840.5	75598.3	68.8	9.5	13.8
1933—1938	672269.5	64887.0	37382.0	57.6	9.7	9.7
1939—1940	1503214.9	245365.3	196527.0	80.1	13.1	16.3
1941—1942	2205644.5	204919.3	118945.0	58.0	5.4	9.3
1946	412392.0	47377.2	31570.9	66.6	7.7	11.5
1947	6377306.9	362376.5	175800.0	48.5	2.8	5.7
1948	1398457.0	23133.7	13157.7	56.9	1.7	1.7
1949	162631.1	2646.6	362.1	13.7	0.2	1.6
1913—1932 合计（平均）	13515913.2	2749276.8	2033500.0	74.0	15.0	20.3

★：1933—1942 年货币单位为千法币，1946—1947 年为百万法币，1948 年为千金圆，1949 年为千美元。1943—1945 年因为战乱而统计不全。

资料来源：历年海关年报和王庄穆，《丝绸笔记》，上海：中国流行色协会，1986 年，第 670—671 页。

　　1929 年 10 月发生了历时 4 年的近代世界经济大危机，1932 年开始出现的银价的快速上涨，1937 年 7 月开始日本对我国的大规模侵略，对江浙等蚕丝主产地的蚕丝资源垄断和生丝贸易的控制，给我国的对外贸易以极大的影响，而作为重要的高级出口商品的丝绸来讲，其受到的影响和打击远远大于其他出口商品。因此，丝绸出口额占全国商品出口总额的比例由 1928—1929 年的 18.8%，下跌至 1930—1932 年的 13.8%，1933—1938 年只有 9.7%。在全面抗战期间对外贸易总体萎缩的背景下，丝绸出口额占全国商品出口总额的比例在 1939—1940 年提高至 16.3%，是因为在日本偷袭珍珠港以前美国扩大了生丝进口的缘故。丝绸出口额占全国商品出口总额的比例在 1948—1949 年下跌至 1.7%，这是因为解放战争的影响。

　　而丝绸在主要出口商品中的地位，如表 8-7 所示在 1927 年以前还保持第一位，但与第二位大豆的差距在迅速地缩小，1928—1932 年丝绸出口额低于大豆位居第二，1933—1935 年重新回到第一，此后除 1939—1940 年因为美国从我国生丝进口量的大幅度增加（美国从中国进口的生丝数量由

1934—1938 年平均的 946.8 吨，增加到 1939—1940 年的 2837.5 吨，增加近 2 倍）而位居出口额第一外，其余年份由于战乱的关系，均跌至 3 位以下。

表 8-7　民国期丝绸出口额顺位的变化

单位*：百万海关两

年份	第1位		第2位	
	商品名	出口额	商品名	出口额
1912	丝绸	93.5	大豆	41.2
1914	丝绸	79.6	大豆	47.6
1916	丝绸	111.1	大豆	44.7
1918	丝绸	107.2	大豆	50.7
1920	丝绸	102.5	大豆	70.2
1922	丝绸	173.3	大豆	94.9
1924	丝绸	147.0	大豆	127.4
1926	丝绸	191.2	大豆	145.8
1927	丝绸	167.6	大豆	158.6
1928	大豆	203.3	丝绸	187.6
1929	大豆	217.5	丝绸	190.2
1930	大豆	162.4	丝绸	143.2
1931	大豆	192.0	丝绸	128.6
1932	大豆	74.0	丝绸	57.8
1933	丝绸	89.4	棉纱	40.0
1934	丝绸	53.4	茶叶	36.0
1935	丝绸	57.9	桐油	41.6
1936	桐油	73.4	丝绸	61.9

* ：1933—1936 年的货币单位为百万法币。

资料来源：根据历年海关年报汇总做成。

　　综合分析民国期丝绸在我国对外贸易中的地位可见，1929 年以前丝绸出口额虽年际有所波动，但总体呈增加趋势；但丝绸出口额的增加低于商品出口总额的增加，因此，丝绸在对外贸易中的地位逐年下降。1930 年以后丝绸在对外贸易中的地位下降，主要是由于经济危机和战乱影响导致丝绸出口不振引起的。

第四节　本章小结

　　上海、广州等五港开港后，生丝等丝绸商品出口的自由化，英国、法国和美国等国丝绸业的相继发达，及世界经济发展对生丝等丝绸商品需求

的增加，使我国丝绸出口额不断增加，丝绸在对外贸易中的经济地位由
1844—1850 年平均的 29.2%，上升至 1850 年代的约 40%，1859—1867 年
平均的 38.3%。1870 年以后，随着我国对外贸易多元化的进展，对外贸易
规模的扩大，丝绸出口额占我国商品出口总额中的比例由 1868—1872 年
平均的 41.6%，逐年下降至 1907 年仍维持在 30% 以上。自 1868—1907
年的 40 年间，丝绸出口总额为 16.46 亿海关两，占全国商品出口总额的
35.5%。

进入 20 世纪后，虽然丝绸出口量不断增加，但由于大豆、棉花、蛋
制品和食用油等商品成长为主要的出口商品，出口商品种类的大幅度增
加使对外贸易的规模迅速扩大。在这种背景下，丝绸出口额占全国商品
出口总额的比例从 1903—1907 年平均的 32.4%，下降至 1908—1912 年的
26.3%，至 1926 年仍维持在 20% 以上。1908—1926 年的 15 年间，丝绸的
出口总额为 23.34 亿海关两，占同时期全国商品出口总额的 23.5%。

1929 年 10 月发生的历时 4 年世界经济危机和 1932 年开始的银价升高
以及 1937 年对华全面侵略战争，对生丝等丝绸商品的出口以沉重的打击。
从而导致丝绸出口额占全国商品出口总额中的比例由 1928—1929 年平均
的 18.8%，急剧下跌至 1933—1938 年的 9.7%；此后个别年份略有提高外，
1948—1949 年只有 1.7%。

从主要出口商品的出口额比较看，自 1842—1941 年的 100 年间，丝
绸位居第一的年份达到 50 年，分别是 1859—1862 年，1887—1927 年，
1933—1935 年，1939—1940 年；位居第二位的年份达到 47 年，分别是
1842—1858 年，1863—1886 年，1928—1932 年和 1936 年。

自 1840 年鸦片战争以来至 1949 年中华人民共和国成立的 110 年间，
丝绸在我国对外贸易中的地位呈下降状态。丝绸出口额占全国商品出口
总额中的比例由鸦片战争后的 40% 左右，下降至新中国成立前的 10% 以
下；这种变化的基本特征是 19 世纪后期的下降比较缓慢，20 世纪前期的
下降逐渐加快。这是由商品出口规模扩大（表现为出口商品的品种增加和
数量增多带来的出口额增加）、汇率和价格变化背景下，以生丝为主的丝
绸商品出口量和出口价格的相对增减变化所造成的。

据 1868 年以后的海关统计，我国除 1872—1876 年、1941 年和 1948
年的少数年份外，其余年份的我国对外贸易均为贸易逆差。在这种背景
下，作为我国主要出口创汇的商品，丝绸的贡献显然是十分巨大的。

第九章 近代世界生丝市场的贸易规模与市场结构

我国在世界生丝市场上的地位如何？在世界生丝市场上主要出口供应国和主要进口需求国之间的相对地位如何变化？为了解答上述疑问，本章首先定量明确近代世界生丝市场历年贸易量，然后从我国生丝出口量占世界生丝市场贸易量的变化来明确我国生丝在世界生丝市场上的地位，并通过与意大利和日本的历年生丝出口量的比较，来明确我国与意大利和日本的相对地位变化。

第一节 近代世界生丝市场历年贸易量的估计

近代世界生丝市场的主要进口国是美国、法国、英国和意大利，而瑞士、印度、俄国和中国香港等国家和地区是中小的生丝进口国和地区；主要的生丝出口国是中国、日本、意大利和法国。20世纪20年代以后朝鲜也成为重要的生丝出口国。其中，意大利和法国既是生丝出口国又是生丝进口国。从生丝进出口量的比较看，意大利是生丝纯出口国，法国是纯进口国。世界生丝贸易量相当于所有生丝出口国的生丝出口量或相当于所有进口国的生丝进口量。近代世界生丝市场无论是出口方还是进口方，均具有寡头垄断的性质，而由于生丝出口的主要出口国数少于生丝进口的主要进口国数，因此从主要生丝出口国的出口统计着手，就较容易估计历年贸易量。

在估计年贸易量时，中国的生丝出口量统计采用的是中国海关年报资料，日本的生丝出口量采用的是日本大藏省的外国贸易年表的资料，意大利的生丝出口量采用农工商务部的统计资料，法国和生丝出口量采用法国海关的统计，朝鲜的生丝出口量采用朝鲜总督府的生丝出口统计。至于其他出口国的生丝出口量，根据法国里昂丝绸协会估算的世界历年生丝生产量中，把印度、东南亚及中亚各国的生丝出口量，加上除上述各国外的其他中小蚕丝生产国的生丝产量的 60% 作为贸易量估计数，结果如表 9-1 和表 9-2 所示。

表 9-1　近代世界生丝市场历年贸易量的估计（1870—1914 年）

单位：吨

年份（平均）	贸易总量	中国	日本	意大利	法国	其他
1870—1974	8320.7	3794.0	610.3	1928.3	955.6	1032.5
1875—1979	9104.5	4430.6	943.4	1426.9	1382.2	921.4
1880—1984	9997.5	4173.2	1367.9	1791.3	1669.4	995.7
1885—1989	11540.4	4634.5	2052.6	2151.5	1671.5	1060.3
1890	10384.6	4860.5	1266.2	1720.1	1646.0	891.8
1891	14167.3	6166.4	3217.6	2117.7	1834.2	831.4
1892	15525.5	6117.9	3258.9	2381.9	2747.0	1019.8
1893	13385.3	5692.6	2229.2	1943.2	2236.1	1284.2
1894	15194.6	6011.7	3290.8	2402.5	2330.6	1159.0
1895	16860.1	6687.3	3486.9	2546.4	2859.7	1279.8
1896	13790.4	5344.6	2351.5	2696.8	2030.7	1366.8
1897	18234.1	7094.4	4151.9	2770.8	2935.9	1281.1
1898	16998.2	6578.5	2902.4	3408.6	2757.3	1351.4
1899	21663.8	8953.0	3568.1	3758.9	3751.0	1632.8
1900	16169.6	5876.5	2778.5	3458.6	2486.6	1569.4
1901	20813.8	7810.2	5218.6	3813.8	2311.8	1659.4
1902	20951.9	7236.1	4846.9	4409.4	2464.7	1994.8
1903	17868.2	5732.3	4389.3	3891.3	1880.5	1974.8
1904	21644.8	7582.4	5795.2	4294.8	2219.2	1753.2
1905	20524.8	6403.1	4345.1	5159.4	2627.8	1989.4
1906	23883.3	6679.2	6230.2	6256.2	2751.7	1966.0
1907	22475.2	7025.4	5612.2	5177.9	2400.1	2259.6
1908	24176.7	7803.8	6913.1	4802.5	2540.7	2116.6
1909	26651.2	7845.8	8081.6	5189.3	3166.5	2368.0
1910	26659.0	8416.6	8907.7	4062.9	3080.2	2191.6
1911	24495.0	7860.4	8673.6	3601.2	2558.0	1801.8
1912	28518.7	9553.8	10261.6	4445.5	2511.8	1746.0
1913	30272.7	9007.9	12137.2	4526.4	2874.2	1727.0
1914	23585.2	6564.5	10289.3	3268.8	2110.6	1352.0

资料来源：中国生丝出口量根据历年中国海关统计；日本生丝出口量根据大藏省外国贸易年表；意大利生丝出口量根据意大利农工商务省的贸易统计；法国生丝出口量根据法国海关的贸易统计；其他国家的生丝出口量根据法国里昂丝绸业协会估计的印度、东南亚和中亚诸国的生丝出口量和除上述诸国以外的各国生丝生产量的 60% 估计数的合计。

表9-2　近代世界生丝市场历年贸易量的估计（1915—1939年）

单位：吨

年份	贸易总量	中国	日本	意大利	法国	朝鲜	其他
1915	26284.8	8650.6	10688.5	3604.2	2494.1	0.4	847.0
1916	25307.6	7389.9	13045.2	2286.8	1726.5	3.2	856.0
1917	26668.5	7606.2	15479.5	1138.7	1574.3	3.8	866.0
1918	25195.6	7553.8	14606.6	821.5	1313.3	26.4	874.0
1919	31392.9	9986.0	17173.4	2039.1	1233.0	70.4	891.0
1920	19679.8	6306.2	10481.2	1357.1	857.0	85.3	593.0
1921	29724.6	9132.2	17161.7	2543.7	277.0	139.0	471.0
1922	32480.8	8673.6	20651.5	2094.8	359.6	135.1	566.2
1923	28536.1	8368.1	15796.8	3165.1	371.6	204.5	630.0
1924	34947.8	7935.9	22353.8	3187.9	341.9	256.3	872.0
1925	42079.5	10060.3	26306.9	4124.8	377.2	299.3	911.0
1926	42328.5	10190.1	26578.7	3840.4	372.0	460.3	887.0
1927	46265.4	9672.5	31306.4	3102.6	684.7	619.2	880.0
1928	49931.2	10892.8	32955.4	3711.1	644.1	805.8	922.0
1929	52714.2	11484.8	34857.0	3873.0	478.4	977.0	1044.0
1930	44846.3	9154.3	28646.3	4608.6	307.8	1210.3	919.0
1931	48061.4	8232.8	33641.3	4039.2	286.8	1281.3	580.0
1932	43448.4	4728.6	34933.0	2114.3	211.0	997.5	464.0
1933	38351.3	4661.9	29042.1	2751.8	175.5	1119.0	601.0
1934	39480.6	3297.7	33132.9	870.9	212.8	1330.3	636.0
1935	42371.5	4614.4	33299.8	972.2	248.1	1173.0	2064.0
1936	40657.6	3794.2	30318.0	2880.8	141.9	1183.7	2339.0
1937	38553.2	4167.0	28715.0	1527.5	186.0	1395.7	2562.0
1938	38381.7	3184.4	28674.5	2550.1	132.3	1293.4	2547.0
1939	33911.4	4706.8	23161.8	1405.4	0.0	1717.4	2920.0

资料来源：中国生丝出口量根据历年中国海关统计；日本生丝出口量根据大藏省外国贸易年表；意大利生丝出口量根据意大利农工商务省的贸易统计；法国生丝出口量根据法国海关的贸易统计；朝鲜生丝出口量根据朝鲜总督府的统计年报；其他国家的生丝出口量根据法国里昂丝绸业协会估计的印度、东南亚和中亚诸国的生丝出口量和除上述诸国以外的各国生丝生产量的60%估计数的合计。

　　在近代世界生丝市场的历年贸易量估计数中，对于估计值的可信度影响最大的是其他一项的估计数。虽然除中国、日本、意大利和法国等4大生丝出口国外，其他中小生丝生产国也有一定量的生丝出口，但其出口量一般不会超过其生产量的 60%。从这个角度讲，把除能明确生丝出口量的国家以外的其他国家的生丝生产量的 60% 作为生丝出口量有比例过高的嫌疑。但由于其他一项的生丝出口量与主要生丝出口国的生丝出口合计量相比数值非常小，因而对近代世界生丝出口量估计数所带来的误差是微小的。从表 9-1 和表 9-2 的计算可知，包括印度、东南亚和中亚诸国生丝出口量的其他一栏的生丝出口量占世界生丝出口总量的比例，以 1870—1974 处平均的 12.1% 为最高。不同年份间虽有所上下波动，总体呈逐年下降趋势。而且包括朝鲜在内的其他国家 1870—1939 年间生丝出口量为105147.0 吨，仅占同期世界生丝出口量的 6.4%。考虑到其他一栏的生丝出口量数据中已含有朝鲜、印度、东南亚和中亚各国的生丝出口统计，从生丝生产量中以 60% 的出口率估算的其他国家生丝出口量约占其他一栏生丝出口总量的 40% 左右，因而可以认为 1870—1939 年的近代世界历年生丝贸易量的估计值有 98% 以上的可信度。

从表 9-1 和表 9-2 所示，近代世界生丝的历年贸易量年际间上下波动在 1929 年以前呈增大趋势。1930 年以后受 1929 年 10 月暴发的历时 4年的近代世界经济大危机的影响，以及人造纤维对生丝市场的蚕食而减少。1929 年世界生丝贸易量为 52714.2 吨，创近代世界生丝贸易量的最高纪录。1935 年以后其他一栏的生丝出口量的大增是在中国和意大利受经济危机的影响生丝出口竞争力大幅度降低及生丝出口供不应求的背景下，从伊朗、土耳其和苏联等国生丝出口量快速增加所引起的。1870—1939 年的70 年中世界生丝市场的贸易总量估计为 1621310.2 吨。

第二节　近代世界生丝市场的需求结构

表 9-3 是以 5 年平均值表示的主要生丝进口国的生丝进口量与世界生丝贸易量；表 9-4 是主要生丝进口国 5 年平均生丝进口量占世界生丝贸易量中的比例。表 9-3 和表 9-4 的各主要生丝进口国的生丝进口量及其在世界生丝贸易量中所占的比例表明：近代世界生丝市场是需求寡头垄断的市场，在 1885 年以前的世界生丝市场中，法国和英国是最重要的生丝需求国，在 1885 年以后的世界生丝市场中，美国和法国是最重要的生丝需求国（图 9-1）。

主要生丝进口国在近代世界生丝市场地位变化（1870—1939）

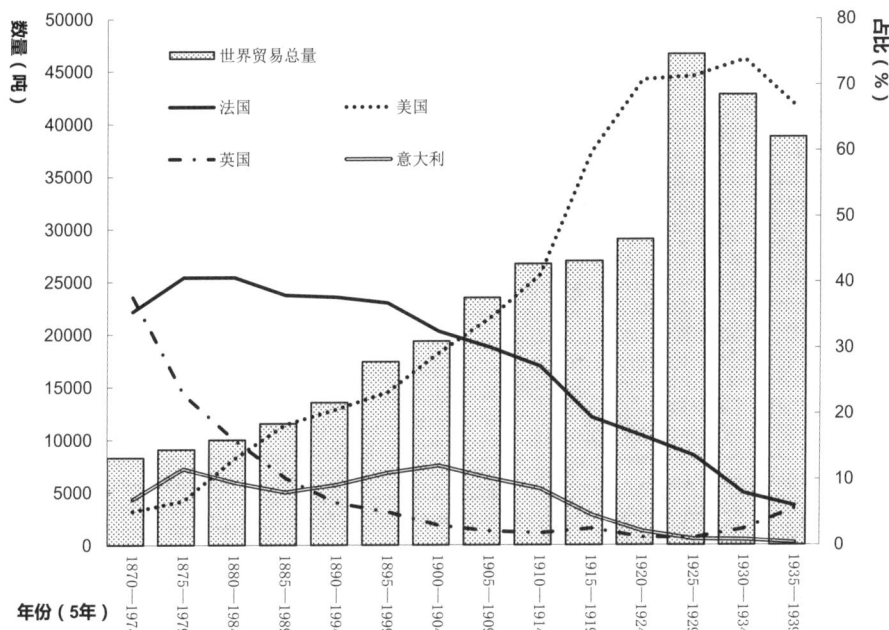

图9-1 主要生丝进口国在近代世界生丝市场地位变化（1870—1939年）

另从表9-3中可以得到确认，法国的生丝进口量从1870—1874年平均的2934.8吨增加到1910—1914年的7251.1吨。由于第一次世界大战对法国丝绸业的影响，法国的生丝进口量减少至1920—1924年平均的4827.3吨，1925—1929年再次恢复增加至6342.2吨，此后由于经济大危机的影响，减少至2923.6吨。但是法国生丝进口量占世界生丝贸易总量中的比例以1875—1884年的平均40.7%为最高以后呈下降趋势，其中1914年以前下降趋势相对缓慢，1915年以后快速下降。1870—1939年的70年中法国的生丝进口量为346619.5吨，占同期世界生丝贸易量的21.4%。

美国的生丝进口量1929年以前呈快速增长趋势，由1870—1874年平均的426.4吨上升至33283.9吨，此后在20世纪30年代缓慢减少，减少至1935—1939年平均的25943.9吨。由于美国生丝进口量的增长幅度远大于法国等国的生丝进口量的增长幅度，因此其在近代世界生丝市场中的地位大幅度上升，1875—1879年平均6.7%，1905—1909年平均34.3%，1930—1934年达到73.9%。自1915年开始，美国的生丝进口量占近代世界生丝市场贸易量的一半以上，至1921年达到2/3以上。因此可以认为美国在20世纪20年代开始获得近代世界生丝市场上垄断性的进口国地位。

1870—1939 年的 70 年间美国的生丝进口总量达 817825.5 吨，占同期世界生丝贸易总量的 50.4%。

表 9-3　近代主要生丝进口量的进口量统计

单位：吨

5年平均	世界贸易总量	法国	美国	英国	意大利	其他
1870—1874	8320.7	2934.8	426.4	3134.3	575.2	1250.0
1875—1879	9104.5	3704.9	609.6	2086.8	1060.0	1643.2
1880—1884	9997.5	4069.8	1311.8	1601.2	951.2	2063.5
1885—1889	11540.4	4387.7	2111.9	1179.3	918.4	2943.1
1890—1894	13731.5	5105.8	2790.5	861.8	1245.8	3727.6
1895—1899	17509.3	6397.1	4035.1	861.8	1917.9	4297.4
1900—1904	19489.0	6292.1	5668.4	584.8	2351.1	4592.6
1905—1909	23542.2	7066.0	8073.9	503.1	2386.8	5512.4
1910—1914	26706.1	7254.1	10964.6	493.0	2284.4	5710.0
1915—1919	26969.9	5221.3	16113.2	674.4	1230.1	3734.5
1920—1924	29073.8	4827.3	20585.1	358.1	616.3	2687.0
1925—1929	46663.8	6342.2	33283.9	532.1※	396.6	6109.0
1930—1934	42837.6	3381.9	31646.8	1089.6※	341.3	6378.0
1935—1939	38775.1	2338.9	25943.9	2169.7※	155.4	8167.2
1870—1939 合计	1621310.2	346619.5	817825.5	80650.0	82152.5	294062.7

注：※ 为纯进口量。
资料来源：法国、美国、英国和意大利的生丝进口量根据该国的贸易统计。

英国的丝绸业在 1860 年《英法自由通商条约》的签订后，伴随着法国廉价丝绸大量免税出口英国，导致英国丝绸业快速衰退，表现在生丝出口量上从 1870—1874 年平均的 3134.3 吨快速减少至 1890—1894 年平均的 861.8 吨，至 1920—1924 年平均进口量只有 358.1 吨。1929 年 10 月世界经济大危机发生后，随着丝绸价格的大幅度下降及法国丝绸业萎缩带来的丝绸进口量的减少，英国丝绸业再度发展，英国的生丝纯进口量由 1925—1929 年平均的 532.1 吨快速增加至 1935—1939 年的 2169.7 吨。英国丝绸业兴衰带来的生丝进口量的变化使英国在世界生丝市场的地位也随之起伏。从 1870—1874 年平均的 37.7% 下跌至 1925—1929 的 1.1% 后提高至 1935—1939 的 5.9%。1870—1939 年的 70 年间英国生丝进口量约为 80650.0 吨，占同期世界生丝市场贸易量的 5.0%。

表9-4　主要生丝进口国在世界生丝市场的地位

5年平均	世界贸易总量（吨）	法国（%）	美国（%）	英国（%）	意大利（%）	其他（%）
1870—1874	8320.7	35.3	5.1	37.7	6.9	15.0
1875—1879	9104.5	40.7	6.7	22.9	11.6	18.0
1880—1884	9997.5	40.7	13.1	16.0	9.5	20.6
1885—1889	11540.4	38.0	18.3	10.2	8.0	25.5
1890—1894	13731.5	37.2	20.6	6.3	9.1	27.1
1895—1899	17509.3	36.5	23.2	4.9	11.0	24.5
1900—1904	19489.0	32.3	29.2	3.0	12.1	23.6
1905—1909	23542.2	30.0	34.4	2.1	10.1	23.4
1910—1914	26706.1	27.2	41.1	1.8	8.6	21.4
1915—1919	26969.9	19.4	59.7	2.5	4.6	13.8
1920—1924	29073.8	16.6	70.8	1.2	2.1	9.2
1925—1929	46663.8	13.6	71.3	1.1	0.8	13.1
1930—1934	42837.6	7.9	73.9	2.5	0.8	14.9
1935—1939	38775.1	6.0	66.9	5.6	0.4	21.1
1870—1939合计（平均）	1621310.2	21.4	50.4	5.0	5.1	18.0

注：根据表9-3计算所得。

　　意大利的生丝进口量受到意大利丝业的发展、生丝贸易政策及第一次世界大战等的影响，在不同时期有较大的增减变化。其在近代世界生丝市场上所占地位也随着大幅度波动起伏。意大利生丝进口量占近代世界生丝贸易量的比例由1870—1874年平均的6.9%上升至1875—1885年的11.6%后，降低至1885—1889年的8.6%，1900—1904年上升至12.1%后逐年下跌至1925—1929年平均的0.9%，1935—1939年间意大利的生丝进口量只有155.4吨仅占世界生丝贸易量的0.4%。1870—1939年的70年间意大利的生丝进口量为82152.5吨，占同期世界生丝贸易量的5.1%。

　　德国、瑞士、印度、俄罗斯和中国香港等国家和地区在近代世界生丝贸易中也占有一定的地位。除美国、法国、英国和意大利等四国以外，其他国家和地区生丝进口总量只有294062.7吨占同期世界生丝贸易量的18.0%。

第三节　近代世界生丝市场的供给结构

表 9-5 是近代世界生丝贸易量和主要生丝出口国生丝出口量的 5 年平均值。以表 9-5 为基础计算得出的主要生丝出口国在近代世界生丝贸易中所占的地位变化如表 9-6 所示。表 9-5 和表 9-6 的各主要生丝出口国的生丝进口量及其在世界生丝贸易量中所占的比例表明：近代世界生丝市场是供给寡头垄断的市场，在 19 世纪后半期的世界生丝市场中，中国、意大利、日本是最重要的生丝供给国，进入 20 世纪后，日本和中国成为近代世界生丝市场最重要的生丝供给国（图 9-2）。

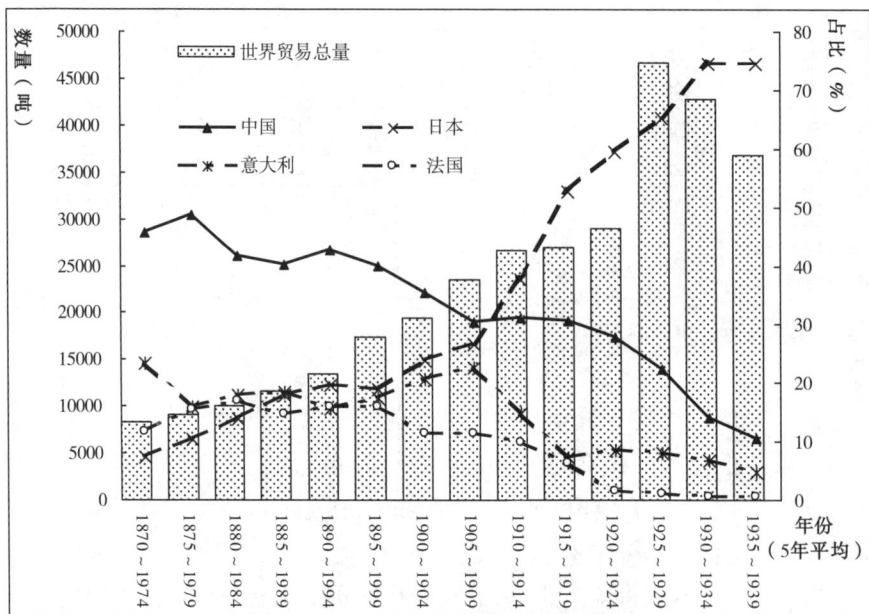

图9-2　主要生丝出口国在近代世界生丝市场地位变化（1870—1939年）

中国的生丝出口量从 1870—1874 年平均的 3794.0 吨逐年增减变化一直增加到 1929 年的 11484.8 吨。但是中国生丝出口量占世界生丝贸易量中的比例呈低下趋势，以 1875—1879 年平均的 48.7% 为最高。1885—1889 年 为 40.2%，1905—1909 年 为 30.4%，1925—1929 年 为 22.4%，1935—1939 年仅占 10.6%。1870—1939 年的 70 年间中国生丝的出口总量为 44445.9 吨，占同期世界生丝贸易量的 27.4%。日本的生丝出口量从 1870—1874 年平均的 610.3 吨，逐年增减变化至 1932 年达到 34933.0 吨，此后至 1938 年呈缓慢的下降趋势。

　　由于日本生丝出口量的增长速度远远高于世界生丝贸易量的速度，而下降速度又慢于世界生丝贸易量减少的速度，因此，日本近代生丝出口贸易量占世界近代生丝贸易总量中的比例一直呈提高趋势。从1875—1879年平均的10.4%，1895—1899年的18.9%，1915—1919年的52.7%一路快速上升至1935—1939年平均的78.3%。日本从1916年开始其生丝出口量占世界生丝贸易量的一半以上，1927年以后达2/3强。1935—1939年达创纪录的74.4%，因而可以认为日本自1927年起已经基本确立了其在世界生丝市场上的垄断权。1870—1939年的70年中日本出口生丝总量为772099.5吨，占同期世界生丝贸易总量的47.6%，超过中国22.8个百分点。

表9-5　近代主要生丝出口国的生丝出口量统计

单位：吨

5年平均	世界贸易总量	中国	日本	意大利	法国	其他
1870—1974	8320.7	3794.0	610.3	1928.3	955.6	1032.5
1875—1979	9104.5	4430.6	943.4	1426.9	1382.2	921.4
1880—1984	9997.5	4173.2	1367.9	1791.3	1669.4	995.7
1885—1989	11540.4	4634.5	2052.6	2121.5	1671.5	1060.3
1890—1994	13731.5	5769.5	2652.5	2113.1	2145.2	1051.2
1895—1999	17509.3	6922.6	3292.2	3036.3	2770.4	1487.8
1900—1904	19489.0	6847.5	4605.7	3973.6	2166.6	1895.6
1905—1909	23542.2	7151.5	6236.4	5317.6	2650.0	2186.7
1910—1914	26706.1	8280.6	10053.9	3981.0	2627.0	1763.6
1915—1919	26969.9	8237.3	14202.2	1978.1	1668.2	884.1
1920—1924	29073.8	8083.2	17289.0	2473.3	441.4	786.9
1925—1929	46663.8	10460.1	30400.9	3730.4	511.3	1561.1
1930—1934	42837.6	6015.1	31879.1	2877.1	238.8	1827.5
1935—1939	38775.1	4093.4	28833.8	1867.2	141.7	3839.0
1870—1939 合计	1621310.2	444465.5	772099.5	193078.5	105196.5	106470.2

资料来源：根据中国、日本、意大利和法国等国的生丝贸易统计做成。

　　意大利在从事生丝出口的同时，也进口生丝，但其生丝出口量远大于其生丝进口量，因此意大利也是生丝出口国。意大利蚕丝业由于受桑蚕微粒子病的影响，以及葡萄和橄榄等经济作物的竞争，呈缓慢萎缩状态。19世纪末期为促进意大利蚕丝业的发展，于1892年废除了生丝出口税，并对蚕丝业进行奖励。在 19 世纪 20 世纪初一时呈恢复性增长态势。但受第一次世界大战的影响，意大利蚕丝业步入快速衰退的轨道。如表 9-6 所示，意大利生丝出口量占世界生丝贸易总量中的地位以 1870—1874 年的 23.2% 为最高。1890—1894 年为 15.4%，1905—1909 年恢复提高到 22.6%，然后下降至 1930—1934 年平均的 6.7%。1870—1939 年的 70 年中意大利的生丝出口总量为 193078.5 吨，占同期世界生丝贸易量的 11.9%。

法国既出口生丝，又大量进口生丝。从生丝进出口比较看，法国应该是生丝进口国。从生丝出口国地位看，在 20 世纪后，法国的比例快速下降，在第一次世界大战以后下降速度更快。法国生丝出口量占世界生丝贸易量中的比例从 1870—1874 年平均的 11.5% 一度上升至 1895—1899 年的 15.8%，此后下降至 1914—1919 年的 9.8%，1920—1924 年仅占 1.5%。1870—1939 年的 70 年间法国的生丝出口量为 105196.5 吨，仅占同期世界生丝贸易量的 6.5%。

此外，1870—1939 年的 70 年中朝鲜、印度、土耳其、奥地利、叙利亚等其他生丝出口国的生丝出口量为 106470.2 吨，仅占同期世界生丝贸易量的 6.6%。

表 9-6　主要生丝出口国在近代世界生丝市场的地位

5年平均	世界贸易总量（吨）	中国（%）	日本（%）	意大利（%）	法国（%）	其他（%）
1870—1974	8320.7	45.6	7.3	23.2	11.5	12.4
1875—1979	9104.5	48.7	10.4	15.7	15.2	10.1
1880—1984	9997.5	41.7	13.7	17.9	16.7	10.0
1885—1989	11540.4	40.2	17.8	18.4	14.5	9.2
1890—1994	13731.5	42.0	19.3	15.4	15.6	7.7
1895—1999	17509.3	39.5	18.8	17.3	15.8	8.5
1900—1904	19489.0	35.1	23.6	20.4	11.1	9.7
1905—1909	23542.2	30.4	26.5	22.6	11.3	9.3
1910—1914	26706.1	31.0	37.6	14.9	9.8	6.6
1915—1919	26969.9	30.5	52.7	7.3	6.2	3.3
1920—1924	29073.8	27.8	59.4	8.5	1.5	2.7
1925—1929	46663.8	22.4	65.1	8.0	1.1	3.3
1930—1934	42837.6	14.0	74.4	6.7	0.6	4.3
1935—1939	38775.1	10.6	74.4	4.8	0.4	9.9
1870—1939 合计/平均	1621310.2	27.4	47.6	11.9	6.5	6.6

资料来源：根据表 9-5 计算所得。

第四节　本章小结

本章以世界主要生丝进出口国——美国、法国、英国、意大利、日本和中国的历年生丝贸易统计数据为依据，结合法国里昂丝绸协会对其他国家生丝贸易量的估算，建立了 1870—1939 年的 70 年间世界生丝贸易量的系列数据库，并以该数据库为依据，通过定量分析得出以下结论。

随着近代世界蚕丝业和丝织业的发展，近代世界生丝市场的贸易量虽在不同年份和时期有所增减变化，但基本呈现增长趋势，1929 年为近代世界生丝市场贸易量创纪录年，该年世界生丝贸易量达到 52714.2 吨。

1870—1939 年的 70 年中世界生丝市场的贸易总量为 1621310.2 吨，其中美国、法国、意大利和英国进口量所占的比例分别为 50.4%、21.4%、5.1% 和 5.0%；日本、中国、意大利和法国的出口量所占的比例分别为 47.6%、27.4%、11.9% 和 6.5%。

近代世界生丝市场是供求寡头垄断的市场，其主要进口消费国为美国、法国、英国和意大利；其主要出口国为日本、中国、意大利和法国；其中意大利和法国既是进口国又是出口国，在不同时期具有不同的角色特点。

由于意大利和法国的蚕丝业因工业化后劳动成本的大幅度提高，受桑蚕微粒子病的影响，以及葡萄和橄榄等经济作物的竞争，较早地进入衰退期，因此，在近代世界生丝市场上，生丝出口的竞争主要是在中国和日本之间展开。

第十章　近代美国丝绸业的发展与中美生丝贸易

生丝是我国近代最重要的出口商品之一，据海关统计自 1868 年至 1911 年的 44 年间，我国生丝出口总额为 15.09 亿海关两，占全商品出口总额 60.11 亿海关两的 25.1%。近代我国生丝主要出口法国、美国和英国。其中美国是近代新兴的生丝进口国，是我国近代生丝出口的重要市场之一，研究中美生丝贸易对中美贸易史和丝绸贸易史都具有十分重要的意义。由于中美生丝贸易与美国丝绸业的发展密切相关，为此，本章在简要回顾近代美国蚕丝绸业发展的基础上，以中美两国的历年生丝贸易量等统计数据为依据，就近代中美生丝贸易与美国丝绸业发展的关系，对美生丝出口在中国生丝贸易上的地位，以及中国生丝在美国生丝市场上地位的变化及其背景进行定量分析。

第一节　近代美国丝绸业的发展与生丝贸易

一、近代美国蚕丝业的不发达

美国蚕丝业是作为英国丝绸业的原料基地，在英国的殖民地政府的主导下，于 1622 年从英国传入的。17 世纪初，英国国王詹姆士一世（James Ⅰ）对法国的塞若斯（Serres）在 1600 年发表的蚕业论文所吸引，于是决定从意大利进口桑苗 1.4 万株，栽植于王室庭园内，致力于在英国推广发展蚕丝业，但由于各种原因未能成功。因此，在 1619 年的殖民会议（Colony Assemble）上，詹姆士一世决定把殖民地美国作为英国丝绸业的原料基地进行开发 [1]。1622 年詹姆士一世向代表英国管理殖民地开发的弗吉尼亚公司（Virginia Company）赠送桑苗和蚕种，并要求对蚕丝业进行推广奖

---

[1]　森田三郎（もりた　さぶろう），《美国的蚕丝业》（一），《中央蚕丝报》，1927 年，第 135 号，第 60 页。

励。弗吉尼亚公司规定每百英亩耕地栽培桑树十株奖励烟草 10 磅，反之不栽培桑树罚烟草 20 磅，每生产 1 磅生丝奖励烟草 50 磅，至 1666 年养蚕业在弗吉尼亚州已相当普及。此后，佐治亚州、康涅狄格州、纽约州、新泽西州和马萨诸塞州等地的蚕丝业也在奖励政策下有所发展，其中佐治亚州 1766 年生产蚕茧高达 20000 磅，该州 1734 年开始向英国出口生丝，1768 年向英国出口生丝 1084 磅[①]。

第一次独立战争（1775—1783 年）期间，蚕丝业受到战乱的冲击一时接近消亡。1825 年前后开始，蚕丝业在美国开始得到一定的恢复，1850 年美国蚕茧生产量恢复至 10843 磅，1868 年仅加里福尼亚州的蚕茧产量就达 8200 磅。虽然美国各州政府竭力奖励推广养蚕发展蚕丝业，但由于养蚕技术要求高、风险大和劳动强度大，加上棉花和烟草的竞争，以及南北战争后从中国和日本大量免税进口廉价生丝的影响，美国的蚕丝业一直未有大的发展，1886 年生产蚕茧 5115 磅，1889 年为 6248 磅[②]，至 20 世纪初蚕丝业在美国自然消亡。

表 10-1　近代美国的蚕茧生产量

单位：公斤

州名	1850	1868	1890
加里福尼亚州	—	3719.5	—
俄亥俄州	704.0	—	—
伊利诺斯州	220.8	—	—
肯塔基州	582.9	—	—
新泽西州	804.7	—	—
田纳西州	872.3	—	—
其他	1751.8	—	2563.3
合计	4918.5	3719.5	2563.3

注：—表示数据不明。
资料来源：松井七郎（まつい しちろう），《美国における绢工业发达史（1）》，《中央蚕丝报》，第 145 期，第 12—13 页。

二、近代美国丝绸业的快速发展

美国的丝绸业发源于 1793 年的费城。1838 年在新泽西州的帕特森市建成该州第 1 家丝织厂后，随着 19 世纪 40 年代以后英国丝织工人向美国

---

① Shichiro Matsui, *The History of the Silk Industry in the United States*, New York, 1930, p. 13.

② Shichiro Matsui, *The History of the Silk Industry in the United States*, New York, 1930, p. 22, Table 2.

移民的增加，以及 1842 年中英《南京条约》签订后中国生丝出口的自由化，美国丝绸业以纽约附近的新泽西州、康涅狄格州和马萨诸塞州为中心得到一定的发展，至 1850 年美国有丝绸厂 67 家，丝织工人 1723 人，丝绸产值达 180.9 万美元[①]。

表 10-2　19 世纪美国生丝和丝绸进口税率的变化

生丝		丝绸织物	
起始年月	进口税率	起始年月	进口税率
1789.7	5%	1812	30%
1816.4	15%	1824	20%
1832	12.5%	1832	5%
1841	20%	1833.5	免税
1842	50美分/磅	1841.9	20%
1846	15%	1842.8	30%
1857	免税（从欧洲进口亚洲丝10%）	1857.3	24%
1865	免税	1861.3	30%
		1861.8	40%
		1864.1	60%
		1883	50%
		1913	45%

资料来源：J. Schober, *Silk and Silk Industry*, London., 1930, p.249。平冈谨之助（ひらおか きんのすけ），《蚕丝业经济的研究》，有斐阁，1939 年，第 102 页。松原建彦（まつばら たけひこ），《法国近代丝绸业的发展过程》，《经济学论丛》，第 17 卷第 2 期，1972 年，第 192 页。

美国丝绸业的真正发展在南北战争（1860—1865 年）以后。当时英国为开拓国外市场，采取自由主义的贸易政策，于 1860 年和法国签订了《英法自由通商条约》（The Anglo-French commercial treaty），废除了从法国进口丝绸所需缴纳的 15% 的关税[②]，廉价的法国丝绸大量进入英国，使英国丝绸厂大量破产，从而加速了英国丝绸业主和丝织工人向美国的投资移民，在人力、技术和资金上为美国丝绸业的发展创造了条件。此外，美国政府为解消因南北战争造成的财政困难，对进口的工业品采取了高额的关税政策，如丝绸织物的进口税率高达 60%，而对生丝进口实行特别的免税政策（见表 10-2）。这种"引丝扼绸"的贸易保护政策，以及鸦片战争后中

① J. Schober, *Silk and the Silk Industry*, London, 1930, p.250.

② F. O. Howitt, *Silk—An History Surver with Special Reference to the Past Century*, *Journal of the Textile Institute*, 1952, Vol.42, No.8, p.347.

国生丝出口的自由化，明治维新后日本蚕丝业快速发展引起的中日生丝市
场竞争，为美国丝绸业的大发展创造了条件。

表 10-3　近代美国丝绸业的发展

年份	工厂数（家）	工人数（人）	原料消费额（千美元）	丝绸生产额（千美元）
1849	67	1743	1094	1809
1859	139	5435	3902	6608
1869	86	6649	7818	12211
1879	382	31337	22468	41033
1889	472	49382	51004	87298
1899	483	65416	62407	107256
1904	624	79601	75861	133288
1909	852	99037	107767	196912
1914	902	108170	108170	254011
1919	1369	126382	126382	688470
1921	1565	121378	121378	583419
1923	1598	125234	125234	763222
1925	1659	132509	132509	808979
1927	1648	127643	127643	750124
1929	1491	130467	130467	731200
1931	1211	109225	109225	422772

资料来源：大日本蚕丝会编，《蚕丝要览》，1936 年版，第 59 页。

表 10-4　近代美国丝绸织机数量的变化

年份	织机总数（台）	机械织机		手工织机	
		数量（台）	比例（%）	数量（台）	比例（%）
1874	3584	2077	58.0	1507	42.0
1875	4502	2688	59.7	1814	40.3
1880	8474	5321	62.8	3153	37.2
1890	22569	20822	92.3	1747	7.7
1900	44430	44257	99.97	173	0.03
1905	56225	56225	100.0	0	0.0

资料来源：松井七郎，《美国における绢工业发达史（2）》，《中央蚕丝报》，第 146 期，
第 23—24 页。

在前述的发展背景下，美国的丝绸业在 19 世纪后期有了快速发展，美
国的丝绸工厂数由 1849 年的 67 家，1869 年的 86 家，增加至 1899 年 483
家；原料消费额由 1849 年的 1094 千美元，增加至 1899 年的 65416 千美元；

丝绸生产额由 1849 年的 1809 千美元，增加至 1899 年的 107256 千美元（见表 10-3）。如表 10-4 所示，美国丝绸织机数由 1874 年的 3584 台，1880 年的 8474 台，1890 年的 22569 台，增加至 1900 年的 44430 台；其中动力织机的比例由 1874 年的 58.0%，1880 年的 62.8%，1890 年 92.3%，提高至 1900 年的 99.97%[1]，而同年世界丝绸生产大国——法国动力丝织机占丝织机械总数的比例只有 44.8%[2]，动力丝绸织机的快速普及是美国丝绸业发展的一大特色。

三、美国在近代世界生丝贸易中的地位

由于丝绸业的快速发展，美国生丝进口量也由 1865—1869 年平均的 262.4 吨，增加至 1895—1899 年的 4035.1 吨，30 年增加了 14.4 倍。1881 年美国进口生丝 1309.9 吨，超过英国 907.4 吨，成为继法国之后的世界第 2 大生丝纯进口国；1898 年美国生丝纯进口量达到 3840.6 吨，超过法国的 3497.8 吨，成为世界最大的生丝进口国[3]。

表 10-5 美国在世界生丝市场上的地位（1870—1939 年）

5 年平均	世界生丝贸易总量（吨）	美国生丝进口	
		数量（吨）	比例（%）
1870—1874	8320.7	426.4	5.1
1875—1879	9104.5	609.6	6.7
1880—1884	9997.5	1311.8	13.1
1885—1889	11540.4	2111.9	18.3
1890—1894	13731.5	2790.5	20.3
1895—1899	17509.3	4035.1	23.0
1900—1904	19489.0	5668.4	29.1
1905—1909	23542.2	8073.9	34.3
1910—1914	26706.1	10964.6	41.1
1915—1919	26969.9	16113.2	59.7
1920—1924	29073.8	20585.1	70.8
1925—1929	46663.8	33283.9	71.3
1930—1934	42837.6	31646.8	73.9
1935—1939	38775.1	25943.9	66.9
总计	1621310.2	817825.5	50.4

资料来源：顾国达，《近代中国的生丝贸易与世界生丝市场供求结构的经济分析》（日文），日本京都工艺纤维大学博士论文，1995 年，第 155—156 页。

---

[1] F. R. *Mason*, *The American Silk Industry and the Tariff*, London, 1910, p. 144.
[2] J. Schober, *Silk and the Silk Industry*, London, 1930, p. 242.
[3] 顾国达：《近代中国的生丝贸易与世界生丝市场供求结构的经济分析》（日文），日本京都工艺纤维大学博士论文，1995 年，第 124—125 页。

　　随着美国生丝进口量的快速增长，美国生丝进口贸易在世界生丝贸易中的地位也快速上升，如表 10-5 所示，1870—1874 年间美国生丝进口量只有 426.4 吨，仅占世界生丝贸易量的 5.1%；1885—1889 年间美国生丝进口量为 2111.9 吨，占世界生丝贸易量的比例提高至 18.3%；1900—1904 年间美国生丝进口量增加至 5668.4 吨，占世界生丝贸易量的比例提高至 29.1%；第一次世界大战期间的 1915—1919 年间美国生丝进口量为 16113.2 吨，占世界生丝贸易量的比例提高至 59.7%；1925—1929 年间美国生丝进口量为 33283.9 吨，占世界生丝贸易量的比例提高至 71.3%；1935—1939 年间美国生丝进口量为 25943.9 吨，占世界生丝贸易量的比例提高至 66.9%。

第二节　鸦片战争前的中美丝绸贸易

　　中国的丝绸和丝线等生丝加工品早在 16 世纪就经西班牙和英国人之手间接出口至美国。美国独立革命（1775—1883 年）成功后的第二年（1784 年，清乾隆 49 年），美国商船"中国皇后号"（Empress of China）从中国广州装运茶叶和丝绸等货物抵达美国纽约，从而开创了中美两国间的直接贸易[1]。1788 年中国向美国出口蚕丝（主要是丝线）256 担，1789 年达到 660 担，为 18 世纪我国对美国出口蚕丝的最高纪录，占同年中国蚕丝出口总量的 12.9%[2]。1792 年由广州向美国出口丝绸 155 担计 62000 银两，生丝 25 担计 7500 银两，丝绸和生丝的对美出口额达 69500 银两，占出口总额的 21.9%，仅次于茶叶的 52.1%[3]。

　　进入 19 世纪后，随着美国经济发展和人口的增加，美国的丝绸消费量也日益增加，丝绸的进口额从 1823 年的 5201 千美元，增加至 1833 年的 7913 千美元，1853 年达到 29834 千美元。当时美国进口的丝绸主要来自中国、法国和英国。

　　19 世纪初期由美国商船从我国广州运出的丝绸及蚕丝数量的变化如表 10-6 所示。从表中可见，丝线和生丝分别自 1809 年和 1817 年开始出现

---

　　① 全汉升，《自明季至清中叶西属美洲的中国丝货贸易》，《中国经济史论丛》（第一册），香港，1972 年，第 451 页。

　　② 陈真编，《中国近代工业史资料》第四辑，北京：生活·读书·新知三联书店，1961 年版，第 120 页。

　　③ H. B. Morse, *The Chronicles of the East India Company Trading to China*, Vol. II, pp. 201—204.

在美国商船从广州装运出口的货物统计中，1827年前美国商船从广州运出的丝绸数量除1812—1815年及其他个别年份外基本呈增加趋势。1812—1815年美国商船从广州运出的丝绸和丝线的数量明显减少，是受到英国和美国间的第二次独立战争（1812—1815年）影响的结果。而生丝运出数量的年际大幅度波动和1825年前后丝线运出数量的减少，主要是受到东印度公司对中国生丝贸易的垄断和丝价波动的影响。1804—1828年度的24年间美国商船从广州共装运出口丝绸3800278匹，丝线6140担，生丝1981担。

表 10-6　19世纪初期美国商船自广州运出的丝绸和蚕丝数量

年度	丝绸（匹）	丝线（担）	生丝（担）
1804—1805	9385		
1805—1806	24960		
1806—1807	17680		
1807—1808	20400		
1808—1809	9132		
1809—1810	53273	144	
1810—1811	77710	178	
1811—1812	110521	195	
1812—1813	12670	36	
1813—1815	6470	43	
1815—1816	115939	361	
1816—1817	114147	329	
1817—1818	201536	576	170
1818—1819	291396	823	37
1819—1820	270573	429	560
1820—1821	137334	250	
1821—1822	335114	268	20
1822—1823	380400	88	70
1823—1824	215638	47	
1824—1825	372167	511	95
1825—1826	246006	41	434
1826—1827	144988	27	260
1827—1828	421136	1642	267
1828—1829	211703	152	68
合计	3800278	6140	1981

资料来源：H.B.Morse, *The Chronicles of the East India Company Trading to China, 1635—1834*, Vol.IV, 1926, p.384—385. 姚贤镐：《中国近代对外贸易史资料》，北京：中华书局，1962年，第294—295页。

1826 年以前中国丝绸在美国市场尚具有优势地位，其后由于法国丝绸业快速发展，法国丝绸对美出口量的增加，以及美国对中国丝绸征收 10% 的进口附加税（1829 年）的影响，使中国丝绸在美国市场的优势地位被法国所取代。1823 年美国从中国进口丝绸 3122 千美元占进口总额的 60%，1833 年减少至 1387 千美元占 17.5%，1853 年进一步减少至 1220 千美元仅占美国丝绸进口总额的 4.1%。

19 世纪 20 年代美国的中国商品进口额以及丝绸和蚕丝进口额的变迁如表 10-7 所示。丝绸和蚕丝对美出口额占中国对美商品出口总额的比例，由 1821—1825 年的年均 44.0%，1826—1830 年的 37.7%，下降至 1831—1833 年的 30.3%。这表明丝绸出口美国受阻明显影响了中国对美出口贸易额的增长，同时也影响了丝绸在当时中美贸易中的地位。1821—1833 年的 13 年间美国从中国进口商品的总额为 6886.3 万美元，其中丝绸和蚕丝进口额为 2654.7 万美元占进口总额的 38.6%。

表 10-7　19 世纪 20 年代中美丝绸贸易额

单位：千美元

年份	中国商品进口总额	丝绸和蚕丝进口额	比例（%）
1821	3101	1318	42.5
1822	5251	2389	45.5
1823	6504	3122	48.0
1824	5627	2431	43.2
1825	7515	3066	40.8
1826	7425	2933	39.5
1827	3606	1435	39.8
1828	5319	2234	42.0
1829	4681	1718	36.7
1830	3872	1061	27.4
1831	3071	1382	45.0
1832	5310	2071	39.0
1833	7579	1387	18.3
合计	68863	26547	38.6

资料来源：三菱合资公司资料课，《中国对美生丝贸易的变迁》，《资料汇报》第 171 号，1924 年，第 4 页。

1834 年英国议会撤销了东印度公司对中国贸易的垄断权利后，中国对外贸易仍为英国商人所垄断。1836—1837 年在广州的外商贸易组织共有

54个，其中英国为42个，美国有9个[1]，美国商人已经有一定的势力。由于美国蚕丝业的不发达，其所需要的原料主要依靠进口解决。随着美国丝绸业的发展，其生丝（包括丝线）进口额也不断增加，美国的年均生丝进口额从1830—1834年的37.1千美元，1840—1844年增加至61.9千美元。当时其进口的生丝和丝线主要来自中国，除美国商人从中国直接进口生丝外，有相当部分的生丝由英国商人经伦敦转口美国。如1830年美国共进口生丝119074美元，其中从中国进口89696美元占75.3%，从英国进口17985美元占15.1%，从意大利进口8153美元占6.8%，从法国进口3240美元占2.7%[2]。

第三节　近代美国市场的中日竞争与中美生丝贸易

1842年8月29日清政府被迫与英国签订了《南京条约》，规定广州、上海、福州、宁波和厦门为通商口岸。继英国于1845年在上海建立租界后，美国也于1847年在上海建立租界。上海等五港开放和租界内洋行的设立，使英美等资本主义列强进口中国生丝更加便利。1851年度（7月1日—翌年6月30日，下同）中国出口生丝24200包，其中出口美国占1.3%，1855年度增加至61984包，其中出口美国占2.0%；1858年度从上海出口生丝92164包，其中出口美国占2.8%[3]。可见，自鸦片战争后的20年间，中国对美国的生丝出口量呈增加趋势，且美国在中国生丝出口中的地位也在不断提高。

进入19世纪60年代后，以法国为代表的欧洲丝绸业的快速发展和桑蚕微粒子病在意大利和法国等欧洲主要蚕丝生产国的流行，导致欧洲地区的生丝供求失衡，于是法国为满足国内丝绸业发展对生丝的大量需求，从1855年开始大量进口中国生丝。英国、美国和法国对中国生丝的竞买，使生丝价格上涨，加上美国南北战争对丝绸业发展和生丝贸易的影响，1860—1869年度出口美国的生丝量仅占同期上海生丝出口总量的1.06%[4]。

鸦片战争前后，美国从中国进口丝绸的金额远超过生丝，但随着南

---

[1] 张仲礼，《1834—1867年我国对外贸易的变化与背景》，《学术学刊》，1960年第9期，第54页。

[2] 森田三郎，《美国的蚕丝业》（三），《中央蚕丝报》，1927年，第137号，第37页。

[3] 张仲礼，《1834—1867年我国对外贸易的变化与背景》，《学术学刊》，1960年第9期，第61页，表9。

[4] 杉山伸也，《幕末、明治初期生丝出口数量的再检讨》，《社会经济史学》，1979年，第45卷第3期，第36页。

北战争后美国丝绸业的发展和丝绸进口的高关税，使美国从中国进口丝绸的金额从 1853 年的 122 万美元，下降至 1873 年的 13 万美元[①]，在 1863—1864 年间美国从中国进口丝绸与生丝的金额间发生了逆转，此后，生丝取代丝绸成为我国对美出口的主要商品。

19 世纪 60 年代至 70 年代蒸汽轮船得到快速普及，1867 年美国太平洋邮船公司的成立，1869 年美国大陆铁路的开通，1871 年上海、伦敦和纽约之间海底电缆的铺设，1875 年美国金本位制的确立[②]和前述的 19 世纪 70 年代美国丝绸业的大发展，加上同期英国丝绸业的衰退对中国生丝进口量的减少，1867 年巴斯德发明"袋制蚕种，母蛾镜检"的无毒蚕种生产法在意大利等欧洲蚕丝生产国的推广应用，缓解了欧洲地区生丝供求的不平衡，有利于美国对中国生丝的进口。于是，中国出口美国的生丝量占出口总量的比例由 1875—1879 年平均的 4.2%，提高至 1885—1889 年的 11.1%，1895—1899 年达到 16.5%，美国从 1886 年开始取代英国成为继法国之后的中国第二大生丝出口市场。

表 10-8　19 世纪后期中国生丝在美国生丝进口总额中的比例

单位：万美元

年平均	美国生丝进口总额	中国生丝进口额	比例（%）
1850—1854	57.5	35.8	62.3
1855—1859	113.3	62.0	54.7
1860—1864	124.2	57.6	46.4
1865—1869	225.1	29.6	13.1
1870—1874	497.5	24.2	49.3
1875—1879	595.8	164.8	27.7
1880—1884	1259.2	500.8	39.8
1885—1889	1720.7	361.6	21.0
1890—1894	2205.7	432.4	19.6
1895—1899	2847.5	664.7	23.3
总计	48232.5	12772.5	26.5

资料来源：三菱合资公司资料课，《中国对美生丝贸易的变迁》，《资料汇报》第 171 号，1924 年，第 8—16 页。

那么，中国生丝在美国生丝进口中的地位如何呢？在南北战争以前的

[①]　三菱合资公司资料课，《中国对美生丝贸易的变迁》，《资料汇报》第 171 号，1924 年，第 5 页。该资料由池田宪司先生提供，谨表谢意。

[②]　顾国达，《近代世界生丝市场的成立背景与供求关系（1842—72）》，《日本蚕丝学杂志》，1993 年，第 62 卷第 5 期，第 349—357 页。

美国生丝进口中，中国生丝在美国市场处于垄断的地位，即使不考虑英国向美国转口的中国生丝，1850—1854 年美国从中国直接进口生丝额达 35.8 万美元，占美国生丝进口总额的 62.3%。1860—1864 年虽然受到南北战争的影响，但中国生丝进口额占美国生丝进口总额的比例仍高达 46.4%（表 10–8）。

1865—1869 年中国生丝进口额占美国生丝进口总额的比例急剧下跌至 13.1%，分析其原因主要有三方面：一是清王朝残酷镇压太平天国，使江浙的蚕丝主产地受到战火的严重破坏，可供应出口的生丝数量减少，生丝价格大幅度提高，影响了对美的生丝出口[1]。二是 1859 年横滨开港后开始向欧美出口生丝的日本，自南北战争后对美生丝出口量从 1865 年度的 2.66 吨，快速增加至 1868 年的 38.64 吨，挤占了中国生丝在美国市场的份额。三是以往英国进口的生丝除供应国内需求外，还将部分生丝转口至法国和欧洲其他地方[2]，受 1860 年英法自由通商条约签订后英国国内生丝消费量迅速减少的影响，在美国取消了从欧洲进口中国生丝的 10% 进口税（1865 年）后，英国生丝商人开始将中国生丝大量转口至美国，其生丝转口比例由 1855—1859 年的 23.2%，增加至 1865—1869 年的 41.0%，从而使美国从中国生丝直接进口数量减少。

明治维新（1868 年）后的日本政府实行"殖产兴业"政策，于 1870 年颁布了《生丝出口奖励法》[3]，1871 年 9 月废除了"在耕地上禁止栽培桑树和茶叶"的命令，通过藩营前桥制丝所（1871 年）和官营富冈制丝场（1872 年）的建设与示范，引进先进的法国缫丝机械与技术，经过 1879 年的"士族授产"运动，推动了日本蚕丝业的快速发展，为生丝大量出口创汇创造了条件。日本机械缫丝厂 1868 年仅有 1 家，1876 年增加至 87 家有缫丝机 5085 绪，1879 年达 655 家，1888 年增加到 1516 家 37301 绪。日本的生丝出口量从 1870—1874 年的年均 613 吨，增加至 1880—1884 年的 1367.9 吨，1890—1894 年达到 2652.5 吨。同时，日本政府为促进生丝的出口于 1873 年公布了《生丝制造取缔法》，1878 年开展了生丝出口商权的回收运动，1880 年成立了以生丝出口融资为主要目的的横滨正金银行；此外，于

---

① 顾国达，《开港期（1842—67）中国生丝出口的研究》，《日本蚕丝学杂志》，1993 年，第 62 卷第 5 期，第 361—365 页。当时中国生丝出口总量由 1862 年的 3711.8 吨，减少至 1864 年的 1438.8 吨；辑里丝在法国里昂市场的价格由 1861 年的每公斤 42 法郎，提高至 1865 年的 77.5 法郎。

② 李明珠著，徐秀丽译，《中国近代蚕丝业及外销（1842—1937）》，上海：上海社会科学院出版社，1996 年，第 94 页。

③ 施敏雄，《清代丝织工业的发展》，台北：台湾商务印书馆，1968 年，第 104 页。

1876 年派遣神鞭知常赴美调查并推销生丝，在市场选择上从以往的英国和法国市场为中心调整为以美国和法国市场为中心[①]。因此，对美国生丝出口量占日本生丝出口总量中的比例由 1870—1874 年平均的 2.6%，逐年提高至 1875—1879 年的 11.3%，1880—1884 年的 35.9%，1885—1889 年的53.6%；从 1884 年开始美国取代法国成为日本最大的生丝市场。

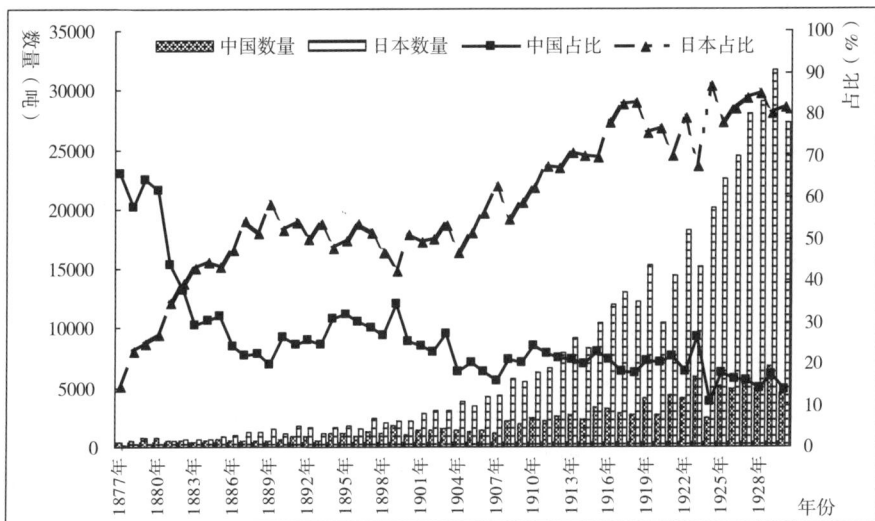

图10－1 中日两国在美国生丝进口总量中的比例(1863—1930年)

如上所述，进入 19 世纪 70 年代后，在日本发现美国生丝市场的消费潜力，大力发展国内蚕丝业，积极开拓美国市场之际，中国仍以传统的法国市场为中心，对于美国生丝市场的发展和需求没有给予足够的重视。在日本生丝出口竞争力增强和以美国市场为中心的出口攻势下，中国生丝占美国生丝进口总量中的比例由 1870—1874 年平均的 53.0%，下跌至1875—1879 年的 30.5%（见表 10-9）。

1877—1884 年度美国从中国和日本进口生丝的数量、金额和价格如表10-10 所示，在 1882 年 7 月 1 日至 1883 年 6 月 30 日的生丝年度里，美国从日本进口生丝 579.8 吨价值 558.92 万美元，分别超过中国 106.5 吨和121.85 万美元；考虑到上年度美国从中日两国进口生丝数额的差距和生丝贸易的连续性，结合 1882 年美国颁布《禁止中国人移民法》等历史事实，因此，可以确定在美国生丝市场上中国生丝的优势地位被日本取代发生在1883 年。

① 本多岩次郎（ほんだ いわじろう）主编，《日本蚕丝业史》第一卷，明文堂，1935 年，第 160 页。

表 10-9　近代美国的国别生丝进口量比例的变化

5年平均	进口总量（吨）	中国（%）	日本（%）	意大利（%）	其他（%）
1865—1869	231.3	13.1	2.8	84.1	
1870—1874	426.4	53.0	6.4	40.6	
1875—1879	609.6	30.5	36.1	33.4	
1880—1884	1311.8	45.0	34.4	20.6	
1885—1889	2111.9	24.3	48.3	20.4	7.0
1890—1894	2790.5	23.8	53.4	17.4	5.4
1895—1899	4035.1	28.3	48.6	17.2	5.9
1900—1904	5668.4	23.8	48.9	21.0	6.3
1905—1909	8073.9	18.9	55.2	21.9	4.0
1910—1914	10964.6	21.0	67.7	9.8	1.5
1915—1919	16113.2	20.1	75.8	3.8	0.3
1920—1924	20585.1	18.0	75.9	3.4	2.7
1925—1929	33283.9	15.5	81.5	1.8	1.2
1930—1934	31646.8	7.3	89.8	2.8	0.0
1935—1939	25943.9	5.2	92.5	2.3	0.0

资料来源：顾国达，《近代中国的生丝贸易与世界生丝市场供求结构的经济分析》（日文），日本京都工艺纤维大学博士论文，1995年，第117页，表7-5和第137页，表8-6。

表 10-10　中日生丝在美国生丝市场上的地位变化

年份	美国生丝进口		从中国进口生丝		从日本进口生丝	
	数量（吨）	金额（千美元）	数量（吨）	金额（千美元）	数量（吨）	金额（千美元）
1878	536.5	5103.1	360.9	2957.6	85.3	831.4
1879	858.8	8390.3	524.0	4375.0	193.5	2191.3
1880	1162.2	12024.7	735.3	6794.1	312.9	3546.1
1881	1148.3	10889.7	619.3	6015.4	325.1	3270.1
1882	1309.9	12885.1	540.2	4846.9	424.6	4588.1
1883	1476.6	14042.7	473.3	4370.7	579.8	5589.2
1884	1461.7	12481.5	331.1	3013.4	592.1	5064.5
1885	1553.1	12421.7	387.3	3199.8	673.7	5272.1

资料来源：顾国达，《近代中国的生丝贸易与世界生丝市场供求结构的经济分析》（日文），日本京都工艺纤维大学博士论文，1995年，第117页，表7-6。

　　进入19世纪80年代后随着欧美市场阔幅丝绸的流行，美国的动力高速阔幅丝织机数量迅速增加。由于机械缫丝生产的生丝纤度均一、强伸力大，适宜在高速动力丝织机上的应用，使世界生丝市场对机械生丝和再缫丝的需求量大幅度增加。我国于 1872 年陈启沅引进法国蒸汽缫丝机在广东南海县简村乡建立继昌隆缫丝厂后，广东的机械缫丝厂在 19 世纪 80 年代有较大发展，自广州出口的机械生丝由 1882 年的 75.9 吨，增加至 1886 年的 432.9 吨[1]，其中大部分出口美国。加上自上海出口的再缫丝数量的增加和日本生丝出口能力的限制，中国生丝占美国生丝进口总量中的比例上升至 1880—1884 年平均的 45.1%。但是，1883—1884 年间红顶商人胡雪岩对生丝投机失败的影响，和当时生丝交易过程中"表里不一，以次充好"现象的流行引起的中国生丝信用危机，更由于 1881—1888 年间蚕病流行引起的蚕茧减产和日本生丝出口价格竞争力提高的影响[2]，中国生丝占美国生丝进口总量中的比例下跌至 1885—1889 年平均的 24.3%。1895—1899 年美国平均每年从中国进口生丝 1141.2 吨，比上五年的平均进口量增加 71.4%，但由于美国生丝总进口量的增加，中国生丝占美国总进口量中的比例仅提高 4.4%（表 10–9）。

以第一次世界大战（1914—1918）为契机，美国从债务国转变为世界最大的债权国，取代英国成为资本主义世界经济的火车头。自那以后直至 1929 年 10 月近代世界经济大危机的暴发的 20 余年间，随着美国经济快速发展，国民收入的大幅度增加，丝绸消费量也随之快速增加，丝绸业和生丝进口量也随之发展与增加。1914 年美国有丝绸企业 902 家，年生产额为 25401.1 万美元，1918 年开始美国流行超短裙，随之使真丝长筒袜销售量大幅度增加，在这种背景下，1919 年丝绸企业增加至 1369 家，年生产额达 68847.0 万美元，1925 年美国的丝绸企业进一步增加至 1659 家，年生产额达 80897.7 万美元。但是 1911 年粘胶人造丝，1919 年醋酸人造丝在美国开发成功，人造纤维以低价格和工业化量产为武器，就开始蚕食丝绸的消费市场。1929 年 10 月以纽约股市暴跌为契机爆发的近代资本主义经济大危机，对于高价的丝绸消费以沉重的打击；1931 年美国开发成功自动丝织机，使人造纤维的使用更处于有利的地位。美国服饰流行的变化，经济大危机的发生和人造纤维应用的日益扩大对丝绸消费市场的蚕食，导致美国丝绸消费结构于 20 世纪 20 年代初开始发生明显的变化，表现在生丝消费总量中真丝长筒袜的使用比例快速提高，绸缎使用的比例快速下降。如表 10–11 所示，在美国生丝消费总量中绸缎的消费比例由 1929 年的 72.1%，

---

[1] 徐新吾主编，《中国近代缫丝工业史》，上海：上海人民出版社，1990 年，第 96 页。

[2] 顾国达，《清末期（1868—1911）中国生丝出口量波动的原因分析》，《日本蚕丝学杂志》，1995 年，第 64 卷第 2 期，第 114 页。

减少至 1939 年 18.9%，真丝长筒袜的消费比例由 1929 年的 27.9%，提高至 1939 年的 81.1%。真丝长筒袜消费的增加有利于掌握了生产细纤度的 14 旦尼尔生丝技术的日本蚕丝业对美国丝绸市场的垄断，加上近代经济大危机后，日本加强了对欧美的生丝倾销，于是，中国生丝占美国生丝进口量的比例以 1915—1919 年平均的 20.1%，下跌至 1930—1934 年的 7.3%。

表 10-11　20 世纪 30 年代美国生丝消费结构的变化

年份	生丝消费量（吨）	绸缎比例（%）	真丝袜比例（%）
1929	39193.1	73.0	27.0
1930	32352.5	79.0	21.0
1931	35521.1	76.4	23.6
1932	31591.4	76.4	23.6
1933	29017.4	50.7	49.3
1934	24526.7	51.7	48.3
1935	27601.3	40.4	59.6
1936	25607.7	39.0	61.0
1937	24682.2	27.2	72.8
1938	23665.8	27.8	72.2
1939	21610.7	19.9	81.1

资料来源：美国丝绸协会调查资料。

1937 年日本帝国主义对中国的大规模侵略，1938 年开始占领中国的江浙等蚕丝主产地，并对蚕丝业实行资源垄断和掠夺政策。战乱损害了我国的生丝出口，加上日本对美国生丝的倾销压力，中国生丝占美国生丝进口量的比例 1935—1939 年平均仅为 5.2%。

由于日本对中国的侵略损害了美国的在华利益，美国于 1939 年 7 月宣布废除《美日通商条约》，并于 1940 年 1 月实行。1939 年 9 月第二次世界大战的爆发，1940 年 9 月《日、意、德三国同盟条约》的签订，使近代世界生丝市场的主要供应国日本（中国的蚕丝主产地处于日本的铁蹄之下）和意大利，与主要进口国美国、法国和英国处于敌对关系，加上 1938 年美国发明尼龙后于 1940 年开始大量投入市场，刚好替代因为第二次世界大战的爆发而迅速减少的生丝进口量，因此，自 1940 年开始美国基本停止了生丝的进口。

据美国方面的统计，1865—1939 年的 75 年间美国共进口生丝 828149.1 吨，其中从日本进口 642634.9 吨，占美国进口生丝总量的 77.6%，从中国进口 125925.3 吨，占美国进口生丝总量的 15.2%。美国从中日两国进口的生丝量占其进口总量的 92.8%，美国生丝市场的竞争主要发生在中国和日本之间。

下面考察中日两国生丝在美国市场的价格变化。1865—1893 年间美国从中日两国进口生丝的价格变化如表 10-12 所示，从表 10-12 可见，在 1874 年以前（除个别年份外），美国从中国进口的生丝价格高于从日本进口的生丝价格；1875 年以后（除个别年份外），美国从中国进口的生丝价格低于从日本进口的生丝价格。考虑到当时日本"士族授产"后机械缫丝厂的快速发展，说明该时期日本生丝竞争力的提高主要源于质量的提高而并不在于生产成本下降带来的低价格竞争优势。

1894—1929 年间美国纽约市场各产地别的生丝交易价格如图 10-2 所示，从图 10-2 可见，在 1899 年以前中国上海生丝的价格要低于日本生丝和意大利生丝，1900 年以后中国上海生丝的价格除个别年份外，大都高于日本生丝和意大利生丝的价格。结合意大利于 1892 年 7 月取消生丝出口税，日本于 1899 年 7 月取消生丝出口税，19 世纪 80 年代开展生丝"直输出运动"后，日籍生丝出口商在本国生丝出口中地位的快速提高，而中国生丝出口商权为外国洋行所控制以及进入 20 世纪后银对金比价的大幅度下跌，作为银本位制的中国，其出口商品的国际价格应该大幅度下跌而实际呈现相反方向的价格变动这种历史事实，可能是日本和意大利生丝生产成本的下降，劳动生产率的提高和生丝交易成本的降低，与中国生丝交易成本的高企（第 3 章第 2—4 节），生丝出口商权的旁落引起的生丝洋行对生丝贸易利润的垄断等因素综合作用的结果。

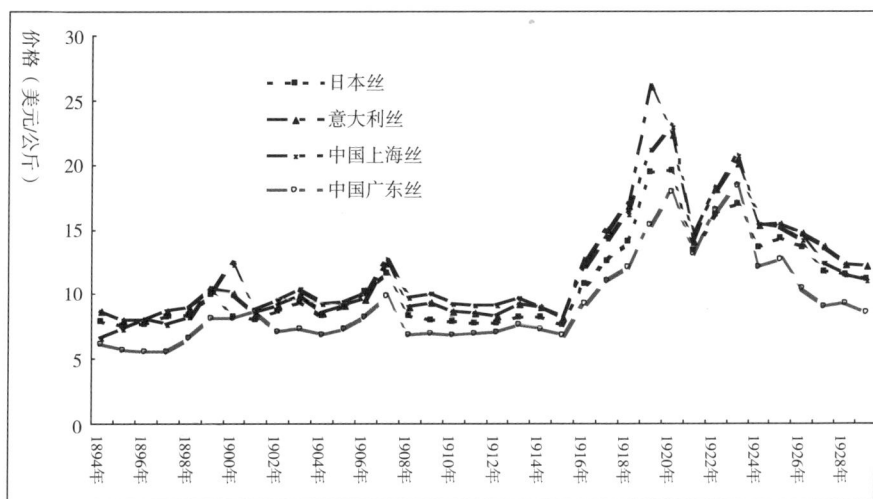

图10－2　美国纽约市场国别生丝价格比较（1894—1929年）

表 10-12　中日美三国生丝贸易价格的变化

年份	美国生丝 进口价 美元/公斤	日本生丝 出口价 美元/公斤	中国生丝 出口价 美元/公斤	中国/日本	中国/美国	日本/美国
1865	13.33	28.33	10.78	0.38	0.81	2.13
1866	11.07	9.63	10.64	1.11	0.96	0.87
1867	10.86	11.27	10.00	0.89	0.92	1.04
1868	10.15	9.25	10.33	1.12	1.02	0.91
1869	11.39	11.48	9.41	0.82	0.83	1.01
1870	11.50	11.38	10.77	0.95	0.94	0.99
1871	11.65	8.92	11.06	1.24	0.95	0.77
1872	12.28	12.68	11.54	0.91	0.94	1.03
1873	10.68	11.50	9.84	0.86	0.92	1.08
1874	9.01	8.79	8.81	1.00	0.98	0.98
1875	8.82	8.36	8.00	0.96	0.91	0.95
1876	12.63	11.75	10.91	0.93	0.86	0.93
1877	9.52	10.65	8.55	0.80	0.90	1.12
1878	9.77	11.24	8.98	0.80	0.92	1.15
1879	10.35	12.31	9.38	0.76	0.91	1.19
1880	9.41	10.51	8.49	0.81	0.90	1.12
1881	9.87	10.17	8.70	0.85	0.88	1.03
1882	9.51	9.65	7.93	0.82	0.83	1.01
1883	8.54	8.09	7.19	0.89	0.84	0.95
1884	8.00	7.65	6.85	0.89	0.86	0.96
1885	7.99	8.08	6.63	0.82	0.83	1.01
1886	8.96	8.93	7.52	0.84	0.84	1.00
1887	8.16	8.09	6.74	0.83	0.83	0.99
1888	7.67	7.36	7.09	0.96	0.92	0.96
1889	8.64	8.46	7.24	0.86	0.84	0.98
1890	8.07	7.92	7.35	0.93	0.91	0.98
1891	7.13	7.12	6.08	0.85	0.85	1.00
1892	8.63	8.82	6.36	0.72	0.74	1.02
1893	6.95	6.69	5.68	0.85	0.82	0.96

第四节　本章小结

通过本章的研究，得到以下结论：

1. 美国的蚕丝业起源于 1622 年，当时是作为英国丝绸业的原料基地进行发展的，至 19 世纪末的近二百年间，虽然对蚕丝业实行了奖励政策，但由于棉花和烟草的竞争，栽桑养蚕技术的复杂性，南北战争后生丝进口免税政策下廉价的中国和日本生丝的大量进口带来的市场压力等多种原因，美国的蚕丝业一直未有大的发展，至 20 世纪初蚕丝业在美国自然消亡。

2. 美国的丝绸业起源于 1793 年的费城，其大规模的快速发展是在南北战争以后。1860 年英法签订《自由通商条约》后，英国丝绸业的衰退引起的英国丝绸业主和丝织工人向美国的大量投资移民，美国政府在丝绸贸易上采取的"引丝扼绸"的政策，以及鸦片战争后中国生丝出口的自由化，明治维新后日本蚕丝业快速发展引起的中日生丝市场竞争，使生丝供应得到保证等因素，为 19 世纪美国丝绸业的大发展创造了条件。其中机械高速丝绸织机的快速普及是美国丝绸业有别于法国等丝绸主产国的一大特色，也是美国丝绸业快速发展，获得比较优势的基础。

3. 19 世纪美国蚕丝业的不发达和丝绸业的快速发展引起的生丝供求不平衡，为中国生丝向美国的出口创造了条件；而中国在鸦片战争后生丝出口的自由化，为美国丝绸业的发展提供了原料保证。由于美国采用"引丝扼绸"的政策和丝绸业快速发展的结果，1863—1864 年度美国从中国进口丝绸与生丝的金额间发生了逆转，生丝取代丝绸成为我国对美出口的主要商品发生在 1864 年。

4. 在 19 世纪 60 年代末以前，中国生丝在美国市场上处于优势地位。19 世纪 70 年代后美国动力丝织机普及对高品质机械生丝需求的增加，明治维新（1868 年）后日本政府对生丝出口的奖励政策，政府主导下的以机械缫丝工业发展为代表的蚕丝技术进步和生丝贸易以美国为中心的市场选择与培育，使中国生丝在美国生丝市场上逐渐处于劣势，中国生丝在美国市场上的优势地位被日本取代是在 1883 年。

5. 1865—1939 年的 75 年间美国共进口生丝 828149.1 吨，其中从日本进口占 77.6%，从中国进口占 15.2%。美国从中日两国进口的生丝量占其进口总量的 92.8%，美国生丝市场的竞争主要发生在中国和日本之间。

6.中日生丝在美国市场的价格表现，从一个侧面说明 1870 年代中期以后至 19 世纪末日本生丝竞争力的提高主要源于质量的提高，而并不在于生产成本下降带来的低价格竞争优势。而进入 20 世纪后中国生丝在美国市场上比日本生丝和意大利生丝相对价格的上涨，是日本和意大利生丝生产成本的下降，劳动生产率的提高和取消生丝出口税后生丝交易成本的降低，以及中国生丝交易成本的高企（见第 3 章第 2—4 节），生丝出口商权的旁落引起的生丝洋行对生丝贸易利润的垄断等因素综合作用的结果。

第十一章　近代法国丝绸业的发展与中法生丝贸易

法国是近代世界生丝市场的主要进出口国之一，也是我国生丝主要的出口市场。近代法国蚕丝绸业和丝绸贸易的发展，对中国的蚕丝业和生丝贸易的发展有巨大的影响。本章简要介绍近代法国蚕丝绸业的发展，然后定量分析近代法国生丝进口量的变化，法国生丝市场的国际竞争与中国在法国生丝市场的地位变化。

第一节　近代法国蚕丝业的衰退

法国的蚕丝业是 13 世纪 40 年代从邻国意大利传入 Provence 地区的。由于法国的自然条件适宜栽桑养蚕，加上法国国民对于丝绸的爱好，随着里昂等地丝绸业的发达和 Louis XI（1461—1483）和 Henri Ⅱ（1547—1559）对蚕丝绸业发展的奖励，至 16 世纪中期法国东南地区的蚕丝业有较快的发展。17 世纪后期随着法国里昂和巴黎等地丝绸业的大发展对生丝需求的增加，法国蚕丝业进一步发展，生丝年生产量达 15 吨。18 世纪法国对蚕丝业继续采取保护奖励政策，至 18 世纪中期法国东南地区养蚕业已经十分普遍，1760—1780 年间的年均产茧量达 6600 吨，1781—1788 年的年均产茧量为 6200 吨，法国大革命时期的 1789—1800 年间一度减少至 3500 吨。19 世纪初法国蚕丝业处于历史的盛期，1846—1852 年的年均产茧量为 24250 吨，1853 年达历史最高纪录的 26000 吨（表 11-1）。

1840 年法国 Provence 地区发生的桑蚕微粒子病，于 1855 年蔓延至法国各蚕丝主产地，给法国蚕丝业以毁灭性的打击，蚕茧生产量由 1855 年的 19800 吨，急剧减少至 1856 年的 7500 吨，给法国蚕丝业带来近 2 亿法郎的损失。1858 年开始中国等亚洲产生丝进入里昂生丝市场；1861 年 6 月 27 日法国和意大利两国间《自由通商条约》的签订，意大利生丝大量流入法国；1869 年 10 月苏伊士运河的开通，廉价中国生丝大量出口法国给法国蚕丝业以沉重的竞争压力，使深受桑蚕微粒子病困扰的法国蚕丝业日益衰退。1892 年法国为振兴蚕丝业，对蚕丝业实行奖励制度，在 1892—1910 年的 19 年间，对养蚕业奖励 8595.86 万法郎，对制丝业奖励 7842.88 万法郎，合计奖励额达 16438.74 万法郎，尽管如此，还是难以挽回法国蚕丝业衰退的趋势。1906—1910 年的年均生丝生产量为792 吨，1916—1920 年间生丝生产量为 220 吨，至 1945—1949 年间减少到 56 吨（表 11-2）。

表 11-1　19 世纪初期法国蚕丝生产量的变化

年份	蚕茧产量（吨）	生丝产量（吨）	蚕茧价格（法郎/公斤）
1813—1820	5200	433	4.10
1821—1830	6900	900	3.39
1831—1840	14700	960	3.70
1841—1845	17500	1500	3.80
1846—1852	24250	2109	3.78

资料来源：松原建彦，《フランス近代养蚕业の的发展过程》，《经济学论丛（福冈大学）》，1974 年总第 19 期，第 385 页。松原建彦，《フランス近代制丝、捻丝工业の成立过程》，《经济学论丛（福冈大学）》，1976 年总第 21 期，第 221 页。

表 11-2　近代法国蚕茧和生丝生产量统计

单位：吨

年份	蚕茧产量	年份	蚕茧产量	生丝产量	年份	蚕茧产量	生丝产量
1853	24000.0	1885	6618.2	608.0	1920	3230.6	287.3
1855	19800.0	1890	7799.4	650.0	1925	3389.8	345.7
1860	8000.0	1895	9300.7	796.6	1930	1827.4	140.0
1865	4000.0	1900	9180.4	772.5	1935	656.6	52.0
1870	10186.0	1905	8006.4	758.4	1938	598.8	105.0
1875	10770.6	1910	4269.7	771.7	1940	745.6	
1880	6488.5	1915	1738.5	386.8	1945		37.6

资料来源：顾国达，《中国近代蚕丝业史的经济分析》，京都工艺纤维大学硕士论文，1992 年 3 月，第 40 页表 1-14，第 43 页表 1-15。

第二节　近代法国丝绸业的发展

13 世纪初法国的丝绸业处于萌芽期，熟练的丝织工人十分有限，仅有少量的丝绸生产。进入 14 世纪，意大利的罗马帝国灭亡后群雄割据战乱不断，导致许多丝织工人移居法国，这些大量的熟练丝织工人的到来，大大地促进了法国丝绸业的发展。1466 年 Louis XI 曾经想把意大利的熟练丝织工人集中到里昂，由于里昂居民的反对，最后不得已移居至 Tours。

进入 17 世纪后，巴黎、里昂等成为法国丝绸主产地，由于里昂靠近法国东南部的蚕丝业主产地，且当时的法国政府规定从国外进口的生丝必须经过里昂海关，更促进了里昂丝绸业的发达。1739 年有丝织机 7500 台，至 1753 年丝织机达到 1 万台，1765 年丝绸工厂达 700 家，丝织机达到 1 万 2 千台，1788 年丝绸工厂达近千家，丝织机达到 1 万 8 千台，年间生丝消费量达 1000 吨—1200 吨[1]。法国大革命时期，丝绸业的发展受到打击，丝织机数量一度减少至 300 台[2]。此后，法国丝绸业再度发展，1823 年丝织机增加至 2 万 7 千台，1837 年达到 4 万台。

里昂是法国丝绸业的主产地，里昂丝织机数量及其结构的变化反映了法国丝绸业的发展。如表 11–3 所示，1852 年仅里昂一地的丝织机数量就达 6 万 5 千台，1861 年进一步增加到 11 万 6 千台。里昂地区 1825 年已经开始应用机械丝织机，1825 年开设的丝绸厂的 30 台丝织机中已有 8 台利用水力的机械丝织机。1860 年法国和英国的《英法自由通商条约》和 1861 年法国和意大利的《意法自由通商条约》的签订，促进了生丝从意大利的直接进口和从英国的转口，大大促进了法国丝绸业大大发达。19 世纪 70 年代以后，随着机械丝织机的大量采用，自 1872 年以后丝织机总数明显下降，但其中机械丝织机数量逐年增加，在丝织机总数中所占的比例也明显提高。尽管如此，近代法国机械丝织机的普及速度仍远远落后于美国，手工制织高级丝绸服饰成为法国丝绸业的特色。反映近代法国丝绸业发展历程的法国丝绸生产和消费统计如表 11–4 所示。

---

[1]　F..Mattiuzzi, J.B.Nessi. *La Soie en Europe*, p.22
[2]　日本农商务省农务局，《伊佛之蚕丝业》，东京：明文堂，1916 年，第 120 页。

表 11-3　近代法国里昂地区丝织机数量的变化

年份	总数（台）	手工丝织机		机械丝织机	
		数量（台）	比例（%）	数量（台）	比例（%）
1752	9404	9404	100		
1777	11356	11356	100		
1788	9335	9335	100		
1800	3500	3500	100		
1812	12000	12000	100		
1827	27000	27000	100		
1852	65000	65000	100		
1861	116000	116000	100		
1872	120000	115000	95.8	5000	4.2
1881	118000	100000	84.7	18000	15.3
1890	92000	72000	78.3	20000	21.7
1897	90000	65000	72.2	25000	27.8
1900	67000	37000	52.2	30000	44.8
1914	58270	17270	29.6	41000	70.4
1924	50867	5413	10.6	45454	89.4

资料来源：Joseph Schober, *Silk and Silk Industry*. 1930, London, p.242.

表 11-4　近代法国丝绸生产消费额

单位：100万法郎

年份	生产额	进口额	出口额	消费额
1835—1844	199	5	116	88
1845—1854	424	7	259	172
1855—1864	433	8	385	56
1865—1874	461	31	406	86
1875—1884	291	38	230	99
1885—1894	295	48	221	122
1895—1904	277	52	237	92
1905—1913	350	45	278	117
1920—1924	2152	94	1808	438
1925—1934	1640	92	692	1040
1935—1938	667	50	195	522

资料来源：Markovitch, *L'Industrie Francaise de 1789 a 1964*, Cahiers de I'ISEA, AF, 6, Tableaus de base ⅩⅥ.

第三节　近代法国的生丝贸易

一、1877 年里昂取代巴黎成为欧洲最大的生丝交易市场

1860 年法国和英国的《英法自由通商条约》，以及 1861 年法国和意大利的《意法自由通商条约》的签订后，由于英国产丝绸进入法国市场仍需要交纳一定比例的进口税，而法国产丝绸可自由出口英国市场，从而加快了英国丝绸业的萎缩和法国丝绸业的发展。在法国商人积极开拓中国市场，参与中国生丝的出口后，从 1855 年开始产自东方中国的生丝从马赛港上陆后，就直接转运至丝绸业的主产地里昂。由于当时法国政府规定从国外进口的生丝必须经过里昂海关，加上里昂作为法国丝绸业的主产地的缘故，里昂生丝市场交易的以中国生丝为主的亚洲生丝的交易量逐年增加，终于于 1877 年开始超过英国伦敦，里昂取代伦敦成为欧洲最大的生丝交易市场（表 11-5）。

表 11-5　伦敦和里昂市场的亚洲产生丝的交易量

年份	二市交易总量（吨）	英国伦敦市场		法国里昂市场	
		数量（吨）	比例（%）	数量（吨）	比例（%）
1861	5429.2	4427.3	74.5	1001.8	18.5
1865	4852.9	3392.0	73.4	1460.8	30.1
1870	4152.2	3046.1	56.6	1106.0	26.6
1871	4530.4	3629.0	50.7	901.4	19.9
1872	4749.4	3421.9	48.3	1327.4	27.9
1873	4732.0	3243.0	49.1	1489.0	31.5
1874	5200.1	3181.7	40.5	2018.3	38.8
1875	5498.1	3109.3	40.7	2388.8	43.4
1876	6195.8	3142.9	40.0	3053.0	49.3
1877	4324.7	2087.2	42.4	2237.5	51.7
1878	4868.8	2389.8	37.3	2479.0	50.9
1879	4589.2	1859.4	38.2	2729.8	59.5
1880	4529.6	1845.3	36.6	2684.3	59.3
1885	3844.3	1406.8	31.8	2437.6	63.4
1890	4069.3	1293.7	16.3	2775.6	68.2
1895	5084.6	829.5	16.3	4255.1	83.7
1899	5587.7	599.6	10.7	4988.1	89.3

资料来源：Chambre de Commerce de Lyon，*Exposition Universelle de 1900 a Paris tableaux Statistiques de L'Industrie des Soies et des Soieries dansle Monde*，1900.

二、法国在近代世界生丝市场上的地位

法国生丝进口量的变化反映了法国丝绸业的发展情况。随着法国丝绸业的兴衰变化，法国生丝进口量在 1870 年至第一次世界大战前的 1914 年呈现逐年增加的趋势，此后生丝进口量呈现下降趋势，其中 1925—1929 年间随着世界经济的持续发展，丝绸服饰和丝绸连裤袜的流行，法国生丝进口量一度增加；1930 年以后由于近代经济大危机的影响，法国生丝进口量大幅度下降。近代法国生丝需求变化如表 11–6 所示。在 1929 年以前法国生丝需求呈现增长趋势，自近代世界经济大危机发生后，法国的生丝消费量急剧下跌，1939—1945 年间因为第二次世界大战的关系，法国生丝需求已难以统计，战乱的影响十分明显。

表 11–6　法国生丝需求量的变化

单位：吨

5年平均	生产量	进口量	出口量	纯进口量	消费量
1835—1839	961.0	390.7	3.4	387.3	1348.3
1840—1844	1522.0	521.4	4.3	517.1	2039.1
1845—1849	2100.0	667.6	6.6	661.0	2761.0
1850—1854	2038.1	1119.5	54.3	1065.2	3103.3
1855—1859	858.0	1677.8	229.9	1447.9	2305.9
1860—1864	498.8	2498.8	602.7	1896.1	2394.9
1865—1869	712.0	2753.2	1070.7	1682.5	2394.5
1870—1874	638.4	2934.8	995.6	1939.2	2577.6
1875—1879	548.2	3704.9	1382.2	2322.7	2870.9
1880—1884	628.6	4069.8	1669.4	2400.4	3029.0
1885—1889	718.0	4387.7	1671.5	2716.2	3434.2
1890—1894	680.8	5105.8	2145.2	2960.6	3641.4
1895—1899	813.3	6397.1	2770.4	3626.7	4440.0
1900—1904	766.7	6292.1	2166.6	4125.5	4892.2
1905—1909	789.7	7066.0	2650.0	4416.0	5205.7
1910—1914	584.9	7254.1	2627.0	4627.1	5212.0
1915—1919	307.4	5221.3	1668.2	3553.1	3860.5
1920—1924	301.7	4827.3	441.4	4385.9	4687.6
1925—1929	277.0	6342.2	511.3	5830.9	6107.9
1930—1934	126.8	3381.9	238.7	3143.2	3270.0
1935—1938	65.0	2923.6	177.1	2746.5	2811.5
1833—1938 合计	79552.0	391840.8	115078.3	276762.5	356314.5

注：消费量＝生丝生产量＋（进口量—出口量）＝生丝生产量＋纯进口量。

资料来源：顾国达，《近代中国的生丝贸易与世界生丝市场供求结构的经济分析》（日文），日本京都工艺纤维大学博士论文，1995 年，第 104 页表 6-8，第 115 页表 7-4 和第 133 页表 8-3。

法国是近代世界生丝市场上兼有蚕丝生产国、生丝进口国和生丝出口国等多重角色。但其生丝出口量远远少于生丝进口量，是世界市场的生丝纯进口国。1835—1938 年的 103 年间法国共生产生丝 79552.0 吨，进口生丝 391840.8 吨，出口生丝 115078.3 吨，纯进口生丝 276762.5 吨，国内消费生丝达 356314.5 吨。

法国生丝进口在近代世界生丝市场中的地位如表 11-7 所示。1870—1874 年间法国生丝进口量为 2934.8 吨，占世界生丝贸易量的 35.3%。1880—1885 年间法国生丝进口量为 4069.8 吨，占世界生丝贸易量的比例提高至 40.7%。1910—1914 年间法国生丝进口量增加至 7254.1 吨，但是，由于法国生丝进口量的增加速度低于美国，因此，法国占世界生丝贸易量的反而下降至 27.2%。1925—1929 年间法国生丝进口量为 6342.2 吨，占世界生丝贸易量的比例下降至 13.6%。1935—1939 年间美国生丝进口量为 2338.9 吨，占世界生丝贸易量的比例只有 6.0%。

表 11-7　法国在世界生丝市场上的地位（1870—1939 年）

5年平均	世界生丝贸易总量（吨）	法国生丝进口	
		数量（吨）	比例（%）
1870—1874	8320.7	2934.8	35.3
1875—1879	9104.5	3704.9	40.7
1880—1884	9997.5	4069.8	40.7
1885—1889	11540.4	4387.7	38.0
1890—1894	13731.5	5105.8	37.2
1895—1899	17509.3	6397.1	36.5
1900—1904	19489.0	6292.1	32.3
1905—1909	23542.2	7066.0	30.0
1910—1914	26706.1	7254.1	27.2
1915—1919	26969.9	5221.3	19.4
1920—1924	29073.8	4827.3	16.6
1925—1929	46663.8	6342.2	13.6
1930—1934	42837.6	3381.9	7.9
1935—1939	38775.1	2338.9	6.0
总计	1621310.2	346619.5	21.4

资料来源：顾国达，《近代中国的生丝贸易与世界生丝市场供求结构的经济分析》（日文），日本京都工艺纤维大学博士论文，1995 年，第 155—156 页。

第四节　近代法国市场的中日竞争与中法生丝贸易

中国与法国的丝绸贸易具有悠久的历史。早在 1750 年，中国就出口法国生丝 1.2 吨，丝绸 253.0 吨，分别占同年中国出口欧洲生丝和丝绸总量的 14.3% 和 13.8%（表 11-8）。此后，由于清朝对丝绸出口的限制以及欧洲与中国的商品贸易被英国的东印度公司垄断等原因，法国从中国直接进口生丝和丝绸的数量十分有限。

表 11-8　1750 年中国丝绸出口欧洲各国的数量

国名	英国	法国	荷兰	瑞典	丹麦	合计
生丝（担）	986	200	198	13		1397
绸缎（件）	5640	2530	7460	1790	809	18329

注：当时出口的织物多以重量计算，一担为 60 公斤，一件为 100 公斤。

资料来源：朱新予主编，《中国丝绸史（通论）》，北京：纺织工业出版社，1992 年，第 348 页。

鸦片战争后，清朝被迫开放上海、广州等沿海五港。1849 年法国在上海设立了法租界后，法国系的洋行不断增减，开始直接从事从中国进口生丝。尽管如此，据 Desgrand 商会的文书记载，1857 年前后法国消费的中国生丝量的 1/4 是直接从中国进口，其余的 3/4 是从英国伦敦转口的。从法国的生丝国别进口量统计可见，在 19 世纪 70 年代中期之前，法国从不生产生丝的英国进口的生丝量占有相当高的比例。当时英国基本上垄断着中国的商品贸易，我国生丝出口市场主要是英国，其中的相当一部分生丝再由英国转口至法国。1862 年法国帝国邮船公司开辟了远东航线，1869 年苏伊士运河开通后，法国从我国进口生丝的数量明显增加。如表 11-9 所示，从中国直接进口的生丝占法国生丝进口总量的比例由 1860—1864 年平均的 1.6%，1865—1869 年平均的 11.9%，快速提高至 1875—1879 年平均的 43.6%。

日本在开港期，也把英国和法国作为其生丝的主要出口市场。明治维新前后，日本出口生丝的近 60% 面向英国市场，近 40% 面向法国市场。由于当时日本蚕丝业的生产技术尚未见进步，生丝出口在中国生丝的传统市场显得竞争力不足。由于近代法国的丝绸业以生产高级丝绸为主，高速机械丝织机的推广普及不如美国快，且法国进口的生丝是大绞丝，与我国生丝的以大绞丝为主的生产方式相适应。且由于日本在 19 世纪 70 年代中期成功地开拓美国市场，并于 19 世纪 70 年代中期在美国生丝市场确立优势地位后，日本的生丝出口以美国市场为中心。

表 11–9　近代法国的国别生丝进口量的变化

5年平均	进口总量（吨）	中国（％）	英国/日本（％）	意大利（％）	其他（％）
1840—1844	521.4		11.0（英）	40.8	48.2
1845—1849	667.6		16.0（英）	42.6	41.4
1850—1854	1119.5		23.7（英）	38.1	38.2
1855—1859	1677.8	0.1	53.7（英）	18.3	27.9
1860—1864	2498.8	1.6	61.2（英）	13.5	23.7
1865—1869	2753.2	11.9	44.1（英）	7.3	36.7
1870—1874	2934.8	25.9	7.7（日）	16.0	50.4
1875—1879	3704.9	43.6	10.1（日）	11.5	34.8
1880—1884	4069.8	42.4	13.7（日）	20.6	23.3
1885—1889	4387.7	45.8	15.7（日）	18.2	20.3
1890—1894	5105.8	45.8	22.3（日）	13.4	18.5
1895—1899	6397.1	51.8	19.5（日）	12.8	15.9
1900—1904	6292.1	57.4	10.4（日）	12.4	19.8
1905—1909	7066.0	43.1	11.9（日）	14.5	30.5
1910—1914	7254.1	50.3	21.5（日）	13.2	15.0
1915—1919	5221.3	47.8	27.8（日）	13.1	11.3
1920—1924	4827.3	50.1	18.5（日）	23.8	7.6
1925—1929	6342.2	60.2	7.7（日）	26.2	5.9
1930—1934	3381.9	42.8	25.2（日）	26.6	5.4
1935—1938	2923.6	3.2	63.4（日）	3.4	0.7

资料来源：顾国达，《近代中国的生丝贸易与世界生丝市场供求结构的经济分析》（日文），日本京都工艺纤维大学博士论文，1995 年，第 103 页表 6-6，第 114 页表 7-2 和第 134 页表 8-4。

中日两国在法国生丝市场上虽有竞争，至 1933 年中国生丝一直处于优势地位。但在 1929 年 10 月发生的历时 4 年的近代世界经济大危机后，由于世界生丝市场供大于求，引起世界生丝市场价格暴跌，日本生丝库存积压严重，于是从 1934 年开始日本向法国廉价倾销生丝。在价格策略上，日本采用跌价与抬价交替使用的手段，比如说在我国新茧上市丝厂收茧的时候故意抬价收购生丝，造成国际市场行情看好的假象，促使我国丝商高价收茧，增加生丝成本；不仅如此，有的日商洋行还进入我国茧市直接操纵茧价；但当收茧完毕新丝上市时，日本在国际生丝市场上又有意低价倾销。这样，既打击我国丝厂的生产，又扼杀我国生丝的出口。通过这些不正当的手段，日本很快占领法国生丝市场。日本生丝占法国生丝进口总量的比例由 1933 年的 28.0%，急剧提高至 1935 年的 56.7%。在 1935—1938年期间，日本生丝在法国市场的比重年均为 63.4%，而中国仅 3.2%，可以说日本生丝垄断了法国市场。导致我国生丝出口法国受阻，我国生丝在法国生丝市场的占有率急剧下跌。尤其在 1935—1938 年间日本生丝在法国生丝市场的占有率为 63.4%，远远超过我国的 3.2% 的市场占有率。

据法国方面的统计，1864—1938 年的 75 年间法国共进口生丝397572.0 吨，其中从中国进口 180936.7 吨，占法国进口总量的 45.5%，从日本进口 68475.8 吨，占法国进口总量的 17.2%，从意大利进口 60385.7吨，占法国进口总量的 15.2%。同期法国从中国、日本和意大利三国直接进口的生丝量为 309798.2 吨，占法国进口总量的 77.9%，法国生丝市场的竞争主要在中国、日本和意大利三国展开，其中 1865—1933 年的 69 年间，中国生丝在法国市场的占有率远高于日本和意大利，具有优势地位。1934 年至第二次世界大战爆发前，日本在法国生丝市场的占有率远高于中国和意大利，具有优势地位。

第五节　本章小结

通过本章的研究，得到以下的结论：

1. 法国的蚕丝业是 13 世纪 40 年代从邻国意大利传入 Provence 地区开始的。18 世纪法国对蚕丝业采取保护奖励政策，使养蚕业在法国东南部地区得到普及，19 世纪初法国蚕丝业进入历史的盛期，1846—1852 年的年均产茧量为 24250 吨，1853 年法国蚕茧生产量达历史最高纪录的 26000 吨。19 世纪中叶蚕微粒子病的蔓延给法国蚕丝业以毁灭性的打击。1861 年 6月 27 日法国和意大利两国间《自由通商条约》的签订后，意大利生丝大量流入法国；1869 年 10 月苏伊士运河的开通后，廉价中国生丝大量出口法国给法国蚕丝业以沉重的竞争压力，加速了法国蚕丝业的衰退。

2. 里昂是法国丝绸业的主产地，里昂取代伦敦成为欧洲最大的生丝交易市场是在 1877 年。里昂丝织机数量及其结构的变化反映了法国丝绸业的发展，近代法国机械丝织机的普及速度远远落后于美国，手工制织高级丝绸服饰成为法国丝绸业的特色。

3. 法国是近代世界生丝市场最重要的需求国之一，兼有蚕丝生产国、生丝进口国和生丝出口国等多重角色，但其生丝出口量远远少于生丝进口量，是世界市场的生丝纯进口国。法国生丝进口量随着法国丝绸业的兴衰变化，在1870年至第一次世界大战前的1914年呈现逐年增加的趋势，此后，除特定时期外，法国生丝进口量总体呈现下降趋势。1835—1938年的103年间法国共生产生丝79552.0吨，进口生丝391840.8吨，出口生丝115078.3吨，纯进口生丝276762.5吨，国内消费生丝达356314.5吨。

4. 1864—1938年的75年间法国共进口生丝397572.0吨，其中中国生丝占法国进口总量的45.5%，日本生丝占17.2%，意大利生丝占15.2%，法国生丝市场的竞争主要在中国、日本和意大利三国之间进行。

5. 法国是中国生丝传统的主要出口市场，在1865—1933年的69年间，中国生丝在法国市场的占有率远高于日本和意大利，具有优势地位。1934年以后至第二次世界大战爆发前，日本生丝在法国市场的占有率远高于中国和意大利，具有优势地位，其背景是在日本政府的政策性补助下，采取低价倾销库存生丝策略所获得的。

第十二章　近代日本蚕丝业与生丝贸易的发展及中日比较

在近代世界生丝市场上，日本是我国生丝出口最主要的竞争对手。本章以日本蚕丝业和生丝贸易的系列统计数据为依据，简要分析近代日本蚕丝业的发展历程，丝绸出口在日本对外贸易中的经济地位，生丝出口贸易结构的特点，探讨近代日本蚕丝业和生丝贸易快速发展的原因，并对近代中日两国的生丝贸易进行比较研究。

第一节　近代日本蚕丝业的发展

1859 年 6 月横滨开港后，日本才开始向欧美出口生丝。考虑到欧美生丝需求量巨大，明治维新（1868 年）后的日本政府一方面积极派遣留学生赴法国和意大利留学，虚心学习西欧先进的养蚕与缫丝技术，开展蚕丝科学研究与教育；另一方面取消限制蚕丝业发展的"禁止在耕地栽种桑树"的禁令（1871 年），设立示范性的采用意大利设备和技术的前桥缫丝厂（1871 年），以及采用法国设备和技术的富冈缫丝厂（1872 年），实施"士族授产"政策，贷与"劝业资金"，大力推广先进的机器缫丝厂；还颁布了一系列规范和发展蚕丝业的法令，将蚕丝业作为富国强兵的重要产业加以扶持，使蚕丝业在 19 世纪 80 年代以后有较快的发展，成为日本近代经济发展的重要支柱产业。

在蚕丝科研与教育方面，早在 1873 年日本派出的 23 名赴欧留学生中，就有学习养蚕和制丝的留学生各一人。1874 年佐佐木长淳（ささき ちょうじゅん）和圆中文助（まるなか ぶんすけ）两位留学生结束留学进修任务，顺道参加了奥地利博览会后，带着欧洲先进的养蚕与制丝技术回到日本，并在内务省内藤新宿实验场设立了蚕丝试验组进行养蚕与制丝技术的研究与推广工作；1884 年日本设立了农务局蚕病试验场；1887 年蚕病试验场扩大改组为蚕业试验场；1896 年设立西原蚕业讲习所（今东京农工大学），开始了正规的蚕丝业教育。之后，日本各地陆续设立官方和私立的蚕业学校，为日本培养了大量的蚕业方面的人才。另外，为促进生丝对欧美的直接出口，一批相关的蚕业机构也相继成立，1880 年设立了专业从事生丝出口金融业务的横滨正金银行；1892 年大日本蚕丝会、1896 年生丝检查所、1911 年国立原蚕种制造所等机构陆续设立。

在日本政府的支持和资助下，日本的蚕丝业的科学研究与教育事业发展迅速，1904 年石渡繁胤（いしわたり しげたね）发现了蚕的雌雄判别法；1906 年外山龟太郎提出了蚕的一代杂交种利用法；1915 年荒木武雄（あらき たけお）、三浦英太郎（みうら えいたろう）确定了蚕的人工孵化法；其他还有桑、蚕品种改良育种法，多条缫丝机的开发，稚蚕防干纸育，蚕病预防技术等等。到 20 世纪初，日本的蚕业技术已处于世界一流地位。

日本政府积极还普及机械缫丝。1872 年，日本政府在群马县设立了富冈制丝工厂，聘请了法国的技术师保罗·布鲁纳（Paul Brunat）前来指导。1879 年，政府通过实施"士族授产"政策，为机器制丝工厂的设立提供资金资助。这样一来，机器制丝在日本得到迅速发展，机器制丝工厂从 1876 年的 87 个工厂 5085 釜，到甲午战争前的 1893 年就增至 2602 个工厂 85988 釜 [1]。在日本生丝生产量中，机器制丝厂生产的厂丝比例从 1889 年的 36.9%，1894 年的 52.8%，1905 年达到 61.9%，1917 年达到 80.5%，1931 年达到 90.1%。

在发展环境建设方面，明治政府于 1871 年 9 月废除了德川幕府时代颁布的"禁止在耕地上栽培桑茶"的命令，允许蚕茧自由生产 [2]。之后，相继颁布了促进和规范蚕丝业发展的一系列法规：如 1873 年的《生丝制造取缔法》，1886 年的《蚕种检查规则》，1897 年的《蚕丝业法》，1929 年的《丝价安定融资补偿法》，1931 年的《蚕丝业组合法》，1936 年的《产茧处理统制法》，1937 年的《丝价安定施设法》以及《丝价安定施设特别会计法》等等。此外，1874 年成立蚕业试验班，1884 年成立蚕病试验场，1896 年设立西原蚕业讲习所，1896 年设立生丝检验所，1927 年在农务省还设立蚕丝局统一管理日本全国的蚕丝业。蚕丝生产和茧丝绸流通法规建设，蚕丝科教和管理机构的充实为日本蚕丝业的发展创造良好的环境。

基于中国和意大利是日本蚕丝业的主要竞争对手，美国、法国和英国

---

① 顾国达，《近代（1840—1949 年）中国蚕丝业の经济分析》，京都工艺纤维大学硕士论文，1992 年，第 33 页。

② 日本纤维协会，《日本纤维产业史》，东京：日本纤维协会，1958 年，第 142 页。

是世界最主要的生丝消费市场，为收集竞争国蚕丝业发展情况和生丝需求市场的竞争现状，日本政府还多次组织了专业考察与调研活动，收集桑树和蚕种等种质资源，根据法国和意大利对蚕丝业进行奖励，对生丝出口免征出口税的情况，日本于1899年7月取消了生丝出口税。

由于日本的蚕丝业在政府的重视与支持下，凭着"天时、地利、人和"的优势，对外注重强化市场开拓与生丝出口竞争力的提高，对内注重扩大蚕丝生产规模和蚕丝生产力的提高，使日本蚕丝业得到飞速发展（表12-1）。

表12-1 近代日本蚕茧生产量的变化

年份	蚕茧总产量（吨）	春茧		夏秋茧	
		生产量（吨）	比例（%）	生产量（吨）	比例（%）
1886	41715.7	30091.7	72.1	11624.0	27.9
1890	43960.2	32270.9	73.4	11689.3	26.6
1895	84681.5	63667.6	75.2	21013.9	24.8
1900	103226.8	76073.1	73.7	27153.6	26.3
1905	102125.0	66440.8	65.1	35684.2	34.9
1910	146286.1	90902.6	62.1	55383.5	37.9
1915	174278.6	97076.0	55.7	77202.6	44.3
1920	237493.2	118466.3	49.9	119026.9	50.1
1925	317999.2	160977.4	50.6	157021.8	49.4
1930	399238.2	210386.8	52.7	188851.4	47.3
1935	307747.7	165658.2	53.8	142089.5	46.2
1940	328298.9	164103.9	50.0	164195.0	50.0
1945	84635.8	58190.3	68.8	26445.5	31.2
1950	80415.1	39813.1	49.5	40602.0	50.5

资料来源：根据附表15做成。

日本蚕茧生产量1878—1882年平均为43328.2吨，1898—1902年平均92760.2吨，1918—1922年平均246803.1吨，到了1928—1932年平均产茧量达到366771.4吨，50年间增长了近7.5倍。其中，蚕茧生产量中，夏秋茧生产量的比例由1886年的27.9%，1904年的34.9%，1915年的44.3%，提高至1920年的50.1%，这从一个侧面反映了日本养蚕技术的进步和年中养蚕次数的增加，与蚕种冷藏人工孵化法的采用有密切的关系。

随着蚕茧产量的迅速增长，生丝的生产量在1878—1882年为年均1722.8吨，1898—1902年平均6939.1吨，1918—1922年平均23023.1吨，到了1928—1932年平均增长到42011.4吨，50年间增长了23倍余。其中，生丝生产量中，由机器制丝厂生产的厂丝比例由 1890 年的 40%，快速提高至 1895 年的 52.9%，1905 年达到 61.9%，1920 年达到 83.5%，1930 年达到 89.6%，从中反映了日本缫丝技术的进步。

表 12-2　近代日本生丝品种结构的变化

年份	生丝总产量(吨)	厂丝		土丝		同宫丝	
		生产量(吨)	比例(%)	生产量(吨)	比例(%)	生产量(吨)	比例(%)
1890	3457.8	1381.8	39.96	1873.4	54.18	202.6	5.86
1895	6409.7	3388.8	52.87	2623.6	40.93	397.3	6.20
1900	7102.3	3716.3	52.33	2867.8	40.38	518.2	7.30
1905	7309.2	4526.6	61.93	2369.9	32.42	412.6	5.65
1910	11904.3	8384.1	70.43	2845.6	23.90	674.6	5.67
1915	15171.9	11933.5	78.66	2154.9	14.20	1083.5	7.14
1920	21877.0	18260.3	83.47	1953.9	8.93	1662.7	7.60
1925	31066.2	27117.6	87.29	1729.4	5.57	2219.2	7.14
1930	42618.8	38171.8	89.57	1727.8	4.05	2719.3	6.38
1935	43732.7	40955.4	93.65	1118.0	2.56	1659.3	3.79
1940	42768.2	39265.4	91.81	1705.1	3.99	1797.7	4.20
1945	5224.5	5020.1	96.09	64.8	1.24	139.6	2.67
1950	10619.6	9049.1	85.21	957.7	9.02	612.8	5.77

资料来源：根据附表 16 做成。

　　日本生丝的输出量也随着生丝产量的提高而迅速增长，1878—1882 年均生丝输出 1108.2 吨，1898—1902 年均生丝输出 3862.9 吨，1918—1922 年均生丝输出 15674.2 吨，到了 1928—1932 年，年均生丝输出达到 32342.7 吨。在 1909 年时，日本的生丝输出量为 8981.6 吨，超过中国的 7845.8 吨开始成为世界第一生丝输出国。最盛期的 1930 年，日本桑园面积 70.76 万公顷，占耕地面积的 12.1%，养蚕农户 2208.1 千户，占全国农户的 39.6%，蚕种饲养量达 1511.5 万张，蚕茧生产量达历史最高水平 399093 吨[1]。有制丝厂 70278 家，缫丝机 433637 釜，制丝工人达 509124 人；丝绸织物的消费税达 19723119 日元，丝棉交织物的消费税为 1634168 日元，两者合计达 21357287 日元，占同年日本纺织品消费税总收入 34152411 日元的 62.5%[2]。

　　至 1939 年日本与德国和意大利一起发起第二次世界大战，实行战时

---

　　[1]　顾国达，《世界蚕丝业经济与丝绸贸易》，北京：中国农业科技出版社，2001 年，第 19 页。

　　[2]　日本农林省蚕丝局，《蚕丝业要览》，昭和 14 年，第 459 页。

的经济统制，对生丝等战略物资的出口加以限制，使近代世界生丝市场急剧萎缩，也使日本蚕丝业快速萎缩。蚕茧生产量从 1939 年的 340092 吨，减少至 1945 年的 84636 吨；生丝生产量也相应地由 1939 年的 41617 吨，减少至 1945 年的 5224.5 吨。

日本蚕丝业在国民经济中的地位，从日本蚕丝生产总额的变化中也可以窥见一斑。如表 12-3 所示，随着蚕丝业的发展，日本的蚕茧生产额从 1899—1902 年平均的 8871.8 万日元，增加至 1923—1927 年平均的 63894.5 万日元，此后，受 1929 年世界经济大危机的影响，由于生丝出口结果的下跌引起的蚕茧收购结果的下降，加上蚕茧生产量的减少，蚕茧产值减少至 1933—1937 年平均的 37222.2 万日元；蚕丝总产值也相应地由 1899—1902 年平均的 18789.6 万日元，增加至 1923—1927 年平均的 148670.0 万日元，此后减少至 1933—1937 年平均的 86036.8 万日元。

表 12-3 日本蚕丝产值的变化

5年平均	蚕茧产值（万日元）	生丝产值（万日元）	蚕丝总产值（万日元）
1899—1902	8871.8	9917.8	18789.6
1903—1907	11896.1	12182.4	24078.5
1908—1912	14010.2	16182.4	30192.6
1913—1917	24231.3	31671.5	55902.8
1918—1922	53205.4	66745.5	119950.9
1923—1927	63894.5	84775.5	148670.0
1928—1932	41664.8	62297.2	103962.0
1933—1937	37222.2	48814.6	86036.8

资料来源：农林大臣官房总务课，《农林行政史》（第 3 卷），农林协会，昭和 34 年，第 645 页。

第二节 丝绸在近代日本对外贸易中的经济地位

1854 年日本和美国签订的《日美亲善条约》，促使近代日本放弃长期奉行的锁国方针，使封建的日本开始纳入世界资本主义体系之中。1858 年日本相继与美国、荷兰、俄国、英国和法国等五国签订了《友好通商条约》，于 1859 年开放横滨港（即安政开港），开始与各国进行自由通商。但是，对于日本这个自然资源缺乏的岛国来讲，如何培育具有核心竞争力的能够弥补自然资源欠缺的外向型出口创汇产业，成为日本实现工业化的关键。1868 年日本明治维新后日本政府，根据当时意大利和法国蚕丝业由于桑蚕微粒子病蔓延，丝绸工业缺乏生丝原料，需要从中国和日本等蚕丝生产国大量进口的市场需求，和日本蚕丝业具有 2000 多年的历史，群马、长野等地的农民具有栽桑养蚕的习惯，把蚕丝业作为外向型出口创汇的主导产业加以扶持，选择生丝作为出口创汇的主要商品，致力于生丝的出口。近代日本丝绸出口在对外贸易中的地位如表 12-4 所示。

从表 12-4 中，可见茧丝绸的出口贸易为日本赚取了大量的外汇。据统计，1868 年明治维新后至 1872 年的 5 年中，日本的蚕茧、生丝、绢织物的输出年均占日本输出总额的 56.9%；1873—1932 年的这 60 年中，蚕茧、生丝、绢织物的输出额平均占输出总额的 40%；1933—1937 年的 5 年间，尽管由于输出商品多元化导致比重下降，但平均每年仍为日本赚取超过 4.5 亿日元的外汇。1868—1945 年的 78 年间日本茧丝绸的出口总额达 388.8 亿日元，占同时期日本全商品出口总额的 23.9%。

表 12-4　丝绸在日本对外贸易中的地位

5 年平均	日本商品出口总额（万日元）	茧丝绸出口额（万日元）	比例（%）
1868—1872	1560.0	887.6	56.9
1873—1877	2212.5	1017.4	46.0
1878—1882	3026.8	1310.0	43.3
1883—1887	4171.4	1777.4	42.6
1888—1892	7260.0	3103.4	42.7
1893—1897	12401.0	5117.3	41.3
1898—1902	21913.3	8483.3	38.7
1903—1907	35729.3	13190.5	36.9
1908—1912	44484.1	17002.3	38.2
1913—1917	93246.8	28592.2	30.7
1918—1922	177992.3	64821.9	36.4
1923—1927	191948.4	86309.4	45.0
1928—1932	162948.0	63065.1	38.7
1933—1937	248008.7	45398.4	18.3
1938—1942	287305.8	36188.9	12.6
1943—1945★	110464.9	4171.6	3.8

注：★为 3 年平均。

资料来源：农林大臣官房总务课，《农林行政史》（第 3 卷），农林协会，昭和 34 年，第 642 页。

在 1868 年日本蚕丝类的出口额就占日本商品出口额的 56%，成为日本第一大出口商品。此后至 1929 年除个别年份外日本的茧丝绸出口额基本呈现逐年增加趋势，但由于其他产业的发展和出口商品种类的增多，以及生丝出口的周期性变化因素的作用，茧丝绸出口额占日本商品出口总额中的比例在不同时期有所变动。从 1868 年至 1929 年的 62 年间日本茧丝绸的出口总额达 134 亿日元，占日本商品出口总额的近 40%；茧丝绸的出口额均位居日本所有出口商品中创汇额的第一位。从 1870 年起的近 50 年间，日本购置本国工业化所需要的机器和原料的资金 40% 以上来自于生丝贸易[①]，因此，可以说日本近代蚕丝业的发展和以生丝为主体的茧丝绸出口贸易对日本近代经济发展起到了极为关键的作用，蚕丝业被尊称为日本的"功勋产业"。

第三节　日本生丝的出口市场

日本在安政开港（1859 年）以后，开始出口生丝，当时由于航路开设和出口贸易商权为英国系洋行所掌握，在 1872 年以前日本出口的生丝大都经上海中转，主要出口英国和法国。如表 12-5 所示，1865 年日本出口生丝 641.4 吨，其中出口英国 347.9 吨，占日本出口总量的 54.3%，出口法国 189.1 吨，占日本出口总量的 29.5%。

为促进生丝出口，日本政府于 1870 年颁布了《生丝出口奖励法》[②]，1871 年 9 月废除了"在耕地上禁止栽培桑树和茶叶"的命令，通过藩营前桥制丝所（1871 年）和官营富冈制丝场（1872 年）的建设与示范，引进先进的法国缫丝机械与技术，经过 1879 年的"士族授产"运动，推动了日本机械缫丝厂的快速发展，为生丝大量出口创造了物质基础和技术条件。同时，为提高日本生丝在国际市场上的信誉，杜绝"以次充好"现象在生丝出口中的蔓延，日本政府于 1873 年公布了《生丝制造取缔法》；为打破外国生丝洋行对生丝贸易的垄断，争取生丝贸易的更多利益，于 1878 年开展了生丝出口商权的回收运动；为解决本国生丝出口商经营资金的不足，于 1880 年成立了以生丝出口融资为主要目的的横滨正金银行；此外，日本官民一体积极开拓生丝出口市场，于 1776 年派遣神鞭知常赴美调查并推销生丝，并根据美国丝绸业快速发展趋势，在市场选择上从以往的英国和法国市场为中心调整为以美国和法国市场为中心[③]。因此，对美国生丝出

① William W. Lockwood, *The Economic Development of Japan Rev.* (Princeton, 1968) p.94. 转引自徐新吾主编，《中国近代缫丝工业史》，上海：上海人民出版社，1990 年，第 153 页。

② 施敏雄，《清代丝织工业的发展》，台北：台湾商务印书馆，1968 年，第 104 页。

③ 本多岩次郎主编，《日本蚕丝业史》第一卷，明文堂，1935 年，第 160 页。

口量占日本生丝出口总量中的比例由 1870—1874 年平均的 2.6%，逐年提高至 1875—1879 年的 11.3%，1880—1884 年的 35.9%，1885—1889 年的 53.6%；从 1884 年开始美国取代法国成为日本最大的生丝市场。进入 20 世纪后，日本生丝出口进一步向美国集中，如表 12-5 所示，1925 年日本出口生丝 26306.9 吨，其中出口美国 25379.0 吨，占日本生丝出口总量的 96.5%。1929 年 10 月战前世界最大的经济危机爆发后，日本生丝大量积压，在政府补贴下，采取低价倾销的办法，挤占法国生丝市场，对法国的生丝出口量占日本生丝出口总量的比例由 1930 年的 2.5%，提高至 1935 年的 6.3%。

表 12-5　日本生丝的国别出口量统计

年份	日本蚕丝出口总量（吨）	美国		法国		英国	
		出口量（吨）	比例（%）	出口量（吨）	比例（%）	出口量（吨）	比例（%）
1865	641.4	2.6	0.41	189.1	29.48	347.9	54.25
1870	702.5	16.9	2.41	43.0	6.12	341.8	48.65
1875	708.8	2.8	0.40	382.5	53.96	255.7	36.07
1880	877.0	329.7	37.59	384.6	43.85	150.9	17.21
1885	1474.3	793.0	53.78	629.3	42.69	37.2	2.52
1890	1266.2	835.7	66.00	405.4	32.02	5.8	0.46
1895	3486.9	2008.7	57.61	1231.2	35.31	18.7	0.54
1900	2778.5	1585.7	57.07	720.5	25.93	27.4	0.98
1905	4367.7	3242.7	74.24	676.4	15.49	0.1	0.00
1910	8907.7	6250.9	70.17	1482.0	16.64	20.0	0.22
1915	10688.5	8918.0	83.44	1446.9	13.54	58.4	0.55
1920	10481.3	8832.4	84.27	1489.1	14.21	115.1	1.10
1925	26306.9	25379.0	96.47	808.0	3.07	0.5	0.00
1930	28646.3	27211.0	94.99	701.5	2.45	2.0	0.01
1935	33299.8	28032.2	84.18	2110.0	6.34	17.1	0.05
1940	17621.5	15456.3	87.71	554.2	3.15	7.8	0.04

资料来源：根据附表 14 做成。

第四节　中日两国生丝出口的比较

中日两国在世界生丝市场上的竞争是在进入 19 世纪 70 年代后逐渐开始激化的。如表 9-5 所示，在 1870—1874 年间中国年均出口生丝 3794.0 吨，而同期日本的生丝出口量只有 610.3 吨，当时中国的生丝出口量为日本的 6.2 倍；至甲午战争时期的 1890—1894 年间中国年均出口生丝 5769.5 吨，同期日本的生丝出口量为 2652.5 吨，当时中国的生丝出口量为日本的 2.2 倍；第一次世界大战前的 1910—1914 年间中国年均出口生丝 8280.6 吨，而同期日本的生丝出口量达 10053.9 吨，日本的生丝出口量超过中国，为中国同期平均出口量的 1.2 倍。在 20 世纪世界经济大危机前的 1925—1929 年间中国年均出口生丝只有 10460.1 吨，而同期日本的生丝出口量多达 30400.9 吨，当时日本的生丝出口量为中国的 2.9 倍；1935—1939 年间中国年均出口生丝只有 4093.4 吨，而同期日本的生丝出口量达到 28833.8 吨，日本的生丝出口量为同期中国生丝出口量的 7.0 倍。

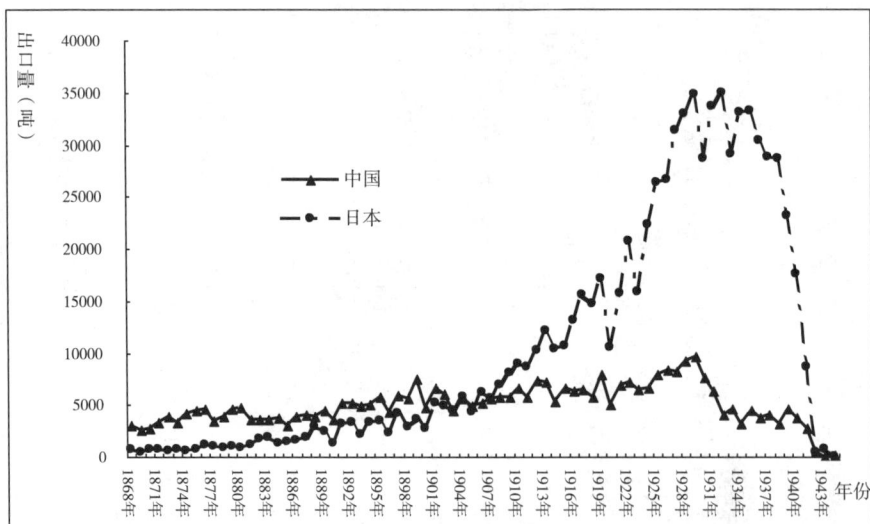

图 12-1　中日两国桑蚕丝出口量的比较（1868—1944 年）

日本生丝出口量 1870 年只有 411.8 吨，至 1876 年突破千吨，1888 年突破 2 千吨，1891 年突破 3 千吨，1912 年突破万吨，1922 年突破 2 万吨，1927 年突破 3 万吨，至 1932 年达到 34933.0 吨，创近代日本生丝出口量的历史记录。与日本生丝出口量开始增长相对应的是中国生丝出口量增长缓慢，1870 年中国生丝出口量就达 2972.4 吨，至 1876 年为 4799.1 吨，1888 年稳定在 4641.8 吨，1891 年达 6166.4 千吨，1912 年为 9553.8 吨，1922 年下降至 8673.6 吨，1927 年为 9672.5 吨，至 1929 年达到 11484.8 吨，创近代中国生丝出口量的历史记录，但生丝出口量仅仅相当于日本 1912 年左右的水平。

日本的生丝出口量超过中国位居世界首位的是 1909 年，当年日本的生丝出口量为 8081.6 吨，占世界生丝贸易总量的 30.3%，而中国生丝输出量为 7845.8 吨，占世界生丝贸易总量的 29.4%（图 12–1）。日本从 1916 年开始其生丝出口量占世界生丝贸易量的一半以上，1927 年以后达 2/3 强。1935—1939 年达创纪录的 78.3%。因而可以认为日本自 1927 年起已经基本确立了其在世界生丝市场上的垄断权。第 13 章运用固定市场比例（CMS）分析法对中国生丝出口竞争力变化的分析也表明，在大部分时间段中，中国生丝出口的增长主要得益于世界生丝市场消费量的扩大，并不是源于出口竞争力的提高。另从表 9–1 的中日两国历年生丝出口量的变化中可以判明，虽然在 1929 年以前中国生丝的出口量总体呈现增长趋势，但是，与日本在 1880 年以后的生丝出口增长率比较，中国处于相对停滞状态。

就中日两国生丝出口市场看，在 19 世纪 70 年代以前，中日两国生丝的主要出口市场为英国和法国。19 世纪 80 年代以后至 1931 年，中国生丝出口以法国市场为中心，日本生丝出口以美国市场为中心，中日两国分别在各自的主要目标市场具有竞争优势和垄断地位。1932 年以后，由于日本采取政策补助下的低价倾销政策，美国生丝市场和法国生丝市场的日本生丝占有率明显提高，中国生丝失去了在法国市场的优势地位。

第五节　本章小结

通过本章的研究，得出以下结论：

1. 日本蚕丝业生产和生丝出口贸易在明治维新以后，尤其是在 19 世纪 80 年代以后有较快的发展。日本蚕丝业的快速发展可归结于日本政府把蚕丝业作为经济发展的主导产业进行积极的扶持。

2. 取消桑树在耕地上栽培的限制，通过官办示范性的机械缫丝厂和实行"士族授产"运动，推动了日本机械缫丝厂的快速发展；《生丝制造取缔法》和《蚕丝业法》等相关系列法规的颁布，生丝出口商权回收的成功，生丝出口税的取消，生丝出口金融体系的建设，和官民一体对新兴的美国生丝市场的拓展，蚕丝科教的发展及其在人才培育与科学研究上的卓有成效，进一步强化了日本蚕丝业的竞争优势，从而提高了日本生丝出口竞争力。

3. 日本生丝出口竞争力的提高始于 19 世纪 70 年代中期，至 1909 年取代中国成为世界最大的生丝出口国。在 19 世纪 70 年代中期以前，日本生丝出口主要面向英国和法国市场，此后，日本生丝的主要出口市场为美国和法国，进入 20 世纪后日本生丝出口主要依赖美国市场。

4. 通过对中日两国历年生丝出口量的比较分析，得出日本的生丝出口量超过中国位居世界首位的是 1909 年，当年日本的生丝出口量为 8081.6 吨，占世界生丝贸易总量的 30.3%，而中国生丝输出量为 7845.8 吨，占世界生丝贸易总量的 29.4%。虽然在 1929 年以前中国生丝的出口量总体呈现增长趋势，但是，与日本在 1880 年以后的生丝出口增长率比较，中国处于相对停滞的状态。

5. 在 19 世纪 70 年代以前，中日两国生丝的主要出口市场为英国和法国。19 世纪 80 年代以后至 1931 年，中国生丝出口以法国市场为中心，日本生丝出口以美国市场为中心，中日两国分别在各自的主要目标市场具有竞争优势和垄断地位。1932 年以后，由于日本采取政策补助下的低价倾销政策，美国生丝市场和法国生丝市场的日本生丝占有率明显提高，中国生丝失去了在法国市场的优势地位。

第十三章 近代中国生丝出口的 CMS 分析

近代中国生丝出口随着时期的不同而有增减变化。那么引起近代中国生丝出口增减变化的原因是什么？为解答这个问题，本章采用固定市场比例分析法（Constant Market Share Analysis）就各时期引起中国生丝出口增减变化的原因进行定量分析。

第一节 固定市场比例分析法（CMS）

固定市场比例分析法是由 Tyszynski，H.（1951 年）提出的，Richardson，J.D.（1971 年）进一步完善并阐明了该方法的特性。

固定市场比例分析法的原理和方法如下。某国（I）在某一生丝市场（M）的生丝出口量比例是随着 I 国的生丝在这个市场的竞争力的增大提高的。用数式表示为：

$$S_i = \frac{E_i}{W_m} = f_i \left| \frac{C_i}{C_m} \right| \tag{1}$$

$f_i > 0$

S_i：表示 I 国生丝在 M 生丝市场的占有率；

E_i：表示 I 国生丝对 M 生丝市场的出口量；

W_m：表示 M 生丝市场的生丝进口总量；

C_i：表示 I 国生丝在 M 生丝市场的出口竞争力；

C_m：表示对 M 生丝市场的所有生丝出口国的平均竞争力。

数式（1）可改写成算式（2）

$$E_i = S_i \times W_m \tag{2}$$

考虑到不同时间点之间生丝出口量的增减，那么，公式（2）可分解为如下三项：

$$E_{i1} - E_{i0} = S_{i1} \times W_{m1} - S_{i0} \times W_{m0}$$
$$= S_{i0} \times (W_{m1} - W_{m0}) + W_{m0} \times (S_{i1} - S_{i0})$$
$$+ (W_{m1} - W_{m0}) \times (S_{0I} - S_{i0})$$

即　　$\Delta E_i = S_{i0} \times \Delta W_m + \Delta S_i \times W_{m0}$
$$+ \Delta S_i \times \Delta W_m \qquad (3)$$

公式（3）具有以下的经济学意义。即 I 国在某一时期（0、1）的生丝出口的增减（ΔE_i）是由：

（1）生丝出口市场需求因素（$S_{i0} \times \Delta W_m$）；

（2）I 国生丝在出口市场的竞争因素（$\Delta S_i \times W_{m0}$）；

（3）前两个因素的叠加效果（$\Delta S_i \times \Delta W_m$）决定的。

第 1 的生丝出口市场的需求因素表示在 I 国生丝在 M 生丝市场的市场占有率不变的条件下，由于 M 生丝市场需求量的增减而带来的生丝出口量的增减情况。第 2 的竞争因素是由 M 生丝市场上不同竞争国之间相对竞争力的变化而引起生丝出口量的增减情况。第 3 的叠加因素表现为 M 国生丝市场需求增减变化与 I 国生丝在 M 生丝市场竞争力（表现为市场占有率）相乘的叠加效果。其大小受制于第 1 的需求因素和第 2 竞争因素的大小，是对前两个因素的修正。这第 3 的叠加效果在时间（≤ 3 年）一般可以无视，但在一定长的时期（≥ 5 年）就不能不考虑了。

当然，某国在不同时期表现了生丝出口的结构的变化也会对该国的生丝出口带来影响。如考虑到上述因素，则数学方程式可再分设成若干项，在计算上相对复杂一些。但是，世界近代生丝市场各种类生丝的贸易量以及主要生丝进口国的不同生丝进口量及国别进口量没有系统的统计数据，难以进行计量分析，因此这里就不准备再细化上述的数学方程式。

第二节　中国生丝出口竞争力变化的 CMS 分析

如表 13-1 为 1870—1939 年的 70 年间以 5 年为阶段性时间单位所表示的世界生丝贸易量和中国生丝出口量的 5 年平均值，从表中可以看出中国生丝出口的长期变化趋向。5 年间隔的划分虽然有些随意，但对于近代世界生丝贸易具有重大影响的第一次世界大战（1914—1918 年）和近代世界经济大危机（1930—1934 年）等大事件，大致包含在所划分的 5 年期内，因而基本上能把握生丝贸易变化的长期趋势。

如表 13-1 所示，近代世界生丝贸易量从 1870—1974 年平均的 8320.7 吨增加至 1925—1929 年平均的 46663.8 吨后，减少至 1935—1939 年平均的 38775.1 吨，自 1870 年开始至 1929 年的这一时间段内世界生丝市场贸易量以年率 3.2% 增加。1930 年以后至 1939 年间以年率 –1.8% 减少。中国的生丝出口量 1870—1974 年平均为 3794.0 吨，不同时期而有增减变化，以 1925—1929 年平均的 10460.1 吨为最高，急剧减少至 1935—1939 年平均的 4093.4 吨。自 1870—1929 年的这一时期段内，中国生丝出口量以年率 –1.9% 急减。由于中国生丝出口年增加率低于世界生丝市场的年增加率 1.3 个百分率，而生丝减少速度远大于世界生丝市场，因此近代中国生丝出口量占世界生丝贸易量中的比例以 1875—1879 年平均的 48.7% 为最高，逐年下降至 1935—1939 年的 11.1%。

表 13–1　近代中国生丝在世界生丝市场的地位变化

5年平均	世界生丝贸易		中国生丝输出		中国生丝的占有率 C/W（%）
	数量（W）（吨）	增减率（%）	数量（C）（吨）	增减率（%）	
1870—1874	8320.7		3794.0		45.6
		1.8		3.2	
1875—1879	9104.5		4430.6		48.7
		1.9		−1.2	
1880—1884	9997.5		4173.2		41.7
		2.9		2.1	
1885—1889	11540.4		4634.5		40.2
		3.3		4.5	
1890—1894	13731.5		5769.5		42.0
		5.2		3.7	
1895—1899	17509.3		6922.6		39.5
		2.2		−0.2	
1900—1904	19489.0		6847.5		35.1
		3.9		0.9	
1905—1909	23542.2		7151.5		30.4
		2.6		3.0	
1910—1914	26706.1		8279.4		31.0
		0.2		−0.1	
1915—1919	26969.9		8237.3		30.5
		1.5		−0.4	
1920—1924	29073.8		8083.2		27.8
		9.9		5.3	
1925—1929	46663.8		10460.1		22.4
		−1.7		−10.5	
1930—1934	42837.6		6015.0		14.0
		−2.0		−7.4	
1935—1939	38775.1		4093.4		10.6

表 13-2 是利用表 13-1 的数据用固定市场比例分析法分析所得到的结果。近代中国的生丝出口量在时期 2、时期 6、时期 9 和时期 10 略有减少，在时期 12 和时期 13 大幅度减少而出现负增长。其他时期均为正增长。近代中国生丝出口量的增减变化的世界生丝市场需求增长效果的贡献率除时期 12 和时期 13 外均为正值，而市场竞争效果的贡献率只有时期 1、时期 4 和时期 8 为正值，其他均为负值。而需求增长效果和市场竞争效果的叠加贡献率与需求增长效果和市场竞争效果的贡献率相比是非常微小的，但在时期 1、时期 4、时期 12 和时期 13 中为正值，其他各时期为负值。在时期 1、时期 4 和时期 8 的近代中国生丝出口的增减变化中，上述三种效果均有作用，而近代世界生丝市场的需求增减效果的贡献率在时期 1 为 56.1%，时期 4 为 70.7%，时期 8 为 86.6%，而相应时期的中国生丝的市场竞争效果的贡献率分别为 40.1%、25.0% 和 11.8%。二种效果叠加的贡献率分别只有 3.8%、4.3% 和 1.3%，而在时期 12 和时期 13 中近代世界生丝市场的需求增减效果和中国生丝的商场竞争效果的贡献率都起着作用。但中国市场竞争效果的贡献率分别为 87.9% 和 77.7%，分别高于近代世界生丝市场的需求因素的贡献率。

表 13-2 近代中国生丝总出口量增减的 CMS 分析结果

序号	时期	中国生丝出口量增减（吨）	进口市场需求因素		市场竞争因素		叠加效果	
			贡献量（吨）	贡献率（%）	贡献量（吨）	贡献率（%）	贡献量（吨）	贡献率（%）
1	1870/74—1875/79	636.6	357.4	56.1	255.2	40.1	24.0	3.8
2	1875/79—1880/84	-257.4	434.6	-168.8	-630.2	244.8	-61.8	24.0
3	1880/84—1885/89	461.3	644.0	139.6	-158.3	-34.3	-24.4	-5.3
4	1885/89—1890/94	1135.0	802.2	70.7	283.9	25.0	49.1	4.3
5	1890/94—1895/99	1153.1	1647.8	142.9	-384.9	-33.4	-109.9	-9.5
6	1895/99—1900/04	-75.1	787.5	-1048.6	-774.5	1031.3	-88.1	117.3
7	1900/04—1905/09	304.0	1452.2	477.8	-947.5	-311.6	-201.0	-66.1
8	1905/09—1910/14	1127.9	976.9	86.6	132.8	11.8	18.1	1.6
9	1910/14—1915/19	-42.1	83.3	-191.5	-124.2	288.7	-1.3	2.8
10	1915/19—1920/24	-154.1	641.4	-416.2	-738.0	478.9	-57.5	37.3
11	1920/24—1925/29	2376.9	4890.4	205.7	-1565.9	-65.9	-947.4	-39.9
12	1925/29—1930/34	-4445.0	-857.7	19.3	-3907.6	87.9	320.4	-7.2
13	1930/34—1935/39	-1921.7	-575.3	29.9	-1492.9	77.7	142.8	-7.4

从以上分析得出基本结论是在 1870—1939 年的 70 年间近代世界生丝市场需求增减是影响近代中国生丝出口增减变化的主要因素。中国生丝的近代世界生丝市场上具有竞争优势的时期只有时期 1、时期 4 和时期 8。时期 1 是浙江地方称为"丝经"的适应英法生丝市场需求的再缫生丝出口的盛期，"丝经"这种再缫生丝的出口提高了当时中国生丝出口的竞争力。时期 4 是广东地方机械缫丝厂快速普及的时期；时期 8 是意大利蚕丝业明显衰退，江浙沪一带机械缫丝业大发展的时期。机械缫丝业的快速发展，大大提高了生丝的出口竞争力，但在其他时期，中国蚕丝业在养蚕技术或制丝技术上虽有改良进步，但其进步的幅度不及日本蚕丝业之快。因而在近代世界生丝市场上处于相对的竞争劣势。个别时期的出口增长主要依靠近代世界生丝市场的需求增长而异。

第三节　中国对法国生丝出口竞争力变化的 CMS 分析

在近代中国生丝对外贸易中，在第一次世界大战以前，法国是最大的出口市场，第一次世界大战期间至第二次世界大战爆发前，法国是仅次于美国的第二大生丝出口市场（表 13-3）。1870—1939 年 70 年间中国生丝出口总量为 44465.5 吨，其中出口法国的生丝量为 165997.0 吨占出口总量的 37.4%，这远超过美国的 27.3%，可见法国是近代中国最重要的生丝出口市场。表 13-4 是 1870—1939 年的 70 年中法国生丝进口总量和法国的中国生丝进口量。法国的生丝进口量从 1870—1874 年平均的 2934.8 吨逐年增加，1900—1904 年间略有减少，至 1910—1914 年间以年率 2.3% 增加。此后除 1925—1929 年外处于下降状态。法国从中国进口的生丝量从 1870—1874 年平均的 760.0 吨以年率 5.3% 增加至 1900—1904 年的 3614.7 吨，此后，除 1910—1914 年和 1925—1929 年的个别时期外均处于减少状态。因此旧中国生丝占法国生丝进口总量中的比例从 1870—1874 年的 25.9% 上升至 1900—1904 年的 57.4% 后，在不同时期有增减变化，但以 1925—1929 年的 60.2% 为最高的纪录。

表 13-5 是表 13-4 的数据应用 CMS 分析法得出的分析结果。中国对法国的生丝出口量在时期 1—6、时期 8 和时期 11 为增加趋势的正值。其他时期为减少趋势的负值。近代法国生丝市场的需求增减效果对中国生丝出口法国的贡献值在时期 1—5，时期 7—8 和时期 11 为正值，其他时期为负值。中国生丝在法国生丝市场竞争效果的贡献值在时期 1，时期 3，时

期 5—6，时期 8 和时期 10—11 为正值，其他时期为负值。需求效果和竞争效果的叠加贡献值与前二种效果的贡献值相比是十分微小的，在时期 2、时期 4、时期 6—7 和时期 10 为负值，其他时期为正值。

表 13-3　中国生丝对美国和法国生丝出口量的变化

5年平均	中国生丝出口总量（吨）	对美国出口		对法国出口		对其他出口	
		数量（吨）	比例（%）	数量（吨）	比例（%）	数量（吨）	比例（%）
1870—1874	3794.0	225.9	6.0	760.0	20.3	2808.1	73.7
1875—1879	4430.6	186.0	4.2	1614.0	36.4	2630.6	59.4
1880—1884	4173.2	591.0	14.2	1724.3	41.3	1857.9	44.5
1885—1889	4634.5	513.5	11.1	2009.7	43.4	2111.3	45.6
1890—1894	5769.5	665.9	11.5	2336.2	40.5	2767.4	48.0
1895—1899	6922.6	1141.2	16.5	3316.3	47.9	2465.1	35.6
1900—1904	6847.5	1347.6	19.7	3614.7	52.8	1885.2	27.5
1905—1909	7151.5	1522.2	21.3	3043.5	42.6	2585.8	36.2
1910—1914	8279.4	2304.8	27.8	3648.7	44.1	2325.9	28.1
1915—1919	8237.3	3245.8	39.4	2498.1	30.3	2493.4	30.3
1920—1924	8083.2	3704.8	45.8	2419.5	29.9	1958.9	24.3
1925—1929	10460.1	5153.9	49.3	3819.6	36.5	1486.6	14.2
1930—1934	6015.0	2317.4	38.5	1446.7	24.1	2250.9	37.4
1935—1939	4093.4	1355.0	33.1	948.1	23.2	1790.3	43.7
1870—1939 合计	444459.0	121375.0	27.3	165997.0	37.3	157087.0	35.3

表 13-4　近代法国生丝进口量和中国对法国生丝出口量的变化

5年平均	法国生丝进口		中国对法国生丝出口		C/F 比例（%）
	数量（F）（吨）	增减率（%）	数量（C）（吨）	增减率（%）	
1870—1874	2934.8		760.0		25.9
		4.8		16.3	
1875—1879	3704.9		1614.0		43.6
		1.9		6.8	
1880—1884	4069.8		1724.3		42.4
		1.5		3.1	
1885—1889	4387.7		2009.7		45.8
		3.1		3.1	
1890—1894	5105.8		2336.2		45.8
		4.6		7.3	
1895—1899	6397.1		3316.3		51.8
		−0.3		1.7	

（续表）

5年平均	法国生丝进口		中国对法国生丝出口		C/F 比例（%）
	数量（F）（吨）	增减率（%）	数量（C）（吨）	增减率（%）	
1900—1904	6292.1		3043.5		57.4
		2.3		−3.4	
1905—1909	7066.1		3648.7		43.1
		0.5		3.7	
1910—1914	7254.1		2498.1		50.3
		−6.4		−7.3	
1915—1919	5221.3		2419.5		47.8
		−1.6		−0.6	
1920—1924	4827.3		3819.6		50.1
		5.6		9.6	
1925—1929	6342.2		1446.7		60.2
		−11.8		−17.6	
1930—1934	3381.9		948.1		42.8
		−2.9		−8.1	
1935—1939	2923.6				32.4

表 13-5　近代中国对法国生丝出口量增减的 CMS 分析结果

序号	时期	中国对法国生丝出口增减（吨）	进口市场需求因素		市场竞争因素		叠加效果	
			贡献量（吨）	贡献率（%）	贡献量（吨）	贡献率（%）	贡献量（吨）	贡献率（%）
1	1870/74—1875/79	854.0	199.4	23.3	518.5	60.7	136.1	15.9
2	1875/79—1880/84	110.3	159.0	144.2	−44.3	−40.2	−4.4	−4.0
3	1880/84—1885/89	285.4	134.7	47.2	139.8	49.0	10.9	3.8
4	1885/89—1890/94	326.5	328.9	100.7	−2.1	−0.6	−0.3	−0.1
5	1890/94—1895/99	980.1	590.8	60.3	310.7	31.7	78.6	8.0
6	1895/99—1900/04	298.4	−54.4	−18.2	358.7	120.2	−5.9	−2.0
7	1900/04—1905/09	−571.2	444.6	−77.8	−904.6	158.4	−111.3	−19.5
8	1905/09—1910/14	605.2	81.0	13.4	510.6	84.4	13.6	2.2
9	1910/14—1915/19	−1150.6	−1022.5	88.9	−178.0	15.5	49.9	−4.3
10	1915/19—1920/24	−78.6	−188.5	239.8	118.9	−151.3	−9.0	11.5
11	1920/24—1925/29	1400.1	759.3	54.2	487.8	34.8	153.1	10.9
12	1925/29—1930/34	−2372.9	−1782.8	75.1	−1106.5	46.6	516.5	−21.7
13	1930/34—1935/39	−498.6	−196.1	39.3	−350.0	70.2	47.4	−9.5

如表 13-5 所示，在时期 1、时期 3、时期 5、时期 8 和时期 11 的中国对法国生丝出口增加中三类因素共同起作用。其中时期 1 和时期 8 的市场竞争效果的贡献率为 60.7% 和 84.4%，这远超过需求因素的贡献率 23.3% 和 13.4%，以及二效果叠加贡献值的 15.9% 和 2.2%，而时期 5、时期 11 的需求因素的贡献率为 60.3% 和 54.2%，也远大于市场竞争因素贡献率 31.7% 和 34.8 及三因素叠加的贡献率 8.0% 和 10.9%。时期 3 中的需求因素的贡献率为 47.2% 与市场竞争因素的贡献率 49.0% 相接近。

在时期 9、时期 12—13 期间中国对法国的生丝出口的减少是由需求因素和竞争因素双方起着作用。时期 9 和时期 12 的需求因素的贡献值为 88.9% 和 75.1%，远超过竞争因素的贡献率 15.5% 和 46.6%，而时期 13 中竞争因素的贡献率为 70.2%，远大于需求因素的贡献率 39.3%。时期 2 和时期 4 的中国对法国的生丝出口增加是由需求因素引起的；时期 6 的中国对法国的生丝出口增加则是由竞争因素引起的；时期 7 的中国对法国的生丝出口减少的主要原因在于中国生丝的市场竞争力，而时期 10 的中国对法国生丝出口的减少的主要原因归结于法国生丝市场的需求，从表 13-5 的分析结果中可以得到确认。

第四节　中国对美国生丝出口增减的 CMS 分析

美国是近代中国生丝出口的主要市场之一。1870—1939 年的 70 年间中国生丝对美国生丝的出口总量为 121375.0 吨，占同期生丝出口总量的 27.3%，仅次于法国位居第二。下面采用 CMS 分析法对近代中国对美国生丝出口增减变化的因素进行分析。

1870—1939 年的 70 年间美国生丝进口量和美国从中国进口生丝量的 5 年间隔的平均值如表 13-6 所示，从表中可见，美国的生丝进口量从 1870—1874 年平均的 426.4 吨以年率 8.2% 增加至 1925—1929 年平均的 33283.9 吨，此后减少至 1939—1939 年平均的 25943.9 吨；美国从中国进口的生丝量从 1870—1974 年平均的 225.9 吨以年率 5.9% 增加至 1925—1929 年平均的 5153.9 吨，此后快速减少至 1935—1939 年平均的 1355.0 吨。由于美国从中国进口生丝的年增长率远低于其生丝进口总量的年增长率，因此中国生丝占美国生丝进口总量中的比例由 1870—1874 年的 53.0% 逐年虽有上下波动，基本上呈减少倾向。

表13-6　近代美国生丝进口量和中国对美国生丝出口量的变化

5年平均	美国生丝进口		中国对米生丝出口		C/A 比例（%）
	数量（A）（吨）	增减率（%）	数量（C）（吨）	增减率（%）	
1870—1874	426.4		255.9		53.0
		7.4		−3.8	
1875—1879	609.6		186.0		30.5
		16.6		26.0	
1880—1884	1311.8		591.0		45.1
		10.0		−2.8	
1885—1889	2111.9		513.5		24.3
		5.7		5.3	
1890—1894	2790.5		665.9		23.7
		7.7		11.4	
1895—1899	4035.1		1141.2		28.3
		7.0		3.4	
1900—1904	5668.4		1347.6		23.8
		7.3		2.5	
1905—1909	8073.9		1522.3		18.9
		6.3		8.6	
1910—1914	10964.6		2304.8		21.0
		8.0		7.1	
1915—1919	16113.2		3245.8		20.1
		5.0		2.7	
1920—1924	20585.1		3704.8		18.0
		10.1		6.8	
1925—1929	33283.9		5153.9		15.5
		−1.0		140.8	
1930—1934	31646.8		2317.4		7.3
		−3.9		−10.2	
1935—1939	25943.9		1355.0		5.2

表13-7是根据表13-6的数据采用CMS分析法得出的结果。中国对美国生丝市场的出口量在时期1、时期3和时期12—13为负增长，其他时期为正增长。中国对美生丝出口量的增减对美国生丝市场需求增长因素的贡献率仅在时期12—13为负值，其他时期均为正值。而市场竞争因素的贡献率在时期2、时期5和时期8为正值，其中时期2是我国出口生丝进行再整理加工后的"丝经"流行期，也是广东地方机械缫丝厂开始推广普及时期；时期5是江浙沪地方机械缫丝厂大发展时期；时期8也是江浙沪

地方机械缫丝厂第二次发展高峰期。而其他时期的竞争力因素的贡献率均为负值。而需求因素与竞争力因素二者叠加贡献率数值相对较小，在时期2、时期5、时期8和时期12—13为正值，其他时期为负值。

如表13-7所示在时期2、时期5和时期8的中国对美国生丝出口增加过程中，美国市场的需求因素、中国生丝在美国市场的竞争因素以及这二个因素的叠加效果三方均有作用。但需求因素的贡献率分别为52.9%、62.5%和69.6%，远远大于竞争力因素的贡献率21.9%、25.9%和22.3%和叠加效果的贡献率25.2%、11.6%和8.0%。

表 13-7　近代中国对美国生丝出口量增减的 CMS 分析结果

序号	时期	中国对美国生丝出口增减（吨）	进口市场需求因素		市场竞争因素		叠加效果	
			贡献量（吨）	贡献率（%）	贡献量（吨）	贡献率（%）	贡献量（吨）	贡献率（%）
1	1870/74—1875/79	−39.9	97.0	543.1	−95.8	240.1	−41.1	103.0
2	1875/79—1880/84	405.0	214.3	52.9	88.6	21.9	102.1	25.2
3	1880/84—1885/89	−77.5	360.5	−465.2	−272.0	351.0	−165.9	214.1
4	1885/89—1890/94	152.4	165.0	108.3	−9.5	−6.2	−3.1	−2.1
5	1890/94—1895/99	475.4	297.0	62.5	123.3	25.9	55.0	11.6
6	1895/99—1900/04	206.4	461.9	223.8	−181.9	−88.1	−73.6	−35.7
7	1900/04—1905/09	174.4	571.9	327.4	−278.8	−159.6	−118.3	−67.7
8	1905/09—1910/14	782.5	545.0	69.6	174.8	22.3	62.5	8.0
9	1910/14—1915/19	941.0	1082.2	115.0	−96.0	−10.2	−45.1	−4.8
10	1915/19—1920/24	459.0	900.8	196.3	−346.0	−75.4	−96.0	−20.9
11	1920/24—1925/29	1449.1	2285.3	157.5	−517.1	−35.7	−319.0	−22.0
12	1925/29—1930/34	−2836.5	−253.5	8.9	−2716.6	95.8	133.6	−4.7
13	1930/34—1935/39	−962.4	−417.6	43.4	−664.6	69.1	119.8	−12.4

在时期12—13的中国生丝对美国出口减少的过程中，需求因素和竞争力因素都有作用，其中竞争力因素的贡献率为95.8%和69.1%，这远远大于需求因素的贡献率8.9%和43.4%。说明在近代世界经济危机后，在美国丝绸消费低下，生丝进口量减少的背景下，面临日本在美国生丝市场上的降价倾销，中国生丝的出口竞争力明显削弱，这从CMS分析结果中也得到了印证。

第五节　本章小结

以上对 1870—1939 年的 70 年中引起我国生丝对世界生丝市场、美国生丝市场和法国生丝市场的出口增减的因素，从出口市场的需求因素，出口国的出口竞争力因素，以及上述二者的叠加效果三方面，运用 CMS 分析法进行定量分析，可见在中国生丝总出口的增减变化中，世界生丝需求因素都起着十分重要的作用。中国生丝在世界生丝市场具有竞争优势的时期分别为时期 1、时期 4 和时期 8。

在中国生丝对法国出口增减变化中，法国生丝市场需求因素和中国生丝出口竞争力因素二者都起着作用，在法国市场上中国生丝具有竞争力优势的时期为时期 1、时期 3、时期 5—6、时期 8 和时期 10—11。

在中国生丝对美国出口增减变化中，美国生丝市场的需求因素起着主要作用。在美国生丝市场上中国生丝具有竞争力优势的时期为时期 2、时期 5 和时期 8，其他各时期中国生丝在美国生丝市场上均处于竞争劣势。

第十四章 研究结论与启示

通过将近代中国生丝对外贸易问题，与我国养蚕业、制丝业及社会经济发展的相互关系，与主要生丝进出口国蚕丝绸业发展，与世界生丝市场的竞争结合起来进行系统的研究，获得以下具有学术意义或历史价值的结论，总结近代中国生丝出口贸易败于日本竞争的原因，以及具有现实指导意义的启示。

第一节 研究结论

本书第二章以散落在各处的与茧丝绸业相关的史料和统计数据为依据，在第一节中就中国蚕丝业的起源与传播进行了探讨，得出了蚕丝业在中国至少有 5500 年以上的悠久历史，中国蚕丝业的起源是多中心的，黄河中下游流域、长江中下游流域和四川盆地的三江流域都是蚕丝业的起源地之一。早在张骞开拓陆上"丝绸之路"之前，蚕丝业就已经向朝鲜和越南等周边国家传播，丝绸之路的兴盛，加快了蚕丝业的传播步伐。考察了与丝绸贸易相关的历史记载和国外出土丝绸文物的年代，提出了我国丝绸的国际贸易已经有 3000 多年的历史，而丝绸的国内流通要远远早于国际贸易的观点。在第二节中，简要分析并介绍了自先秦至鸦片战争以前各历史时期的蚕丝业经济与丝绸贸易的发展概况，明确了近代中国生丝出口的历史基础，为中国蚕丝业经济史与丝绸贸易史的研究提供了框架与线索。

第三章简明分析了近代中国蚕丝业的发展概况，各蚕丝业的主产地发展现状，蚕丝业技术改良进展，近代机械缫丝业在中国发展和 20 世纪前期出口生丝的检查与分级状况，明确了近代中国生丝出口的产业基础。

在第四章第一节中提出了近代中国生丝出口"二港制"的命题，定量分析了上海和广州在我国近代生丝出口中的地位，得出了鸦片战争后，伴随着上海等五港的开港，我国的生丝出口实现了自由化，自 1844 年开始中国生丝出口从以往的广州"一港制"变为上海和广州的"二港制"，上海成为中国出口的最大出口港是在 1845 年的结论。也探讨了上海和广州成为我国生丝主要出口港的自然与社会经济条件。

在第四章第二节中明确了近代我国不同时期丝绸类商品出口税率的变化，探讨了生丝出口税费对竞争力的影响。研究表明，我国近代的生丝出口税一直存续到 1932 年 5 月，生丝出口税及各种国内流通税，名目繁多的各种捐及附加税的存在严重地损害了我国生丝的出口竞争力，阻害了蚕丝业的发展。推出在 20 世纪 20 年代即使忽略不计生丝从各产地运到上海需交纳国内流通税，各种捐及附加税，仅从上海港出口就需交纳占出口价格 2.5% 左右的税费，这在意大利和日本等竞争国相继取消生丝出口税的情况下，我国生丝出口税的存在，至少使我国生丝的价格竞争力损失 2.5% 左右。

第四章第三节探讨了生丝出口商权旁落对生丝出口贸易的影响，我国近代的生丝出口主要依靠外国生丝洋行的间接出口，生丝贸易的商业利润为外国生丝洋行所窃取。尽管在 1920 年代后期，许多国人经营的大制丝厂纷纷在上海设立出口部，开始尝试对外直接出口生丝业务，但由于缺乏政府的支持、经营资本的贫弱和外国生丝市场的贸易壁垒，这些在上海设立的原本从事直接生丝出口的公司，大部分只是扮演了把生丝转卖给洋行的所谓丝栈的角色。生丝出口商权的旁落，使国内蚕丝业经营者难以直接获得国际市场的供求信息和客户的需要，不仅使我国损失了数额巨大的生丝贸易利润，也影响了我国蚕丝业的技术改良，进而影响了生丝出口竞争力的提高。

在第四章第四节中分析介绍了近代我国不同时期蚕茧和生丝的交易方式、交易费用及其流通路径，对开港期、清末民国前期和抗日战争时期我国蚕茧和生丝的流通路径进行了清晰图示。

第五章以散落在各处的生丝出口统计及相关史料为依据，就开港期（1840—1867 年）的生丝出口量的变化及其主要因素，该时期我国生丝出口的种类，各出口港的地位，出口生丝的产地来源，以及生丝的出口地及其消费市场进行了实证分析，得出了开港期中国的生丝贸易为英国所垄断的结论。自 1860 年以后，随着英国国内丝织业的没落和法国、美国对中国生丝直接贸易的增加，而逐渐失去其垄断优势。中国生丝最大的出口市场和消费国是英国，法国位列第二。开港期中国生丝出口量的变化主要受到国内社会经济和欧美市场生丝需求变化的影响。太平天国的贸易保护政策对 1850 年代后期我国生丝出口量的增加起了一定作用。

第六章以海关的丝绸进出口统计及有关史料为依据，对生丝出口量变化的引发原因从国内蚕丝业的发展，国际政治经济关系，丝绸流行的变迁，外汇汇率的变动及主要丝绸进出口国的蚕丝业发展及贸易政策的变化等方面进行多角度的分析，同时对出口生丝的产地分布、生丝的出口市场等进行了定量的分析。得出：

1. 清末期（1868—1911 年）中国生丝出口年增长率为 2.45%。但与日本生丝出口年增长率 7.08% 相比，我国生丝出口处于相对停滞。

2. 影响我国生丝出口量的长期波动和年次波动的主要原因，因时期和年份的不同而异，但可归纳为：①美国、法国等生丝进口消费国的经济景气变化；②战争等国际政治经济条件的变化；③生丝贸易过程中投机交易的发生及金融混乱；④洪涝灾害及蚕病流行等蚕茧产量的增减变化；⑤主要生丝供求国的产业与贸易政策及外汇政策的变化；⑥以机械缫丝的发展为代表的蚕丝技术进步差异所表现出的生丝出口竞争力的变化等六个方面。

3. 法国、美国、英国和意大利是清末期我国最主要的生丝消费市场。1870—1911 年的 42 年中我国生丝出口总量为 234663.0 吨，其中法国从中国进口生丝达 99598.4 吨，占我国生丝出口总量的 42.4%；美国从中国进口生丝达 35360.7 吨，占我国生丝出口量的 15.1%；其他国家英国、意大利、印度和日本等国的进口量约占出口总量的 42.5%。

4. 1868—1911 年的 44 年间我国共出口生丝 241092 吨，其中产于辽宁、山东和河南的柞蚕丝占 1/6；产于四川、湖北、湖南、河南和山东的黄色桑蚕丝约占 1/10；产于广东和广西的白色桑蚕丝约占 1/4，产于浙江、江苏和安徽的白色桑蚕丝约占 2/5。

5. 英国在 1873 年以前基本垄断了我国的生丝出口，1875 年以后让位于法国而居第三位；1886 年居美国之后居第三位；1894 年以后居意大利之后下跌至第四位，这是由英国丝织业的衰退和我国对外贸易的多元化等原因所引起的。法国自 1870 年以后开始大量进口我国生丝，1875 年以后成为我国生丝的最大出口地。美国自 1886 年取代英国成为我国第二大生丝出口地，自 1894 年以后开始从我国进口的生丝量有明显的增加，尽管如此，我国生丝在美国市场所占的比例处于下降状态，这是由于我国生丝在美国市场的竞争力弱于日本生丝和意大利生丝所引起的。意大利于 1892 年开始增加从中国的生丝进口量，于 1894 年替代英国成为我国第三大生丝出口国。

第七章以海关生丝出口统计及相关史料为依据，就民国期（1912—1949 年）我国生丝出口量的变化及其主要影响因素，该时期我国生丝出口的种类，各出口港的地位，出口生丝的产地来源，以及生丝的出口地及其消费市场进行了实证分析。得出：

1. 如以 3 年平均值进行分析，1912—1918 年和 1934—1940 年为生丝出口的低迷期；1929—1934 年和 1940—1944 年为生丝出口的激减期；1918—1925 年和 1944—1949 年为生丝出口的停滞期；1925—1929 年为生丝出口的顺畅期。

2. 人造丝对消费市场的蚕食，服饰流行变化和经济周期性波动引起的世界生丝市场需求及消费结构的变化；蚕丝出口国之间蚕丝技术发展的差异，外汇市场汇率的变化及相关政策的不同而引起的生丝出口竞争力的变化；世界大战及国内战乱等原因是民国期我国生丝出口量大幅度增减变化的主要原因。其中 1929—1934 年我国生丝出口量的急剧减少是因为世界经济大危机而引起欧美国家平民对丝绸购买能力的下降，人造丝发展对丝绸消费市场的蚕食，以及生丝供大于求而引起的；1940—1944 年的急剧减少是日本等法西斯挑起的第二次世界大战所引起的。

3. 1912—1949 年的 38 年间我国的生丝出口总量为 218937.5 吨，其中桑蚕丝为 183382.4 吨占 83.8%，柞蚕丝为 35555.1 吨占 16.2%。桑蚕丝出口总量中白色桑蚕丝和黄色桑蚕丝分别占 81.6% 和 18.4%，厂丝和土丝约占 71.8% 和 28.2%。

4. 民国期的生丝出口港与清末期并没有太多的变化，除上海和广州以外的其他港口出口的生丝数量十分有限。1912—1939 年间桑蚕丝的出口量为 186644 吨，其中上海的出口量为 116317 吨占 62.3%，广州的出口量为 62663 吨占 33.6%，其他港口的出口量为 7472.7 吨占 4.3%。

5. 出产于辽宁、山东、河南的柞蚕丝占生丝出口总量的 16.2%；出产于四川、湖北、湖南、河南和山东等地的黄色桑蚕丝占 15.2%；出产于广东、广西的白色桑蚕丝占 27.85%；出产于浙江、江苏和安徽的白色桑蚕丝占 40.8%。

6. 美国、法国、印度、意大利、英国和日本是民国期我国生丝的主要消费市场。1912—1939 年的 28 年间我国生丝出口总量为 209571 吨，其中美国从我国进口的生丝量为 86014.8 吨占 41.0%，法国从我国进口的生丝量为 66398.4 吨占 31.7%，印度占 11%，意大利、英国和日本从我国进口生丝数量不及我国生丝出口总量 1/6。美国取代法国成为我国最大的生丝消费市场是在 1915 年。

第八章以海关年报等丝绸贸易统计为基础，对蚕茧、生丝、废蚕丝和绸缎等各大类丝绸商品出口额进行分类统计，从丝绸出口额在我国近代商品出口总额中所占的比例，丝绸在各大类出口商品中的相对地位的变化，分析了丝绸在近代我国对外贸易中的经济地位，并对引起丝绸出口额年际变化的背景因素进行了考察。得出：

1. 上海、广州等五港开港后，生丝等丝绸商品出口的自由化，英国、法国和美国等国丝绸业的相继发展，及世界经济发展对生丝等丝绸商品需求的增加，使我国丝绸出口额不断增加，丝绸在对外贸易中的经济地位由1844—1850年平均的29.2%，上升至1850年代的约40%，1859—1867年平均为38.3%。

2. 1870年以后，随着我国对外贸易多元化的进展，对外贸易规模的扩大，丝绸出口额占我国商品出口总额中的比例由1868—1872年平均的41.6%，逐年下降至1907年仍维持在30%以上。自1868—1907年的40年间，丝绸出口总额为16.46亿海关两，占全国商品出口总额的35.5%。

3. 进入20世纪后，虽然丝绸出口量不断增加，但由于大豆、棉花、蛋制品和食用油等商品成长为主要的出口商品，出口商品种类的大幅度增加使对外贸易的规模迅速扩大。在这种背景下，丝绸出口额占全国商品出口总额的比例从1903—1907年平均的32.4%，下降至1908—1912年的26.3%，至1926年仍维持在20%以上。1908—1926年的15年间，丝绸的出口总额为23.34亿海关两，占同时期全国商品出口总额的23.5%。

4. 1929年10月发生的历时4年世界经济危机和1932年开始的银价升高以及1937年开始的日本对我国的侵略战争，对生丝等丝绸商品的出口以沉重的打击。从而导致丝绸出口额占全国商品出口总额中的比例由1928—1929年平均的18.8%，急剧下跌至1933—1938年的9.7%；此后个别年份略有提高外，1948—1949年只有1.7%。

5. 从主要出口商品的出口额比较看，1842—1941年的100年间，丝绸位居第一的年份达到50年，分别是1859—1862年，1887—1927年，1933—1935年，1939—1940年；位居第二位的年份达到47年，分别是1842—1858年，1863—1886年，1928—1932年和1936年。

6. 自1840年鸦片战争以来至1949年中华人民共和国成立的110年间，丝绸在我国对外贸易中的地位呈下降状态。丝绸出口额占全国商品出口总额中的比例由鸦片战争后的40%左右，下降至新中国成立前的10%以下，这种变化的基本特征是19世纪后期的下降比较缓慢，20世纪前期的下降逐渐加快。这是由商品出口规模扩大（表现为出口商品的品种增加和数量增多带来的出口额增加）、汇率和价格变化背景下，以生丝为主的丝绸商品出口量和出口价格的相对增减变化所造成的。

第九章以世界主要生丝进出口国——美国、法国、英国、意大利、日本和中国的历年生丝贸易统计数据为依据，结合法国里昂丝绸协会对其他国家生丝贸易量的估算，建立了 1870—1939 年的 70 年间世界生丝贸易量的时间系列数据库，并以该数据库为依据，通过定量分析得出以下结论：

1. 随着近代世界蚕丝业和丝织业的发展，近代世界生丝市场的贸易量虽在不同年份和时期有所增减变化，但基本呈现增长趋势，1929 年为近代世界生丝市场贸易量创纪录年，该年世界生丝贸易量达到 52714.2 吨。

2. 1870—1939 年的 70 年中世界生丝市场的贸易总量为 1619069 吨，其中美国、法国、意大利和英国进口量所占的比例分别为 50.5%、21.4%、5.1% 和 5.0%；日本、中国、意大利和法国的出口量所占的比例分别为 47.7%、27.5%、11.9% 和 6.4%。

3. 近代世界生丝市场是供求寡头垄断的市场，其主要进口消费国为美国、法国、英国和意大利；其主要出口国为日本、中国、意大利和法国；其中意大利和法国既是进口国又是出口国，在不同时期具有不同的角色特点。

4. 由于意大利和法国的蚕丝业因工业化后劳动成本的大幅度提高，受桑蚕微粒子病的影响，以及葡萄和橄榄等经济作物的竞争，较早地进入衰退期，因此，在近代世界生丝市场上，生丝出口的竞争主要是中国和日本之间在 19 世纪 80 年代以后的美国和法国市场上所展开的。

第十章在简要回顾近代美国蚕丝绸业发展的基础上，以中美两国的历年生丝贸易量等统计数据为依据，就近代中美生丝贸易与美国丝绸业发展的关系，对美生丝出口在中国生丝贸易上的地位，以及中国生丝在美国生丝市场上地位变化的时期及其背景进行了实证分析。得到以下结论：1. 美国的蚕丝业起源于 1622 年，当时是作为英国丝绸业的原料基地进行发展的，至 19 世纪末的近二百年间，虽然对蚕丝业实行了奖励政策，但由于棉花和烟草的竞争，栽桑养蚕技术的复杂性，南北战争后生丝进口免税政策下廉价的中国和日本生丝的大量进口带来的市场压力等多种原因的影响下，美国的蚕丝业一直未有大的发展，至 20 世纪初蚕丝业在美国自然消亡。

2. 美国的丝绸业起源于 1793 年的费城，其大规模的快速发展是在南北战争以后。1860 年英法签订《自由通商条约》后，英国丝绸业的衰退引起的英国丝绸业主和丝织工人向美国的大量投资移民，美国政府在丝绸贸易上采取的"引丝扼绸"的政策，以及鸦片战争后中国生丝出口的自由化，明治维新后日本蚕丝业快速发展引起的中日生丝市场竞争，使生丝供应得到保证等因素，为 19 世纪美国丝绸业的大发展创造了条件。其中机械高速丝绸织机的快速普及是美国丝绸业有别于法国等丝绸主产国的一大特色，也是美国丝绸业快速发展，获得比较优势的基础。

3.19 世纪美国蚕丝业的不发达和丝绸业的快速发展引起的生丝供求不平衡，为中国生丝向美国的出口创造了条件；而中国在鸦片战争后生丝出口的自由化，为美国丝绸业的发展提供了原料保证。由于美国采用"引丝扼绸"的政策和丝绸业快速发展的结果，1863—1864 年度美国从中国进口丝绸与生丝的金额间发生了逆转，生丝取代丝绸成为我国对美出口的主要商品发生在 1864 年。

4. 在 19 世纪 60 年代末以前，中国生丝在美国市场上处于优势地位。19 世纪 70 年代后美国动力丝织机普及对高品质机械生丝需求的增加，明治维新（1868 年）后日本政府对生丝出口的奖励政策，政府主导下的以机械缫丝工业发展为代表的蚕丝技术进步和生丝贸易以美国为中心的市场选择与培育，使中国生丝在美国生丝市场上逐渐处于劣势，中国生丝在美国市场上的优势地位被日本取代是在 1883 年。

5.1865—1939 年的 75 年间美国共进口生丝 828149.1 吨，其中从日本进口占 77.6%，从中国进口占 15.2%。美国从中日两国进口的生丝量占其进口总量的 92.8%，美国生丝市场的竞争主要发生在中国和日本之间。

6. 中日生丝在美国市场的价格表现，从一个侧面说明 1870 年代中期以后至 19 世纪末日本生丝竞争力的提高主要源于质量的提高而并不在于生产成本下降带来的低价格竞争优势。而进入 20 世纪后中国生丝在美国市场上与日本生丝和意大利生丝相对价格的上涨，是日本和意大利生丝生产成本的下降，劳动生产率的提高和生丝交易成本的降低，与中国生丝交易成本的高企，生丝出口商权的旁落引起的生丝洋行对生丝贸易利润的垄断等因素综合作用的结果。

第十一章简要介绍了近代法国蚕丝绸业的发展，实证分析了近代法国生丝进口量的变化，法国生丝市场的国际竞争与中国在法国生丝市场的地位变化。得到以下结论：

1. 法国的蚕丝业是 13 世纪 40 年代从邻国意大利传入的 Provence 地区。18 世纪法国对蚕丝业采取保护奖励政策，使养蚕业在法国东南部地区得到普及，19 世纪初法国蚕丝业进入历史的盛期，1846—1852 年的年均产茧量为 24250 吨，1853 年法国蚕茧生产量达历史最高纪录的 26000 吨。19 世纪中叶蚕微粒子病的蔓延给法国蚕丝业以毁灭性的打击。1861 年 6 月 27 日法国和意大利两国间《自由通商条约》签订后，意大利生丝大量流入法国；1869 年 10 月苏伊士运河的开通后，廉价中国生丝大量出口法国给法国蚕丝业以沉重的竞争压力，加速了法国蚕丝业的衰退。

2. 里昂是法国丝绸业的主产地，里昂取代伦敦成为欧洲最大的生丝交易市场是在 1877 年。里昂丝织机数量及其结构的变化反映了法国丝绸业的发展，近代法国机械丝织机的普及速度远远落后于美国，手工制织高级丝绸服饰成为法国丝绸业的特色。

3. 法国是近代世界生丝市场最重要的需求国之一，兼有蚕丝生产国、生丝进口国和生丝出口国等多重角色，但其生丝出口量远远少于生丝进口量，是世界市场的生丝纯进口国。法国生丝进口量随着法国丝绸业的兴衰变化，在 1870 年至第一次世界大战前的 1914 年呈现逐年增加的趋势，此后，除特定时期外，法国生丝进口量总体呈现下降趋势。1835—1938 年的 103 年间法国共生产生丝 79552.0 吨，进口生丝 391840.8 吨，出口生丝 115078.3 吨，纯进口生丝 276762.5 吨，国内消费生丝达 356314.5 吨。

4.1864—1938 年的 75 年间法国共进口生丝 397572.0 吨，其中中国生丝占法国进口总量的 45.5%，日本生丝占 17.2%，意大利生丝占 15.2%，法国生丝市场的竞争主要在中国、日本和意大利三国之间进行。

5. 法国是中国生丝传统的主要出口市场，在 1865—1933 年的 69 年间，中国生丝在法国市场的占有率远高于日本和意大利，具有优势地位。1934 年以后至第二次世界大战爆发前，日本生丝在法国市场的占有率远高于中国和意大利，具有优势地位，其背景是在日本政府的政策性补助下，采取低价倾销库存生丝策略所获得的。

第十二章以日本蚕丝业和生丝贸易的系列统计数据为依据，简要分析了近代日本蚕丝业的发展历程，丝绸出口在日本对外贸易中的经济地位，生丝出口贸易结构的特点，探讨了近代日本蚕丝业和生丝贸易快速发展的原因，并对近代中日两国的生丝贸易进行了比较研究。得到以下结论：

1. 日本蚕丝业生产和生丝出口贸易在明治维新以后，尤其是在 19 世纪 80 年代以后有较快的发展。日本蚕丝业的快速发展可归结于日本政府把蚕丝业作为经济发展的主导产业进行积极的扶持。

2. 取消桑树在耕地上栽培的限制，通过官办示范性的机械缫丝厂和实行"士族授产"运动，推动了日本机械缫丝厂的快速发展；《生丝制造取缔法》和《蚕丝业法》等相关系列法规的颁布，生丝出口商权回收的成功，生丝出口税的取消，生丝出口金融体系的建设，和官民一体对新兴的美国生丝市场的拓展，蚕丝科教的发展及其在人才培育与科学研究上的卓有成效，进一步强化了日本蚕丝业的竞争优势，从而提高了日本生丝出口竞争力。

3. 日本生丝出口竞争力的提高始于 19 世纪 70 年代中期，至 1909 年取代中国成为世界最大的生丝出口国。在 19 世纪 70 年代中期以前，日本生丝出口主要面向英国和法国市场，此后，日本生丝的主要出口市场为美国和法国，进入 20 世纪后日本生丝出口主要依赖美国市场。

4. 日本的生丝出口量超过中国位居世界首位的是 1909 年，当年日本的生丝出口量为 8081.6 吨，占世界生丝贸易总量的 30.3%，而中国生丝输出量为 7845.8 吨，占世界生丝贸易总量的 29.4%。虽然在 1929 年以前中国生丝的出口量总体呈现增长趋势，但是，与日本在 1880 年以后的生丝出口增长率比较，中国处于相对停滞的状态。

5. 19 世纪 70 年代以前，中日两国生丝的主要出口市场为英国和法国。19 世纪 80 年代以后至 1931 年，中国生丝出口以法国市场为中心，日本生丝出口以美国市场为中心，中日两国分别在各自的主要目标市场具有竞争优势和垄断地位。1932 年以后，由于日本采取政策补助下的低价倾销政策，美国生丝市场和法国生丝市场的日本生丝占有率明显提高，中国生丝失去了在法国市场的优势地位。

第十三章以生丝贸易的系列统计数据为依据，就 1870—1939 年的 70 年间不同时期引起我国生丝对世界生丝市场、美国生丝市场和法国生丝市场的出口增减的因素，从出口市场的需求因素，出口国的出口竞争力因素，以及上述二者的叠加效果三方面，运用固定市场比例分析法（Constant Market Share Analysis，简称 CMS）进行了实证分析。得到以下结论：

1. 在中国生丝总出口的增减变化中，世界生丝需求因素都起着十分重要的作用。中国生丝在世界生丝市场具有竞争优势的时期分别为时期 1（1870/74—1875/79）、时期 4（1885/89—1890/94）和时期 8（1905/09—1910/14）。

2. 在中国生丝对法国出口增减变化中，法国生丝市场需求因素和中国生丝出口竞争力因素二者都起着作用，在法国市场上中国生丝具有竞争力优势的时期为时期 1（1870/74—1875/79）、时期 3（1880/84—1885/89）、时期 5—6（1890/94—1900/04）、时期 8（1905/09—1910/14）和时期 10—11（1915/19—1925/29）。

3. 在中国生丝对美国出口增减变化中，美国生丝市场的需求因素起着主要作用。在美国生丝市场上中国生丝具有竞争力优势的时期为时期 2（1875/79—1880/84）、时期 5（1890/94—1895/99）和时期 8（1905/09—1910/14），其他各时期中国生丝在美国生丝市场上均处于竞争劣势。

第二节　启　示

中国是世界蚕丝业的发源地，蚕丝业在我国有 5500 多年的悠久历史，在鸦片战争前我国已是世界最大的茧丝绸生产国，蚕丝业发展历史远远长于日本，蚕丝业的发展基础也好于日本，而且我国在鸦片战争后的 1842 年被迫开放上海等五港，而日本被迫开港是在 1859 年也迟于我国，英国、法国和美国与我国丝绸贸易关系更远早于日本，但是，自明治维新尤其是 19 世纪 70 年代中期以后日本蚕丝业有快速的发展，在 1927 年以后其生丝出口量占世界生丝市场贸易量的 2/3 以上具有垄断的地位。我国的生丝出口量在 1929 年世界经济大危机以前，虽随着世界生丝消费市场的扩大而呈现增加趋势，相比日本蚕丝业的快速发展，在世界生丝市场上地位的快速提升，进而垄断世界生丝市场相比，不得不承认近代我国的生丝出口处于相对停滞状态。

作为外向型出口创汇产业的蚕丝业在近代日本取得如此辉煌成功，而在历史基础雄厚，自然条件优越的中国处于相对停滞不前，生丝出口竞争力逐年弱化的状态，究其原因我认为主要是中日两国在以下七方面的巨大差距所造成的。

1. 稳定的社会政治经济环境和强有力的政府领导方面的差距

近代中国自鸦片战争失败后，经历了太多的诸如八国联军侵华、甲午战争、抗日战争等列强的侵略和国内太平天国、义和团、辛亥革命等社会政治经济的动荡，政府忙于应付内忧外患，对发展经济缺乏积极举措。而日本在明治维新后，国内社会政治经济比较稳定，政府在发展经济方面采用"一米二线"政策，通过稳定发展稻米生产满足市场需求来稳定民众生活，通过利用航线和丝线的贸易立国来加强与发达国家的经济联系。近代中日两国在社会政治经济环境和强有力的政府领导方面的差距是两国蚕丝业和生丝贸易具有不同发展结果的基本原因。

2. 近代机械缫丝业发展过程中"自生自灭"与"民营官助"的差距

1862 年英国的怡和洋行在上海开设了近代中国最早的机械缫丝厂，但由于茧丝流通在 1864 年被套上厘金枷锁和蚕茧产地土丝作坊的排挤，不得不于 1866 年停产。民族资本家陈启源于 1866 年在广东省南海县创办法式机械缫丝厂——继昌隆缫丝厂后，一度为广东顺德、南海等蚕丝产地的民众所仿效，但在 1881 年与土丝作坊争夺原料蚕茧的冲突中，得不到地方政府的支持与保护，不得不一度避走他乡。在近代中国机械缫丝厂的早期发展过程中未见清政府的洋务大员有积极的举措，基本上是"自生自灭"，近代机械缫丝厂发展缓慢。据不完全统计，1880 年全国有机械缫丝厂 14 家有缫丝机 2600 釜，1894 年有 89 家有缫丝机 30432 釜，至 1910 年也只有 171 家有缫丝机 59140 釜①。

与近代中国机械缫丝业发展缓慢相对应的是，日本机械缫丝厂的快速增加和生产规模的扩大。为促进经济发展和工业化进程，日本政府出资在 1870 年代初设立了官营"模范工厂"，以为民间学习的榜样，如前桥制丝所（1871 年）、富冈制丝所（1873 年）、京都舍密（化学）局、京都织殿和新町绢丝纺织所等就是当时有代表性的官营丝绸企业。考虑到官营模范工厂只有在引进外国先进技术与设备方面的积极作用，而在经营盈亏方面存在诸多弊端，在 1882 年放弃对官营模范工厂的经营，通过"士族授产"（1879 年）等方式，对机械缫丝厂等新式工厂的创办进行"民营官助"，1873—1889 年间共对蚕丝相关企业资助了 205 万日元。日本机械缫丝厂从 1876 年的 87 家工厂，增加到 1888 年的 1516 家，1893 年达到 2602 家有缫丝机 85988 釜，1915 年达到 4309 家有缫丝机 205588 釜。19 世纪 70 年代以后日本机械缫丝厂的大量兴办，提高了日本生丝质量和劳动生产率，从而提高了日本生丝的出口竞争力，也为日本生丝占领以高速丝绸织机为主的美国丝绸市场创造了条件。

3. 在政策引导、法规建设与财政支持方面的差距

早在 1870 年日本政府就颁布了《生丝出口奖励法》②，1871 年 9 月废除了德川幕府时代颁布的"禁止在耕地上栽培桑茶"的命令，允许蚕茧自由生产③。之后，相继颁布了促进和规范蚕丝业发展的一系列法规：如 1873 年的《生丝制造取缔法》，1886 年的《蚕种检查规则》，1897 年的《蚕丝业法》，1931 年的《蚕丝业组合法》，1936 年的《产茧处理统制法》等。而我国在 1924 年 9 月在北京召开的全国实业会议上，才提出成立蚕丝改良会、奖励生丝出口等议案，但由于社会不安宁，经费无着落等原因，并没有进一步的举措。

为了支持民族资本家从事生丝直接出口所需资金，保证生丝贸易中汇兑的顺畅，日本在 1880 年设立了横滨正金银行，对生丝直接出口进行政

---

① 徐新吾，《近代中国缫丝工业史》，上海：上海人民出版社，1990 年，第 611—614 页，附录 1。

② 施敏雄，《清代丝织工业的发展》，台北：台湾商务印书馆，1968 年，第 104 页。

③ 日本纤维协会，《日本纤维产业史》，东京：日本纤维协会，1958 年，第 142 页。

策性的金融支持。基于意大利为增加其生丝出口竞争力于 1892 年取消生丝出口税的情况，日本在恢复关税自主权的当年，即 1899 年 7 月就马上取消了生丝出口税，联系日本生丝在美国市场的价格从 1899 年起低于中国上海生丝的历史事实，说明日本税收政策对其生丝出口竞争力提高的作用。1929 年 10 月第一次世界经济大危机爆发后，世界生丝消费低迷，生丝出口受阻带来的蚕丝业生产过剩的危机，日本政府于 1930 年 3 月 5 日颁布实施《丝价安定融资补偿法》，1932 年 7 月颁布实施《丝价安定融资担保生丝买收法》和《丝价安定损失善后处理法》，从国库中补助 9020 万日元，一次就收购了 5898.6 吨生丝，相当于 1932 年日本生丝总产量的 14.2%。此后，日本于 1937 年颁布实施《丝价安定施设法》以及《丝价安定施设特别会计法》，积极采取政策性金融措施稳定生丝价格。而我国于 1930 年 5 月恢复关税自主权，面对因第一次世界经济大危机后生丝出口受阻，国内缫丝厂大量倒闭的困境，国民党政府在废除子口半税、厘金税和蚕茧落地税的同时，提高了生丝出口税，在蚕丝业界激烈反对下，才于 1932 年 5 月取消了丝绸类商品的出口税（表 4–4）。在 1929 年 10 月第一次世界经济大危机爆发后，因世界生丝消费低迷，生丝出口受阻带来缫丝厂大量破产，蚕丝界多次强烈请愿的背景下，国民党政府才于 1931 年同意发行 800 万元公债，用于蚕丝业的救济。中日两国在蚕丝业发展和生丝贸易的政策引导、法规建设与财政支持方面的巨大差距十分巨大。

4. 在蚕丝科教与技术普及方面的差距

日本政府在把蚕丝业作为出口创汇发展经济的主导产业的思想指导下，在 1873 年向欧洲派遣 23 名实习生中，就安排佐佐木长淳和圆中文助 2 人作为蚕丝业界的实习生赴欧洲学习，在他们回国后的 1874 年在内务省内藤新宿试验场内设立蚕业试验班，从事蚕丝业研究和养蚕制丝技术的传授工作，1884 年创办农务局蚕病试验场，1887 年改制为蚕业试验场。1892 年成立大日本蚕丝会，1896 年创办西原蚕业讲习所（现东京农工大学前身），1899 年创办京都蚕业讲习所（现京都工艺纤维大学前身），1911 年创办国立蚕种制造所。此后在日本各地设立了许多蚕丝业研究与教育机构，蚕丝业的科学研究与教育事业发展迅速。1904 年石渡繁胤发现了蚕的雌雄判别法；1906 年外山龟太郎提出了蚕的一代杂交种利用法；1915 年荒木武雄、三浦英太郎确定了蚕的人工孵化法；其他还有蚕的化性研究，桑、蚕品种改良育种法，多条缫丝机的开发，稚蚕防干纸育，蚕病预防技术等等。20 世纪 20 年代日本的蚕丝技术已处于世界一流水平。

虽然我国在甲午战争后，有感于日本蚕丝业快速发展，在 1896 年派遣 13 名留学生赴日学习蚕丝技术，同年杭州太守林启申请开办杭州蚕学馆，于 1898 年开学；1901 年在南京开设江南蚕桑学堂，1902 年在武昌开设了武昌农务学堂养蚕科，1903 年杭州蚕学馆第 3 期毕业生史良才在上海创办私立上海女子蚕桑学堂，尤其在辛亥革命后，蚕丝学校在全国有较快发展。据 1918 年调查，当时全国有甲种蚕业学校或设有蚕科的甲种农业学校 27 所，乙种蚕业学校或设有蚕科的乙种蚕业学校 114 所，女子蚕业学校或设有蚕科的女子职业学校 5 所，蚕业讲习所 8 处。此外，1912 年浙江省农事试验场设立养蚕科，1917 年由法国上海商会会长 H.Modier 创办"中国合众蚕桑改良会"，1918 年由欧美商人出面在广东成立"万国丝业改良会"等蚕丝技术推广机构。但由于缺乏政府足够的财政资助和专业蚕丝研究机构与人员的欠缺，蚕丝业技术未见创新，蚕丝新技术的推广更远远落后于日本，如日本外山龟太郎于 1906 年发明，并在 20 世纪 10 年代末得到全面推广应用的蚕一代杂交种利用法，我国在 1924 年才在浙江省中等蚕校试制成功，至新中国成立前蚕一代杂交种仍未得到全面普及。

5. 生丝"间接出口"与"外贸直营"方面的差距

1859 年安政开港后，早期日本生丝出口商权与中国一样为外国洋行所把持。但是，为了打破外商对生丝贸易商权的垄断，争取商业利润和商业信息的顺畅，日本于 1878 年发动"生丝直输出运动"，并于 1880 年设立了专业从事生丝出口金融业务的横滨正金银行，从金融方面支持民族资本家从事生丝的直接出口，生丝直接出口的比例由 1893 年的 9.53%，提高至 1900 年的 30.7%，1911 年达到 49.1%，至 20 世纪 20 年代末，日本成功地从外国生丝洋行中夺回了生丝出口商权，使他们能够及时了解国际市场的相关信息，在获取商业利润的同时，在生丝出口经营上具有主动权。而与日本成功夺回生丝贸易商权相对应的是，中国生丝商人甘于作为外国洋行的买办，虽然在 20 世纪 20 年代中期有过民族资本家争取生丝贸易商权的活动，但由于自身资金的贫弱，以及缺乏政府强有力的支持，结果未能成功。外国生丝洋行为了强化对中国生丝出口商权的控制，还组织了上海生丝出口商协会"Shanghai Raw Silk Exporters Association"，同时既为其自身商业利益，也为了加大对蚕丝业的影响力，出面组织了"中国合众蚕桑改良会"和"万国丝业改良会"等技术推广组织。生丝贸易商权的旁落，既使我国生丝贸易的巨额利润落入外商之手，又阻隔了国际生丝市场的需求信息，国外厂商对生丝改良的要求也难以直接传达至国内生丝生产者，从而影响了蚕丝业的技术改良与普及，影响了生丝出口竞争力的提高，削弱了我国生丝出口的比较优势。

6. 蚕种和茧丝流通秩序管理方面的差距

为了杜绝伪劣生丝出口对日本生丝信誉的损害，早在明治维新的当年（1868年），日本就在东京设立"蚕丝改所"，1869年又在横滨和神户设立"蚕丝改所"，1873年扩大为"生丝改会社"，1878年成立生丝检查所，进行出口生丝的数量调查和混入物的检查，打击生丝交易中的"以次充好"和"夹杂"等不正的商业行为。1895年制定并颁布了《生丝检查所法》，并在横滨和神户扩充生丝检查所，对出口生丝进行强制检验，以强化出口生丝的品质管理，维护日本生丝的商业信誉。而我国早期我国没有公正的第三方检验，出口生丝的等级与价格由外国洋行自定。1890年6月清政府在广州成立了广州生丝检查所，但是由于缺乏必要的政策支持和经费补充，开业不久即告关闭。1922年2月我国在上海香港路10号仓库4楼设立中美合办生丝检查所，1930年在广州再次设立广州生丝检查所以后，才开始有生丝品质的第三方检验机构。基于伪劣改良蚕种对农民权益侵害的普遍化，国民党政府农矿部才于1929年颁布《检查改良蚕品种暂行办法》，同年江苏省在无锡成立江苏省蚕业取缔所，此后，在浙江省和广东省等蚕丝主产地才成立同类机构。

7. 生丝市场选择、开拓和培育方面的差距

基于19世纪80年代前，日本生丝出口竞争力弱于我国和意大利，在当时最大的法国生丝市场上难以与我国上海周边出产的"丝经"竞争的现状，日本政府于1776年派遣神鞭知常赴美进行市场调查并推销生丝，官民一体积极开拓生丝出口市场，并根据美国丝绸业快速发展趋势，在市场选择上从以往的以英国和法国市场为中心调整为以美国和法国市场为中心，进而向美国市场一极集中的市场策略。反观我国政府忙于应付"内忧外患"，从未在开拓和巩固生丝出口市场方面有任何积极的举措。

正如波特（1990年）所指出的那样，一个国家的竞争优势，就是企业、行业的竞争优势。本书认为在经济全球化的背景下，一个国家的经济能否快速发展关键在于该国能否在世界经济发展起主导作用的产业群体中，有一个或若干个主导产业的产品在国际市场中取得竞争优势。近代中日两国在蚕丝业和生丝贸易上的成功经验与失败教训，给我们的启示就是：具有国际竞争力的外向型主导产业（群）的发展需要有稳定的社会政治经济环境，强有力的政治领导和政府作用，正确的主导产业（群）及其目标市场的选择，系统的法制环境和政策支持体系建设，高效的科技创新、普及与人力资本优化的科教机构，有效的产业组织和经济贸易主权的掌握。

主要参考文献

[1] 滨下武志著，高淑娟、孙彬译，中国近代经济史研究，南京：江苏人民出版社，2008 年。

[2] 陈慈玉，近代中国的机械缫丝工业（1860—1945），台北，1989 年。

[3] 陈慈玉，以中印英三角贸易为基础探讨十九年纪中国的对外贸易，中国海洋史论文集，台北，1989 年。

[4] 陈争平、龙登高，中国近代经济史教程，北京：清华大学出版社，2002 年。

[5] 戴亮，五口通商前后中国海上丝绸贸易之比较研究，丝绸史研究，1989 年第 1 期，第 11—16 页。

[6] 高景岳，无锡缫丝工业的发展和企业管理の演变（1904—1956），中国社会经济史研究，1983 年第 1 期，第 102—110 页。

[7] 顾国达，十九世纪美国丝绸业的发展与中美生丝贸易，浙江学刊，2001 年第 2 期，第 174—178 页。

[8] 顾国达，世界蚕丝业经济与丝绸贸易，北京：中国农业科技出版社，2001 年。

[9] 顾国达，蚕业经济管理，杭州：浙江大学出版社，2003 年。

[10] 顾国达、王昭荣，日本侵华时期对中国蚕丝业的统制与资源掠夺，杭州：浙江大学出版社，2010 年。

[11] 广东历史学会编，明清广东社会经济形态研究，广州：广东人民出版社，1985 年，第 237—278 页。

[12] 侯厚培，从统计上观察历年来之华丝贸易，国际贸易导报，1931 年第 1 期，第 1—5 页。

[13] 黄苇，上海开埠初期对期对外贸易研究，上海：上海人民出版社，1979 年。

[14] 黄赞雄，十九世纪中后期的上海丝绸业，丝绸史研究，1990 年第 4 期，第 6—11 页。

[15] 黄赞雄，中国近代丝绸外贸概论，丝绸史研究，1991 年第 2 期，第 3—10 页。

[16] 乐嗣炳，中国蚕丝，上海：世界书局，1935 年。

[17] 李国环，论五口通商以后江南地区蚕桑业的发展及其影响，浙江学刊，1984 年第 26 期，第 128—146 页。

[18] 李明珠著，徐秀丽译，中国近代蚕丝业及外销（1842—1937），上海：上海社会科学院出版社，1996 年。

[19] 梁嘉彬，广东十三行考，1960 年再版，台中东海大学，1937 年。

[20] 刘永连，近代广东对外丝绸贸易研究，北京：中华书局，2006 年。

[21] 罗玉东，中国厘金史，香港，1937 年。

[22] 马丁，民国时期浙江对外贸易研究（1911—1936），北京：中国社会科学出版社，2012 年。

[23] 民国政府主计处统计局，中华民国统计摘要（24 年辑），上海：商务印书馆，1936 年。

[24] 潘景龙、谭禹，光宣年间吉林蚕业的兴衰，历史档案，1985 年第 17 期，第 103—106 页。

[25] 彭泽益，中国近代手工业史资料（1—4），北京：中华书局，1984 年。

[26] 彭泽益，中国经济史研究中的计量问题，历史研究，1985 年第 3 期，第 24—25 页。

[27] 钱天达，中国蚕丝问题，上海：黎明书局，1936 年。

[28] 钱幼琢，1699—1867 年间中国生丝出口量的变迁，丝绸史研究，1988 年第 1 期，第 27—31 页。

[29] 钱幼琢，1868—1911 年间中国生丝出口量的变迁，丝绸史研究，1989 年第 1 期，第 7—10 页。

[30] 全国蚕业区划研究协作组编，中国蚕业区划，成都：四川科学技术出版社，1988 年。

[31] 上海社科院经济所等，上海对外贸易（1840—1949），上海社科院出版社，1989 年。

[32] 上海社科院经济所、上海市国际贸易学会共著，上海对外贸易，上海：上海社科院出版社，1989 年。

[33] 上海总税务司署统计科，海关中外贸易统计年刊（1931—1942），上海。

[34] 申报馆编，申报年鉴（1933—1935）。

[35] 申报馆编，申报（1872—1915）。

[36] 沈九如，十年来之浙江省蚕丝业，浙江省建设月刊，1937 年第 10 期。

[37] 施敏雄，清代丝织工业的发展，台北：商务印书馆，1968 年。

[38] 汪敬虞，关于继昌隆缫丝厂的若干史料及值得研究的几个问题，见黄逸平编，中国近代经济史论文集文选，1984 年，第 671—691 页。

[39] 汪敬虞主编，中国近代经济史，北京：人民出版社，2000 年。

[40] 王庄穆，丝绸笔记，上海：中国流行色协会，1986 年。

[41] 吴洛，中国度量衡史，台北：台湾商务印书馆，1966 年。

[42] 徐新吾主编，中国近代缫丝工业史，上海：上海人民出版社，1990 年。

[43] 徐新吾、韦特孚，中日两国缫丝手工业资本主义萌芽比较研究，历史研究，1983 年第 166 期，第 135—147 页。

[44] 徐雪均译编，上海近代社会经济发展概况（1882—1931）——海关十年报告编，上海：上海社科院出版社，1985 年。

[45] 许道夫，中国近代农业生产及贸易统计资料，上海：上海人民出版社，1983 年。

[46] 严中平，中国近代经济史统计资料选辑，北京：北京科学出版社，1955 年。

[47] 杨端六、侯厚培，六十五年来中国国际贸易统计，南京，1931 年。

[48] 杨源兴，中国五口通商时期丝茶出口贸易，学术研究，1984 年第 3 期，第 78-83 页。

[49] 姚贤镐，中国近代对外贸易史资料，北京：中华书局，1962 年。

[50] 尹良莹，中国蚕丝史，台北：华冈书城，1931 年。

[51] 曾同春，中国丝业，上海：商务印书馆，1933 年。

[52] 张国辉，甲午战后四十年间中国现代缫丝工业的发展和不发展，中国经济史研究，1989 年第 10 期，第 91—125 页。

[53] 张任侠，中国丝业及其对外贸易之史的回顾，中国实业，1937 年第 2 期，第 54—65 页。

[54] 张仲礼，1834—1867 年我国对外贸易的变化与背景，学术学刊，1960 年第 9 期，第 54—65 页。

[55] 郑敦诗，中国海关统计，北京：外贸出版社，1988 年。

[56] 朱新予主编，浙江丝绸史（通论），杭州：浙江人民出版社，1985 年。

[57] 朱新予主编，中国丝绸史（专论），北京：纺织工业出版社，1992 年。

[58] 中国近代纺织史编辑委员会，中国近代纺织史，北京：中国纺织出版社，1997 年。

[59] 中国丝绸进出口总公司编，中国丝绸出口历史统计（1902—1949），北京，1989 年。

[60] 总税务司署统计科，中国海关华洋贸易总册（1926—30），上海。

[61] 明石弘，支那の蚕丝业，调查资料第 16 号，1918 年。

[62] 朝鲜总督府，朝鲜贸易年表。

[63] 朝鲜总督府，统计年报。

[64] 朝鲜总督府，农业统计年报。

[65] 土井时久，战前期养蚕业の的经济分析，农经论丛（北海道大学），1983 年第 39 集，第 245—328 页。

[66] 藤本实也，支那蚕丝业研究，东亚研究所刊，东京，1943 年。

[67] 藤本实也主编，日本生丝贸易史，前揭日本蚕丝业史（第 1—2 卷）に所收，明文堂，1935 年。

[68] 藤田正典，十七、十八世纪に於けるインド英支通商关系 – 东インド会社中心として–，东亚论集，1939 年第 1 期，第 19—79 页。

[69] 藤井光男，战间期日本纤维产业海外进出史の研究 – 日本制丝资本と中国、朝鲜–，京都：ミネルヴァ书房，1987 年。

[70] 桥本重兵卫，生丝贸易之变迁，丸山舍，1902 年。

[71] 滨下武志，十九世纪后半期中国における外国银行の金融市场支配の历史的特征 – 上海における金融恐慌との关连において–，社会经济史学，1974 年总第 40 期，第 228—245 页。

[72] 滨下武志，近代中国における贸易金融の–考察十九世纪前半の银价腾贵と外国贸易构造の变化–，东洋学报，1976 年总第 57 期，第 116—177 页。

[73] 滨崎实，绢丝纺织业の经济分析，明文书房，1990 年。

[74] 滨崎实、顾国达、宇山满，民国期（1912—49）における中国生丝输出の研究，京都工艺纤维大学学报，1995 年第 1 期，第 9—16 页。

[63] 秦玄龙，支那生丝の世界的地位，东亚研究所刊，东京，1942 年。

[64] 秦惟人，清末湖州の蚕丝业と生丝の输，中嶋敏先生古稀记念论集所收，汲古书院，1981 年，第 523—548 页。

[65] 服部春彦，十九世纪フランス绢工业の发达と世界市场，史林，1971 年总第 54 期，第 333—380 页。

[66] 平冈谨之助，蚕丝业经济の研究，东京：有斐阁，1939 年。

[67] 本位田祥男、早川卓郎，东亚の蚕丝业，东京：有斐阁，1943 年。

[68] 本野英一，アーロ–战争后の杨子江中下流域の信用构造と世界市场–アメリカ南北战争の影响を中心に–，史学杂志，1984 年总第 93 期，第 35—67 页。

[69] 本多岩次郎，清国蚕丝业调查复命书，东京：有隣堂，1899 年。

[70] 堀江英一，经济に关する支那惯行调查报告书 – 支那蚕丝业における取引惯行–，东亚研究所刊，东京，1944 年。

[72] 石井宽治，日本蚕丝业史分析，东京：东京大学出版社，1972 年。

[71] 伊藤清藏，世界の蚕丝业竞争と日本蚕业，东京：六盟馆，1908 年。

[73] 伊东祐毂编，世界年鉴，博文馆，1904—1913 年。

[74] 海外企业调查组合，支那の柞蚕制丝业，1927 年。

[75] 片野彦二，1980 年の世界贸易构造，经济企划厅经济研究，东京，1976 年。

[76] 河鳍源治，太平天国占领下南浔镇における湖丝贸易，东方学，1961 年第 22 期，第 84—98 页。

[77] 清川雪彦，战前中国の蚕丝业に关する若干の考察（1）–制丝技术の停滞性 –，经济研究（一桥大学），1975 年总第 26 期，第 240—255 页。

[78] 清川雪彦，制丝技术の普及传播について – 多条缲丝械の场合 –，经济研究（一桥大学），1977 年总第 28 期，第 337—354 页。

[79] 清川雪彦，蚕品种の改良と普及传播（上）–1 代杂交种の场合 –，经济研究（一桥大学），1980 年总第 31 期，第 27—39 页。

[80] 清川雪彦，蚕品种の改良と普及传播（下）–1 代杂交种の场合 –，经济研究（一桥大学），1980 年总第 31 期，第 135—146 页。

[81] 清川雪彦，满州における柞蚕制丝业の展开をめぐって – 战前中国蚕丝业に关する若干の考察（2）–，アジア经济，1981 年，第 2—25 页。

[82] 鸿巢久，支那蚕业之研究，东京：丸山舍，1919 年。

[83] 顾国达，中国の生丝贸易と世界生丝市场の需给构造に关する经济分析（1842—1949），京都工艺纤维大学博士学位论文，1995 年。

[84] 顾国达、宇山满、滨崎实，中国の输出贸易に占める蚕丝业の经济的地位，日本蚕丝学杂志，1993 年第 6 期，第 462—470 页。

[85] 顾国达、滨崎实、宇山满，近代（1842—1945）における生丝世界市场の展开构造，浙江丝绸工学院学报，1993 年第 3 期，第 104—120 页。

[86] 顾国达、滨崎实、宇山满，近代生丝世界市场の成立要因とその需给关系，日本蚕丝学杂志，1993 年第 5 期，第 349—357 页。

[87] 顾国达、滨崎实、宇山满，开港初期（1842—1867）における中国生丝输出の研究，日本蚕丝学杂志，1993 年第 5 期，第 358—366 页。

[88] 顾国达、宇山满、滨崎实，清末期における中国输出生丝の产地分布の推计，日本蚕丝学杂志，1994 年第 5 期，第 392—398 页。

[89] 顾国达、滨崎实、宇山满，清末期における中国生丝输出量变动の要因分析，日本蚕丝学杂志，1995 年第 2 期，第 110—116 页。

[90] 增井芳男，蚕丝关系欧书写本集，第 1—3 卷，未出版，京都工艺纤维大学所藏，1927 年。

[91] 松原建彦，フランス近代絹織物工业の发达过程，经济学论丛（福冈大学，1972年总第 17 期，第 177—230 页。

[92] 松原建彦，フランス近代养蚕业の的发展过程，经济学论丛（福冈大学，1974 年总第 19 期，第 379—416 页。

[93] 松原建彦，フランス近代制丝、捻丝工业の成立过程中，经济学论丛（福冈大学），1976 年总第 21 期，第 197—237 页。

[94] 松原建彦，19 世纪后半フランスにおける绢丝の生产と流通，经济学论丛（福冈大学），1978 年总第 22 期，第 225—261 页。

[95] 松原建彦，リヨンと绢の国际市场，经济学论丛（福冈大学），1978 年总第 22 期，第 425—441 页。

[96] 松原建彦，フランス绢织物工业における机械制生产体制の确立 −1870—1914 年 −，ヨーロッパの展开における生活と经济に所收，晃洋书房，1984 年，第 133—151 页。

[97] 松原建彦，フランス近代绢织业工业の需要市场 −1870—1914 年 − 国民杂志，1985 年总第 152 期，第 73—96 页。

[98] 松村敏，1920 年代のアメリカ绢业 − 日本蚕丝业史研究のための予备的检讨 −，社会科学研究，1985 年总第 37 期，第 154—185 期。

[99] 松永伍作，清国蚕业视察复命书，东京：有隣堂，1898 年。

[100] 松井七郎，米国绢工业发达史（1—5，中央蚕丝报，第 145—149 期，1928 年。

[101] 松井七郎，最近の米国绢工业と其问题，经济学论丛（同志社大学），1952 年第 3 期，第 235—264 页。

[102] 松下宪三郎，支那制丝业调查复命书，农商务省农务局，1920 年。

[103] 峰村喜藏，清国蚕丝业大，东京：丸山舍，1904 年。

[104] 三菱合资公司资料课译，支那の对米生丝贸易の变迁，资料汇报，1924 年第 171 号，第 1—20 期。

[105] 紫藤章，清国蚕丝业一斑，农商务省生丝检验所，1911 年。

[106] 森田三郎，米国における绢工业发达史（1—4），中央蚕丝业报，1927 年第 135—137 期，第 139 期。

[107] 森田三郎，米国の绢业と生丝取引实，蚕丝科学讲演集第二辑に所收，东京：明文堂，1929 年，第 95—143 页。

[108] 水沼知一，明治后期における生丝出口の动向 − 问题发现のための予备检讨 −，社会经济史，1963 年总第 28 期，第 445—465 页。

[109] 永原庆二、山口启二主编，日本技术の社会史第 3 卷，日本评论社，1983 年。

[110] 中村政则，器械制丝の发展と殖产兴业政策，历史学研究，1964 年总第 290 页，第 13—26 页。

[111] 永濑顺弘，19 世纪末期におけるイタリア蚕绢业动向，樱美林エコノミックス，1972 年第 3 期，第 83—114 页。

[112] 永濑顺弘，19 世纪末期における中国蚕丝业动向，樱美林エコノミックス，1974 年第 4 期，第 85—111 页。

[113] 永濑顺弘，19 世纪末期における蚕绢业动向，樱美林エコノミックス，1977 年第 5 期，第 39—80 页。

[114] 永濑顺弘，1930 年代における中国蚕丝业の动向 –「华中蚕丝」を中心として –，樱美林エコノミックス，1978 年第 7 期，第 119—182 页。

[115] 日本蚕丝会，蚕丝要览，东京，1930 年。

[116] 日本蚕丝会，日本蚕丝业史（第 1—5 卷），东京：明文堂，1935 年。

[117] 日本纤维协议会，日本纤维产业史（各论），第 2 章制丝业，东京，1958 年。

[118] 农林省蚕丝局，蚕丝业要览，1962 年。

[119] 农林大臣官房总务课，农林行政史（第 3 卷），蚕丝行政篇，农林协会，1959 年。

[120] 农林省农林水产技术会议，战后农业技术发达史（第 7 卷），蚕丝编，东京，1969 年。

[121] 农林省农蚕园芸局，日本养蚕业の近代化と蚕业行政，东京，1977 年。

[122] 农商务省农务局，第 2 次と第 4 次出口重要品要览，农产の部（蚕丝），有隣堂。

[123] 农商务省商务局，蚕丝贸易概述，东京，1880 年。

[124] 农商务省商工局，东三省の蚕业，农商务省商工局临时报告所收，1904 年。

[125] 农商务省农务局，世界之蚕丝业并人造绢丝业，1912 年。

[126] 农商务省农务局，伊佛之蚕丝业，东京：明文堂，1916 年。

[127] 奥村哲恐慌下江浙蚕丝业の再编，东洋史研究，1978 年总第 37 期，第 242—278 页。

[128] 奥村哲，恐慌前夜の江浙机械制丝业，史林，1989 年总第 62 期，第 251—275 页。

[129] 奥村哲，恐慌下江浙蚕丝业の再编再论，东洋史研究，1989 年总第 47 期，第 619—656 页。

[130] 小野旭，制丝业の增长分析，长期经济统计第 11 卷所收，东洋经济新报社，1979 年，第 135—220 页。

[131] 大村道渊，满州柞蚕经济史の的考察（1—3），研究院学报（建国大学），1941 年

第 38 号，第 11—25 页；第 40，第 1—26 页；第 41 号，第 27—36 页。

[132] 大野彰，第一次大战后の世界生丝市场の构造及び生丝相场の变动について－リヨン市场の动向を中心に－，经济学论究（关西学院大），1984 年总第 38 期，第 103—127 页。

[133] 大野彰，欧洲绢业と米国绢业の比较考察，经济学研究（关西学院大），1984 年总第 17 期，第 1—14 页。

[134] 大野彰，アメリカ市场蚕丝业の国际竞争について（1900—1925 年），经济学研究（关西学院大），1985 年总第 18 期，第 1—15 页。

[135] 大野彰，绢织物制造のコストの国际比较，经济学研究（关西学院大），1987 年总第 20 期，第 1—19 页。

[136] 大野彰，1880 年代のニ－ヨ－ク生丝市场の动向，经济学论究（关西学院大），1990 年总第 44 期，第 59—70 页。

[137] 大岛荣子，绢绵交织物产地の形成过程，社会经济史学，1985 年总第 50 期，第 1—29 页。

[138] 坂本菊吉，清国にぉける生丝绢织物の实况并び其企业に关する调查报告，农商务商工局临时报告，1904 年。

[139] 蚕丝业同业组合中央会，蚕丝统计年鉴，1930 年。

[140] 蚕丝科学研究会，伊太利蚕丝绢业の衰退原因と其现状，上田，1931 年。

[141] 佐佐木隆尔，朝鲜における日本帝国主义の养蚕业政策－第 1 次大战期を中心に－，人文学报（东京都立大），1976 年总第 114 期，第 107—134 页。

[142] 坂本勉，近代イランにおける绢贸易の变迁，东洋史研究，1993 年总第 51 期，第 657—694 页。

[143] 芝原拓自，日中两国の绵制品・生丝贸易（1868–1892）とその背景，オィコノミカ，1985 年总第 21 期，第 169—183 页。

[144] 芝原拓自，日中两国近代化のをめぐって－19 世纪后半における对比的分析，オィコノミカ，1985 年总第 22 期，第 113—120 页。

[145] 岛一郎，世界恐慌の中国制丝工业，经济学论业（同志社大），1973 年总第 21 页，第 388—443 页。

[146] 下条英男，经济发展と蚕丝业（1），－イタリア蚕丝业の衰退－，城西大学经济学会志，1970 年第 5 期，第 271—309 页。

[147] 下条英男，韩国の经济发展と蚕丝业，城西大学经济学会志，1971 年第 7 期，第 214—285 页。

[148] 志村茂治，生丝市场论，东京：明文堂，1933 年。

[149] シンポジウム运营委员会编，中国蚕丝业史的展开，东京：汲古书院，1986 年。

[150] 曾田三郎，中国近代制丝业史の研究，东京：汲古书院，1994 年。

[151] 曾田三郎，中国における近代制丝业の展开，历史学研究，1981 年总第 489 期，第 27—41 页。

[152] 曾田三郎，生丝の世界市场における上海器械丝，史学研究，1984 年总第 163 期，第 43—65 页。

[153] 曾田三郎，中国蚕丝业の发展と日本，下关市立大学论集，1986 年总第 30 期，第 497—528 页。

[154] 杉山伸也，幕末、明治初期における生丝出口の数量的再检讨，社会经济史学，1979 年总第 45 期，第 262—289 页。

[155] 铃木智夫，上海机械制丝业の成立，中岛敏先生古稀记念论集（上）に所收，汲古书院，1980 年，第 633—656 页。

[156] 铃木智夫，洋务运动の研究 – 十九世纪后半の中国における工业化と外交の革新考察についての考察 –，汲古书院，1992 年。

[157] 田中正俊，中国近代经济史研究序说，东京大学出版社，1973 年。

[158] 东亚经济调查局，世界人绢业の发达と米国生丝及人绢消费，经济资料第 15 卷第 12 号，1929 年。

[159] 内田星美，日本纺织技术の历史，地人书房，1960 年。

[160] 上原重美，支那蚕丝业大观，东京：冈田日荣堂，1929 年。

[161] 渡边辖二，华中蚕丝股份有限公司沿革史，上海，1944 年。

[162] 山口和雄明治时代の制丝金融，经济学论集（东大），1962 年总第 28 期，第 1—45 页。

[163] 山本进，清代江南牙行，东洋学报，1991 年总第 74 期，第 27—58 页。

[164] 山内丰二，战前期における日本蚕丝业发展の史的考察 – 蚕丝业の技术进步と国际竞争力の推移を中心として –，大阪商业大商业史研究所纪要，1992 年第 2 期，第 69—100 页。

[165] 山泽逸平，生丝出口と日本の经济发展，经济学研究（一桥大学），1975 年总第 19 期，第 57—75 页。

[166] 山泽逸平，日本の经济发展と国际分业，东洋经济新报社，1984 年。

[167] 横浜生丝检验所，生丝检验所调查报告。

[168 吉武成美，桑蚕の起源と分化に关する研究序说，东大养蚕学研究室，1988 年。

[169] 永瀬順弘，日本产业革命期におけるアメリカ绢业の发展，樱美林大学经济学部纪要第 1 号，1972 年。

[170] 岛野隆夫，商品生产出口入物量年统计表（1871—1960），有恒书院，1980 年。

[171] 岛一郎，中国民族工业展开，ミネルヴァ书房，1978 年。

[172] Alderfer, E.B. and Michl, H.E. Economic of American Industry, New York. 1950.

[173] Banister,T.R.A History of the External Trade of China, 1834—1881,In China Maritime Customs, Decennial Reports, 1922—1931. 2 vols. Shanghai,1933.

[174] Bondot,N. Les Soies, 1—2, Paris. 1887.

[175] China Maritime Customs: Annual Teade Reports and the Trade Returns of the Various Treaty Ports, 1864—1925.

[176] China Maritime Customs: Decennial Reports on Trade, Industries, etc. Of the Ports Open to Foreign Commerce and of the Condition and Development of the Treaty Port Province,1882—1891; 1892—1901; 1902—1911; 1912—1921;1922—1931;Shanghai.

[177] Debin Ma. The Modern Silk Road: The Global Raw—silk Market, 1850—1930, The Journal of Economic History, Vol 56(2).pp.330—355,1996.

[178] Debin Ma.Why Japan, Not China, Was the First to Develop in East Asia: Lessons from Sericulture, 1850—1937,Economic Development and Cultural Change, Vol 52(2):369—394,2004.

[179] Ducousso,G. L'industrie de la Soie en Syrie et Auliban, Paris. 1913.

[180] E—Tu,Zun.Sericuture and Silk Textile Production in Ch'ing China, Economic organization in Chinese Society, Edited by Willmott,W.E., Stanford university Press, California. 1972.

[181] Federico.G. An Economic History of the Silk Industry, 1830—1930. Cambridge University Press, 1997.

[182] Feltwell.J. The Story of Silk, Alan Sutton. 1990.

[183] Howitt,F.O. Silk—An Historical Survey with Special Rererence to the Past Century, Journal of the Textile Institute, Proceedings, 1952 (42).pp.339—360.

[184] Hsiao, Liong—Lin. China's Foreign Trade Statistics, 1864—1949. Harvard. 1974.

[185] Istituto Centrale di Stutistica.Sommario di Statistiche Statistiche Storiche Italiane 1861—1955, Roma. 1958.

[186] Li,Thien—fu. China's Silk Industry, Chinese Economic Journal,vol.12, 1930.pp.1344—1358.

[187] Lillian, M.Li.China's Silk Trade: Traditional Industry in the Modern World, 1842–1937, Harvard. 1981.

[188] Lindley,A.F.The Ti–Ping Revolution, London. 1866.

[189] Morand,M. Le commerce des soies de Lyon, Lyon.1906.

[190] Morse,H.B.The International Relation of the Chinese Emprire, 1834–1860, Lindon.1910.

[191] Pariset,E. Les Industries de la Soie, Lyon.1890.

[192] Parkes. British consul at Canton in the trade of that port during the year 1856, by British Parliamentary Papers, 1856. p.30。

[193] Rawally,T. Economics of the Silk Industry, London.1919.

[194] Richardson,J.D. Constant–Market–Share Analysis, Journal of International Economics, 1971(1). pp.227–239.

[195] Robertson.Her Majesty's consul at Shanghai on the trade of port during the year 1856, by British Parliamentary Papers, 1856. p.46.

[196] Robert, Y.E. Economic Imperialisn in China: Silk Production and Exports (1861–1932),California. 1986.

[197] Syndicat de L'union des Marchands de Soie de Lyon.Statistique de la Production de la Soie en France et a L'etranger.

[198] Schober,J. Silk and the Silk Industry, London. 1930.

[199] Shichiro,M. The History of the Silk Industry in the United States, New York. 1930.

[200] Shih, Ming–Shong. Production and Trade of Silk in the late Ch'ing period(1943–1911), by Conference on Modern Chinese economic History, Taipei.1977. pp.401–423.

[201] Silbermann, H. Die Seide,1–2, Dresden.1879.

[202] Stefano Fenoaltea. The Growth of Italy's Silk Industry, 1861–1913: A Statistical Reconstruction, Rivista Di Storia Economica, Vol5 (3).pp.275–318.

[203] Tambor,H. Seidenbau and Seiden industries in Italien, Berlin.1929.

[204] Tyszynski,H. World Trade in Manufactured Commodities, 1899–1950, The Manchester School, 1915 (19). pp.272–304.

[205] U.S. Bureau of Statistics.The Historical Abstract of the United States.

[206] Warner,F. The Silk Industry of the United Kingdom, Its Origin and Development, London.1922.

[207] Williams,H.B.The Chinese Commercial Guide, Hongkong. 1863.

附 表

附表 1 近代中国蚕丝生产量与产值的推计

年份	蚕丝生产量（吨）			蚕丝产值（千美元）		
	合计	桑蚕丝	柞蚕丝	合计	桑蚕丝	柞蚕丝
1871	8132.6	7306.5	826.1	76731.50	75172.62	1558.88
1872	8484.0	7749.6	734.4	80189.86	78714.10	1476.02
1873	8239.2	7194.0	1045.2	85076.30	83379.16	1697.14
1874	9052.7	8061.4	991.4	58623.07	57031.30	1591.77
1875	9365.0	8414.0	951.0	56112.45	53567.85	2544.60
1876	9635.3	8843.7	791.6	85135.01	82888.38	2246.63
1877	8419.0	7631.3	787.7	57677.21	55368.58	2308.63
1878	8907.4	8048.9	858.4	59824.83	57810.49	2014.34
1879	9717.5	8827.9	889.6	58912.38	57187.35	1725.03
1880	9909.7	8953.1	956.7	60243.75	58173.86	2069.89
1881	8927.8	7888.1	1039.7	58512.31	56212.07	2300.24
1882	8863.2	7890.5	972.6	51119.75	49248.06	1871.69
1883	8885.7	7807.4	1078.3	50932.93	48817.13	2115.81
1884	9058.5	7931.0	1127.6	46969.55	44662.32	2307.23
1885	8464.9	7263.6	1201.3	40600.65	38261.12	2339.53
1886	9856.5	8251.1	1605.3	48379.93	45054.62	3325.30
1887	9959.3	8385.0	1574.3	50589.55	47776.82	2812.73
1888	9840.7	8200.7	1640.0	47869.18	44635.23	3233.96
1889	10806.5	8882.5	1924.0	54270.29	50263.49	4006.81
1890	10059.5	8005.3	2054.2	54734.92	50345.19	4389.73
1891	11728.1	9791.1	1937.1	58163.09	54747.89	3415.20
1892	11679.5	9779.3	1900.2	54543.71	51561.31	3027.40
1893	11254.3	9515.7	1738.6	47522.82	44708.39	2814.43
1894	11573.4	9684.8	1888.6	42652.02	39779.11	2872.91
1895	12249.0	10378.5	1870.5	49050.86	45996.70	3054.16
1896	11087.6	9191.2	1896.4	46437.14	42705.95	3731.19

（续表）

年份	蚕丝生产量（吨）			蚕丝产值（千美元）		
	合计	桑蚕丝	柞蚕丝	合计	桑蚕丝	柞蚕丝
1897	12238.5	10180.3	2058.2	48685.45	44748.13	3937.32
1898	12874.2	10970.6	1903.6	54417.02	50666.95	3750.08
1899	13204.0	10805.6	2398.4	68514.03	62379.26	6134.77
1900	14731.4	12332.4	2398.9	70511.06	66315.87	4195.19
1901	16005.8	13606.9	2398.9	62477.60	58445.06	3932.54
1902	12925.2	10526.3	2398.9	63306.80	58481.77	4825.04
1903	14195.6	11796.7	2398.9	77864.00	72500.13	5363.87
1904	14102.7	11104.0	2998.6	73667.80	64038.23	9629.58
1905	13351.0	10352.4	2998.6	76474.12	64246.69	12227.42
1906	13830.8	10832.1	2998.6	87101.31	77205.26	9896.05
1907	14448.5	11449.9	2998.6	96291.62	85970.98	10319.87
1908	14048.7	10650.2	3398.5	66774.47	58434.03	8340.44
1909	16614.5	13216.1	3398.5	76509.41	65954.71	10554.70
1910	17392.1	13993.7	3398.5	86248.60	75697.09	10551.51
1911	17032.3	13633.9	3398.5	82699.73	72489.79	10209.95
1912	19124.4	15326.1	3798.2	89520.41	79289.89	10230.52
1913	18913.5	15002.0	3911.6	97366.85	85951.27	11415.59
1914	15436.0	11524.4	3911.6	71340.91	62907.96	8432.95
1915	15837.8	11926.2	3911.6	67686.84	60089.27	7597.57
1916	16891.4	12893.3	3998.2	108809.62	95876.22	12933.40
1917	15766.6	11768.4	3998.2	135460.82	115806.51	19654.31
1918	16870.9	12872.6	3998.2	178188.94	152189.45	25999.50
1919	17651.0	13028.2	4622.8	216787.66	183598.44	33189.22
1920	18960.7	14337.9	4622.8	203256.32	177957.63	25298.69
1921	19598.4	14800.5	4797.8	153618.07	128557.64	25060.43
1922	19598.4	14800.5	4797.8	199741.78	164604.93	35136.85
1923	19806.8	15009.0	4797.8	204462.67	170294.32	34168.35
1924	19806.8	15009.0	4797.8	167313.20	141217.81	26095.39
1925	20031.9	15234.1	4797.8	188577.72	160934.13	27643.59
1926	20031.9	15234.1	4797.8	173095.76	145864.18	27231.58
1927	19632.1	15234.1	4398.0	142795.21	119209.97	23585.24
1928	20228.9	16230.7	3998.2	148512.92	131849.81	16663.11
1929	20541.9	16543.6	3998.2	139069.77	124246.00	14823.77

（续表）

年份	蚕丝生产量（吨）			蚕丝产值（千美元）		
	合计	桑蚕丝	柞蚕丝	合计	桑蚕丝	柞蚕丝
1930	19351.3	15852.9	3498.4	82777.80	73003.17	9774.63
1931	18871.5	15852.9	3018.7	55227.41	49485.18	5742.23
1932	16156.0	13137.4	3018.7	36413.90	32020.40	4393.50
1933	14013.7	10995.0	3018.7	33775.02	29341.06	4433.96
1934	14020.0	11000.0	3020.0	30743.60	25854.52	4889.08
1935	14366.1	11346.1	3020.0	36264.53	31279.72	4984.81
1936	14931.1	11683.1	3248.0	37758.69	32770.41	4988.28
1937	14346.1	11346.1	3000.0	40792.97	35919.77	4873.20

资料来源：海关关册。参考徐新吾，《中国近代缲丝工业史》，上海人民出版社，1990年9月，第648—653页换算做成。

附表2 近代中国丝绸类商品出口额

单位：千美元

年份	茧丝绸合计	桑蚕丝	柞蚕丝	蚕茧和废丝	绸缎
1867	29611.8	24901.8	803.8	241.8	3664.4
1868	42725.8	37852.6	1066.4	585.9	3220.9
1869	34740.8	30528.0	804.8	428.8	2979.2
1870	37912.1	33609.8	586.2	524.6	3191.6
1871	44949.4	39774.9	466.1	763.1	4024.3
1872	49947.2	44350.4	291.2	881.6	4424.0
1873	49035.5	43333.7	797.2	1202.8	3795.5
1874	35544.7	29962.2	620.6	988.7	3973.2
1875	37341.0	29233.5	927.0	882.0	6298.5
1876	51927.4	44285.9	530.7	1081.7	6029.1
1877	33448.4	25369.3	536.6	751.2	6791.4
1878	36434.2	28157.6	596.0	793.2	6887.5
1879	38637.0	30504.6	552.2	1169.1	6411.2
1880	41465.1	31419.6	536.5	1647.2	7861.8
1881	36674.8	26774.5	694.8	2583.9	6621.6
1882	31515.1	23446.2	476.1	2158.3	5434.4
1883	32436.0	22979.4	692.4	2422.7	6341.4
1884	31295.7	21393.5	822.2	2496.2	6584.0
1885	25600.0	16442.9	926.7	2156.8	6073.6
1886	35212.9	21863.6	1572.6	3222.0	8554.6

（续表）

年份	茧丝绸合计	桑蚕丝	柞蚕丝	蚕茧和废丝	绸缎
1887	38029.2	23588.4	1300.8	4640.4	8499.6
1888	37007.0	21515.4	1565.2	4249.3	9677.3
1889	41862.3	26277.5	2243.7	4417.2	8924.0
1890	38423.9	23613.1	2580.6	4908.6	7321.6
1891	44282.4	29419.2	1816.8	4624.8	8421.6
1892	40971.4	27652.0	1582.5	3229.3	8460.5
1893	36587.5	23409.6	1345.9	3395.5	8436.5
1894	32836.7	21005.6	1493.8	3221.7	6961.6
1895	40549.6	26087.2	1573.6	3318.4	9570.4
1896	34092.1	21308.7	1947.2	2398.4	8438.6
1897	39780.7	27312.5	2202.5	2497.0	7768.8
1898	39272.8	26583.2	1963.5	3241.7	7483.7
1899	59940.3	43813.9	3815.7	4626.0	7684.7
1900	37083.8	25422.0	1995.0	2382.8	7284.0
1901	43859.5	31353.8	2031.8	2634.5	7839.4
1902	49904.2	36809.0	2332.3	4300.4	6462.5
1903	47545.0	29784.3	2990.7	5198.7	9571.2
1904	51648.3	33966.9	6508.9	2877.6	8294.9
1905	51387.6	32693.8	6306.5	4518.0	7869.4
1906	57036.0	39452.0	5098.4	3798.4	8687.2
1907	70376.4	48662.4	4971.5	5776.5	10966.0
1908	53894.8	35462.1	4921.8	4033.9	9477.0
1909	56713.2	34135.3	6203.0	4488.8	11886.2
1910	65602.7	41925.2	5295.2	5794.8	12587.5
1911	60237.5	36238.8	5969.0	6223.8	11806.0
1912	69191.5	44203.2	5888.2	6551.2	12548.9
1913	76542.0	48428.9	5232.6	7042.3	15838.1
1914	53305.9	34479.5	2746.3	4929.9	11150.1
1915	64356.6	40696.8	3992.8	5783.4	13883.7
1916	87703.4	57651.8	4175.2	9306.2	16570.3
1917	109359.2	75330.1	6193.4	9309.1	18526.6
1918	135072.0	82886.6	11237.9	16320.8	24628.0
1919	191913.1	127924.5	14618.6	15851.6	33518.5
1920	127061.6	75752.8	8771.8	10966.6	31570.4
1921	116065.7	71177.0	14051.6	6949.4	23887.6
1922	143868.9	101277.4	12612.7	9329.2	20649.6
1923	144510.4	95016.0	16116.8	12348.0	21029.6

（续表）

年份	茧丝绸合计	桑蚕丝	柞蚕丝	蚕茧和废丝	绸缎
1924	119033.6	78621.8	8906.0	11654.3	19851.5
1925	149026.9	105321.7	12055.7	10630.2	21019.3
1926	145302.1	99398.9	10669.6	10669.6	24564.0
1927	115632.3	80732.1	8074.4	7904.6	18921.2
1928	133210.2	96117.0	7148.3	10895.7	19049.3
1929	121703.0	87900.2	6616.3	11205.8	15980.8
1930	65857.7	45798.5	4425.2	4531.0	11103.0
1931	43707.3	25082.1	3709.1	3765.5	11150.6
1932	19653.0	10187.4	1009.8	1115.5	7340.3
1933	23544.5	12600.7	111.2	2500.1	8332.5
1934	18055.4	7770.7	176.7	1845.1	8262.9
1935	20986.1	12676.4	260.2	1926.7	6122.9
1936	18392.9	10784.9	123.3	2317.8	5166.9
1937	21555.3	13260.2	185.2	3144.7	4965.1
1938	15946.5	9972.6	108.6	1929.3	3936.0

资料来源：海关关册。参考引自徐新吾，《中国近代缫丝工业史》，上海人民出版社，1990 年 9 月，第 668—673 页换算做成。

附表 3　近代中国丝绸出口在对外贸易中的地位及历年汇率的变化

年份	全国出口额（千美元）	茧丝绸出口		银1对美元的汇率	金1对银的比价
		金额（千美元）	比例（%）		
1867	81841.0	29611.8	36.2	1.57	15.57
1868	95830.3	42725.8	44.6	1.55	15.59
1869	96222.4	34740.8	36.1	1.6	15.60
1870	87366.1	37912.1	43.4	1.58	15.57
1871	105627.7	44949.4	42.6	1.58	15.57
1872	120460.8	49947.2	41.5	1.6	15.63
1873	108343.6	49035.5	45.3	1.56	15.93
1874	102738.0	35544.7	34.6	1.54	16.16
1875	103369.5	37341.0	36.1	1.5	16.64
1876	117234.0	51927.4	44.3	1.45	17.75
1877	99144.2	33448.4	33.7	1.47	17.20
1878	97399.4	36434.2	37.4	1.45	17.92
1879	97579.4	38637.0	39.6	1.35	18.39

（续表）

年份	全国出口额（千美元）	茧丝绸出口		银1对美元的汇率	金1对银的比价
		金额（千美元）	比例（％）		
1880	108258.8	41465.1	38.3	1.39	18.05
1881	97533.3	36674.8	37.6	1.365	18.25
1882	92925.1	31515.1	33.9	1.38	18.20
1883	95118.3	32436.0	34.1	1.355	18.64
1884	90649.8	31295.7	34.5	1.35	18.61
1885	83207.7	25600.0	30.8	1.28	19.41
1886	94192.5	35212.9	37.4	1.22	20.78
1887	103032.0	38029.2	36.9	1.2	21.10
1888	106261.2	37007.0	34.8	1.15	22.00
1889	111490.2	41862.3	37.5	1.15	22.10
1890	110672.9	38423.9	34.7	1.27	19.75
1891	121137.6	44282.4	36.6	1.2	20.92
1892	109764.9	40971.4	37.3	1.07	23.72
1893	111966.7	36587.5	32.7	0.96	26.40
1894	98640.9	32836.7	33.3	0.77	32.56
1895	114634.4	40549.6	35.4	0.8	31.60
1896	106175.6	34092.1	32.1	0.81	30.59
1897	117720.7	39780.7	33.8	0.72	34.20
1898	111325.9	39272.8	35.3	0.7	35.03
1899	142923.1	59940.3	41.9	0.73	34.36
1900	119247.8	37083.8	31.1	0.75	33.33
1901	122153.0	43859.5	35.9	0.72	34.68
1902	134934.7	49904.2	37.0	0.63	39.15
1903	137185.3	47545.0	34.7	0.64	38.10
1904	158061.4	51648.3	32.7	0.66	35.40
1905	166358.2	51387.6	30.9	0.73	33.87
1906	189165.6	57036.0	30.2	0.8	30.54
1907	208861.0	70376.4	33.7	0.79	31.24
1908	179829.0	53894.8	30.0	0.65	38.64
1909	213565.6	56713.2	26.6	0.63	39.74
1910	251349.8	65602.7	26.1	0.66	38.22
1911	245269.7	60237.5	24.6	0.65	38.33

（续表）

年份	全国出口额（千美元）	茧丝绸出口		银1对美元的汇率	金1对银的比价
		金额（千美元）	比例（％）		
1912	274184.8	69191.5	25.2	0.74	33.62
1913	294413.4	76542.0	26.0	0.73	34.19
1914	238672.1	53305.9	22.3	0.67	37.37
1915	259693.8	64356.6	24.8	0.62	37.84
1916	380619.6	87703.4	23.0	0.79	30.11
1917	476820.0	109359.2	22.9	1.03	29.09
1918	612212.6	135072.0	22.1	1.26	19.84
1919	876824.5	191913.1	21.9	1.39	16.53
1920	671622.4	127061.6	18.9	1.24	15.31
1921	456954.6	116065.7	25.4	0.76	25.60
1922	543560.4	143868.9	26.5	0.83	27.41
1923	602333.6	144510.4	24.0	0.8	29.52
1924	625145.0	119033.6	19.0	0.81	27.76
1925	652136.5	149026.9	22.9	0.84	29.38
1926	656864.2	145302.1	22.1	0.76	32.88
1927	633847.8	115632.3	18.2	0.69	36.20
1928	703862.1	133210.2	18.9	0.71	35.25
1929	650039.7	121703.0	18.7	0.64	38.54
1930	453028.2	65857.7	14.5	0.46	53.38
1931	309221.8	43707.3	14.1	0.34	71.30
1932	167616.3	19653.0	11.7	0.34	73.00
1933	161320.8	23544.5	14.6	0.26347	78.60
1934	181008.1	18055.4	10.0	0.33787	72.80
1935	208867.7	20986.1	10.0	0.36243	54.90
1936	210001.7	18392.9	8.8	0.29712	
1937	245801.5	21555.3	8.8	0.29305	
1938	229119.3	15946.5	7.0	0.3	

注：进出口额原单位为1932年以前为海关两，1933年以后为银元，根据与美元的汇率进行了换算。

资料来源：海关关册。参考徐新吾，《中国近代缫丝工业史》，上海人民出版社，1990年9月，第668—673页换算做成。金银比价：转引自王玉茹，《近代中国价格结构研究》，陕西人民出版社，1997年5月，第47页。

附表4　上海和广州在近代中国桑蚕丝出口中的地位

年份	全国出口量（吨）	上海港		广州港	
		出口量（吨）	比例（%）	出口量（吨）	比例（%）
1868	3071.0	2391.4	77.9	706.3	23.0
1869	2647.3	1870.7	70.7	773.4	29.2
1870	2770.2	1832.8	66.2	939.1	33.9
1871	3377.1	2363.2	70.0	1007.8	29.8
1872	3820.2	2711.9	71.0	1107.0	29.0
1873	3264.6	2733.7	83.7	833.2	25.5
1874	4131.9	3349.1	81.1	782.7	18.9
1875	4484.6	3370.2	75.1	1113.4	24.8
1876	4612.0	3581.9	77.7	1029.8	22.3
1877	3399.6	2507.6	73.8	884.6	26.0
1878	3817.2	3048.7	79.9	767.7	20.1
1879	4584.1	3589.1	78.3	995.0	21.7
1880	4721.4	4081.1	86.4	640.3	13.6
1881	3656.4	2728.8	74.6	928.2	25.4
1882	3652.6	2657.7	72.8	997.8	27.3
1883	3575.4	2481.1	69.4	1094.6	30.6
1884	3696.1	2963.6	80.2	732.1	19.8
1885	3029.5	2331.4	77.0	696.6	23.0
1886	3898.5	2718.4	69.7	1180.1	30.3
1887	4032.4	2476.9	61.4	1387.4	34.4
1888	3848.1	2879.0	74.8	863.9	22.5
1889	4529.8	3213.3	70.9	1182.3	26.1
1890	3652.6	2365.5	64.8	1064.9	29.2
1891	5136.2	3637.7	70.8	1204.2	23.4
1892	5124.5	3624.0	70.7	1263.5	24.7
1893	4860.8	3370.4	69.3	1233.2	25.4
1894	5029.9	3557.6	70.7	1244.0	24.7
1895	5723.6	4024.8	70.3	1477.5	25.8
1896	4355.0	2686.5	61.7	1411.0	32.4
1897	5898.0	3832.8	65.0	1857.5	31.5
1898	5581.7	3334.2	59.7	2048.0	36.7
1899	7461.4	4971.6	66.6	2276.4	30.5
1900	4735.9	2865.9	60.5	1759.0	37.1

（续表）

年份	全国出口量（吨）	上海港		广州港	
		出口量（吨）	比例（%）	出口量（吨）	比例（%）
1901	6571.0	4203.5	64.0	2213.4	33.7
1902	6076.7	3707.3	61.0	2280.1	37.5
1903	4394.6	2200.1	50.1	2099.7	47.8
1904	5555.6	3187.4	57.4	2263.2	40.7
1905	4856.5	2678.3	55.1	2069.4	42.6
1906	5134.3	2954.1	57.5	2100.9	40.9
1907	5580.8	3185.9	57.1	2308.5	41.4
1908	5739.5	3488.7	60.8	2209.1	38.5
1909	5789.7	3537.1	61.1	2176.9	37.6
1910	6660.9	3888.1	58.4	2665.4	40.0
1911	5809.2	3524.2	60.7	2203.6	37.9
1912	7367.8	5074.9	68.9	2185.8	29.7
1913	7214.7	4220.7	58.5	2883.7	40.0
1914	5290.6	3093.9	58.5	2109.6	39.9
1915	6595.0	4518.7	68.5	1979.6	30.0
1916	6260.6	3934.7	62.8	2227.0	35.6
1917	6503.8	3934.8	60.5	2411.5	37.1
1918	5825.6	3598.9	61.8	2010.7	34.5
1919	7949.9	4822.3	60.7	2843.0	35.8
1920	4989.2	2760.8	55.3	2030.1	40.7
1921	6890.4	3632.2	52.7	3001.2	43.6
1922	7238.4	3771.3	52.1	3025.2	41.8
1923	6482.2	3607.3	55.6	2643.1	40.8
1924	6571.4	3483.6	53.0	2815.2	42.8
1925	7967.8	6394.2	80.3	1458.7	18.3
1926	8310.3	7262.6	87.4	832.0	10.0
1927	8165.8	4993.2	61.1	2844.5	34.8
1928	9177.6	6039.9	65.8	2975.8	32.4
1929	9700.3	6272.3	64.7	3231.1	33.3
1930	7570.6	4487.9	59.3	2850.3	37.7
1931	6283.0	3425.4	54.5	2375.0	37.8
1932	4034.9	2306.6	57.2	1442.5	35.8
1933	4586.2	2632.7	57.4	1635.5	35.7

（续表）

年份	全国出口量（吨）	上海港		广州港	
		出口量（吨）	比例（%）	出口量（吨）	比例（%）
1934	3188.5	1287.7	40.4	1613.8	50.6
1935	4456.7	3038.2	68.2	1052.2	23.6
1936	3713.9	2174.9	58.6	1051	28.3
1937	4052.9	2343.9	57.8	1169	28.8
1938	3122.2	1571.5	50.3	1048.6	33.6
1939	4663.8	4117	88.3	48.4	1.0
1940	3767.8	3502	92.9	124.8	3.3
1941	2689.7	2286.1	85.0	293	10.9
1942	473.7	0.6	0.1	473.1	99.9

资料来源：根据海关统计换算做成。

附表5 近代中国桑蚕丝出口中土丝与厂丝的比例

年份	出口总量（吨）	土丝		厂丝	
		出口量（吨）	比例（%）	出口量（吨）	比例（%）
1890	3652.6	2892.5	79.2	760.2	20.8
1891	5136.2	4265.4	83.0	870.8	17.0
1892	5124.5	3789.4	73.9	1335.1	26.1
1893	4860.8	3632.5	74.7	1228.3	25.3
1894	5029.9	3679.2	73.1	1361.6	27.1
1895	5723.6	4088.0	71.4	1635.6	28.6
1896	4355.0	2720.3	62.5	1634.7	37.5
1897	5898.0	3390.1	57.5	2507.9	42.5
1898	5581.7	3100.1	55.5	2481.6	44.5
1899	7461.4	4473.0	59.9	2988.5	40.1
1900	4735.9	2603.3	55.0	2132.6	45.0
1901	6571.0	3552.1	54.1	3018.9	45.9
1902	6076.7	3020.3	49.7	3056.3	50.3
1903	4394.6	1736.0	39.5	2658.7	60.5
1904	5555.6	2696.9	48.5	2858.6	51.5
1905	4856.5	2115.1	43.6	2741.4	56.4
1906	5134.3	2364.3	46.0	2770.0	54.0
1907	5580.8	2540.3	45.5	3040.5	54.5
1908	5739.5	2764.9	48.2	2974.6	51.8
1909	5789.7	2665.9	46.0	3123.8	54.0
1910	6660.9	2793.8	41.9	3867.1	58.1
1911	5809.2	2252.9	38.8	3556.3	61.2

（续表）

年份	出口总量（吨）	土丝		厂丝	
		出口量（吨）	比例（%）	出口量（吨）	比例（%）
1912	7367.8	4093.9	55.6	3576.2	48.5
1913	7214.7	3010.7	41.7	4203.9	58.3
1914	5290.6	1859.0	35.1	3431.7	64.9
1915	6595.0	2778.0	42.1	3816.9	57.9
1916	6260.6	2132.5	34.1	4128.1	65.9
1917	6503.8	2084.5	32.1	4419.3	67.9
1918	5825.6	1945.3	33.4	3880.3	66.6
1919	7949.9	2506.9	31.5	5443.0	68.5
1920	4989.2	1601.2	32.1	3388.0	67.9
1921	6890.4	1601.8	23.2	5288.7	76.8
1922	7238.4	1843.1	25.5	5395.3	74.5
1923	6482.2	1798.9	27.8	4683.3	72.2
1924	6571.4	1671.9	25.4	4899.5	74.6
1925	7967.8	1725.3	21.7	6242.5	78.3
1926	8310.3	1708.2	20.6	6485.3	78.0
1927	8165.8	1860.0	22.8	6159.5	75.4
1928	9177.6	1479.8	16.1	7446.0	81.1
1929	9700.3	1660.6	17.1	7438.4	76.7
1930	7570.6	1234.6	16.3	6059.9	80.0
1931	6283.0	849.8	13.5	5243.4	83.5
1932	4034.9	1166.7	28.9	2774.5	68.8
1933	4586.2	903.7	19.7	3596.1	78.4
1934	3188.5	740.6	23.2	2325.9	72.9
1935	4456.7	865.6	19.4	3448.2	77.4
1936	3713.9	754.0	20.3	2854.8	76.9
1937	4052.9	720.8	17.8	3242.1	80.0
1938	3122.2	1106.1	35.4	1952.9	62.5
1939	4663.8	1818.5	39.0	2789.5	59.8
1940	3767.8	946.6	25.1	2821.2	74.9
1941	2689.7	719.8	26.8	1969.9	73.2
1942	473.7	0.0	0.0	473.7	100.0
1943	69.4	13.4	19.3	56.0	80.7
1944	79.6	0.0	0.0	79.6	100.0
1945	121.6	7.6	6.3	114.0	93.8
1946	843.7	210.8	25.0	632.9	75.0
1947	517.1	120.5	23.3	396.6	76.7
1948	362.9	82.1	22.6	280.8	77.4
1949	28.3	39.3	138.9	243.7	861.1

资料来源：根据海关统计换算做成。

附表 6　美国国别生丝进口量比较

年份	美国生丝进口总量（吨）	中国生丝 进口量（吨）	中国生丝 比例（%）	日本生丝 进口量（吨）	日本生丝 比例（%）	意大利生丝 进口量（吨）	意大利生丝 比例（%）
1863	185.0	67	36.2	0	0		
1864	131.6	28	21.4	0	0		
1865	257.6	18	7.0	3	1.2		
1866	223.2	36	16.1	8	3.6		
1867	232.4	41	17.7	11	4.7		
1868	329.6	30	9.2	4	1.2		
1869	264.7	46	17.4	25	9.4		
1870	499.1	197	39.5	64	12.8		
1871	482.5	300	62.1	24	5.0	2	
1872	525.9	382	72.6	19	3.6		
1873	360.5	206	57.1	4	1.1		
1874	499.7	79	15.8	19	3.8		
1875	614.6	10	1.6	453	73.7		
1876	538.0	23	4.3	372	69.1	1	
1877	536.5	350	65.3	78	14.6		
1878	858.8	492	57.4	195	22.8		
1879	1162.2	743	63.9	288	24.8	1	0.1
1880	1148.3	710	61.4	311	26.9	1	0.1
1881	1309.9	569	43.6	451	34.5	5	0.4
1882	1476.6	551	37.3	579	39.2	6	0.4
1883	1461.7	424	29.0	626	42.8	227	15.5
1884	1553.1	468	30.1	689	44.4	242	15.6
1885	2156.7	676	31.3	929	43.1	431	20.0
1886	2086.3	499	23.9	982	47.1	456	21.9
1887	2346.4	510	21.7	1270	54.1	435	18.5
1888	2417.5	537	22.2	1242	51.4	495	20.5
1889	2695.8	533	19.8	1569	58.2	413	15.3
1890	2230.6	585	26.2	1160	52.0	369	16.5
1891	3411.6	837	24.5	1843	54.0	578	16.9
1892	3366.7	853	25.3	1677	49.8	672	20.0
1893	2248.4	544	24.2	1199	53.3	402	17.9
1894	3617.3	1111	30.7	1718	47.5	614	17.0

（续表）

年份	美国生丝进口总量（吨）	中国生丝		日本生丝		意大利生丝	
		进口量（吨）	比例（%）	进口量（吨）	比例（%）	进口量（吨）	比例（%）
1895	3629.0	1142	31.5	1792	49.4	506	13.9
1896	2954.5	878	29.7	1576	53.3	393	13.3
1897	4678.8	1323	28.3	2402	51.3	791	16.9
1898	4395.8	1174	26.7	2048	46.6	1021	23.2
1899	5107.1	1751	34.3	2161	42.3	1006	19.7
1900	4145.6	1039	25.1	2113	51.0	831	20.0
1901	5747.3	1373	24.0	2811	49.1	1165	20.3
1902	6185.7	1405	22.7	3089	49.9	1405	22.7
1903	5729.2	1543	26.9	3035	53.0	950	16.6
1904	8079.4	1432	17.7	3767	46.6	2074	25.7
1905	6579.5	1318	20.0	3377	51.3	1583	24.1
1906	7585.0	1356	17.9	4240	55.9	1692	22.3
1907	6996.2	1082	15.5	4366	62.4	1346	19.2
1908	10584.0	2192	20.7	5758	54.4	2258	21.3
1909	9236.6	1853	20.1	5424	58.7	1598	17.3
1910	10151.3	2436	24.0	6299	62.1	1196	11.8
1911	9801.9	2179	22.2	6574	67.1	934	9.5
1912	11815.8	2510	21.2	7904	66.9	1275	10.8
1913	12970.3	2692	20.8	9161	70.6	906	7.0
1914	11807.4	2312	19.6	8263	70.0	1184	10.0
1915	15000.6	3365	22.4	10394	69.3	1155	7.7
1916	15362.6	3178	20.7	11948	77.8	212	1.4
1917	15805.9	2804	17.7	12993	82.2	3	0.0
1918	15557.7	2614	17.5	12281	82.4	2	0.0
1919	21376.4	4131	20.3	15298	75.3	846	4.2
1920	13364.0	2712	19.9	10389	76.2	504	3.7
1921	21853.5	4382	21.3	14381	69.9	1399	6.8
1922	23896.8	4091	17.8	18157	78.9	258	1.1
1923	20943.1	5869	26.1	15129	67.4	1111	5.0
1924	26824.2	2463	10.6	20097	86.4	454	2.0
1925	29161.7	5085	17.6	22537	77.9	875	3.0
1926	33311.0	4778	15.9	24400	81.0	516	1.7

（续表）

年份	美国生丝进口总量（吨）	中国生丝		日本生丝		意大利生丝	
		进口量（吨）	比例（%）	进口量（吨）	比例（%）	进口量（吨）	比例（%）
1927	34405.1	5241	15.6	28030	83.5	246	0.7
1928	35073.8	4775	13.9	29080	84.9	359	1.0
1929	34491.2	6761	17.1	31642	80.1	968	2.5
1930	33445.0	4482	13.4	27178	81.3	1683	5.0
1931	36355.1	3812.9	10.5	31165.0	85.7	1377.2	3.8
1932	32831.7	1282.3	3.9	30736.4	93.6	813.0	2.5
1933	30202.6	1483.9	4.9	27563.6	91.3	1155.0	3.8
1934	25851.2	490.3	1.9	25260.4	97.7	100.6	0.4
1935	29169.0	1365.7	4.7	27674.8	94.9	128.6	0.4
1936	26646.8	1014.3	3.8	24794.5	93.0	838.0	3.1
1937	25825.2	1287.8	5.0	24080.3	93.2	457.1	1.8
1938	24932.2	575.8	2.3	23366.9	93.7	989.5	4.0
1939	23146.3	2531.4	10.9	20086.9	86.8	527.9	2.3
1940	19770.3	3143.6	15.9	15926.5	80.6	700.3	3.5
1941	9895.8			8028.9	81.1		

注：按 1 磅＝0.45359 公斤，1 俵＝60.0 公斤换算。

资料来源：美国海关统计。1863—1893 年录自中林真幸，《近代资本主义の组织》，东京大学出版会，2003 年 6 月，第 474—475 页。1894—1929 年录自日本蚕丝业同业中央会，《蚕丝统计年鉴》，1930 年版，第 244—247 页。1930—1941 年录自日本农林省蚕丝局，《蚕丝业要览》，1953 年版，第 270—271 页。

附表 7　美国国别生丝进口额的比较

年份	美国进口总额（千美元）	中国		日本		意大利	
		进口额（千美元）	比例（%）	进口额（千美元）	比例（%）	进口额（千美元）	比例（%）
1863	2058	490	23.81	0	0	0	0
1864	1041	181	17.39	0	0	0	0
1865	3438	194	5.64	85	2.47	0	0
1866	2469	383	15.51	77	3.12	0	0
1867	2520	410	16.27	124	4.92	0	0
1868	3318	310	9.34	37	1.12	0	0
1869	3018	433	14.35	287	9.51	0	0

（续表）

年份	美国进口总额（千美元）	中国		日本		意大利	
		进口额（千美元）	比例（％）	进口额（千美元）	比例（％）	进口额（千美元）	比例（％）
1870	5740	2122	36.97	728	12.68	0	0
1871	5626	3318	58.98	214	3.80	31	0.6
1872	6461	4408	68.22	241	3.73	0	0
1873	3854	2027	52.59	46	1.19	0	0
1874	4504	696	15.45	167	3.71	0	0
1875	5424	80	1.47	3787	69.82	0	0
1876	6793	251	3.69	4372	64.36	20	0.29
1877	5103	2994	58.67	831	16.28	0	0
1878	8371	4416	52.75	2191	26.17	0	0
1879	12025	6971	57.97	3546	29.49	7	0.06
1880	10888	6025	55.34	3270	30.03	15	0.14
1881	12890	4948	38.39	4588	35.59	65	0.50
1882	14043	4371	31.13	5589	39.80	75	0.53
1883	12481	3049	24.43	5065	40.58	2384	19.10
1884	12422	3205	25.80	5274	42.46	2408	19.38
1885	17233	4485	26.03	7507	43.56	4149	24.08
1886	18687	3753	20.08	8766	46.91	4623	24.74
1887	19151	3439	17.96	10278	53.67	4156	21.70
1888	18544	3807	20.53	9143	49.30	4371	23.57
1889	23285	3860	16.58	13277	57.02	4397	18.88
1890	17995	4300	23.90	9185	51.04	3561	19.79
1891	24321	5088	20.92	13117	53.93	4912	20.20
1892	29056	5428	18.68	14784	50.88	7303	25.13
1893	15628	3088	19.76	8025	51.35	3629	23.22
1894	22029	5564	25.26	10285	46.69	4899	22.24
1895	26247	7164	27.29	12919	49.22	4588	17.48
1896	18497	4695	25.38	10011	54.12	3020	16.33
1897	31447	7507	23.87	16453	52.32	6227	19.80
1898	31827	6703	21.06	14921	46.88	8930	28.06
1899	44550	12188	27.36	19688	44.19	10816	24.28
1900	29354	6304	21.48	14572	49.64	7151	24.36
1901	41714	8308	19.92	20702	49.63	9955	23.86

（续表）

年份	美国进口总额（千美元）	中国		日本		意大利	
		进口额（千美元）	比例（%）	进口额（千美元）	比例（%）	进口额（千美元）	比例（%）
1902	49003	8908	18.18	24725	50.46	12970	26.47
1903	44462	9854	22.16	24373	54.82	8784	19.76
1904	59543	8880	14.91	28852	48.46	16630	27.93
1905	52856	8463	16.01	27934	52.85	13973	26.44
1906	70230	10372	14.77	40027	56.99	17200	24.49
1907	63666	8276	13.00	40678	63.89	12917	20.29
1908	78831	12349	15.67	44690	56.69	19091	24.22
1909	65425	9676	14.79	40104	61.30	13269	20.28
1910	72714	13667	18.80	47248	64.98	10057	13.83
1911	67173	11515	17.14	47316	70.44	7468	11.12
1912	82148	13591	16.54	57192	69.62	10458	12.73
1913	97828	15944	16.30	71345	72.93	8781	8.98
1914	80532	11433	14.20	58804	73.02	9900	12.29
1915	119484	18604	15.57	88058	73.70	12157	10.17
1916	156086	27843	17.84	124925	80.04	3161	2.03
1917	183076	29229	15.97	153741	83.98	59	0.03
1918	180210	25347	14.07	154681	85.83	54	0.03
1919	329339	54526	16.56	256114	77.77	17889	5.43
1920	284891	54192	19.02	219838	77.17	10345	3.63
1921	259054	48450	18.70	188062	72.60	17545	6.77
1922	365787	60899	16.65	291292	79.63	4591	1.26
1923	391908	88855	22.67	275874	70.39	20726	5.29
1924	327582	31185	9.52	285923	87.28	7330	2.24
1925	396286	60227	15.20	317753	80.18	12121	3.06
1926	392760	51344	13.07	328903	83.74	6480	1.65
1927	390365	53055	13.59	334160	85.60	2716	0.70
1928	367997	45949	12.49	318124	86.45	3600	0.98
1929	427126	61597	14.42	356122	83.38	7984	1.87
1930	262913	28963	11.02	221468	84.24	11558	4.40

资料来源：美国海关统计。1863—1893 年录自中林真幸，《近代资本主义の组织》，东京大学出版会，2003 年 6 月，第 474—475 页。1894—1929 年录自日本蚕丝业同业中央会，《蚕丝统计年鉴》，1930 年版，第 244—247 页。1930—1941 年录自日本农林省蚕丝局，《蚕丝业要览》，1953 年版，第 270—271 页。

附表 8 美国进口生丝价格的国别比较

单位：美元/公斤

年份	美国进口均价	中国生丝	日本生丝	意大利生丝
1865	13.33	10.78	28.33	
1866	11.07	10.64	9.63	
1867	10.86	10.00	11.27	
1868	10.15	10.33	9.25	
1869	11.39	9.41	11.48	
1870	11.50	10.77	11.38	
1871	11.65	11.06	8.92	
1872	12.28	11.54	12.68	
1873	10.68	9.84	11.50	
1874	9.01	8.81	8.79	
1875	8.82	8.00	8.36	
1876	12.63	10.91	11.75	
1877	9.52	8.55	10.65	
1878	9.77	8.98	11.24	
1879	10.35	9.38	12.31	7.00
1880	9.41	8.49	10.51	15.00
1881	9.87	8.70	10.17	13.00
1882	9.51	7.93	9.65	12.50
1883	8.54	7.19	8.09	10.50
1884	8.00	6.85	7.65	9.95
1885	7.99	6.63	8.08	9.63
1886	8.96	7.52	8.93	10.14
1887	8.16	6.74	8.09	9.55
1888	7.67	7.09	7.36	8.83
1889	8.64	7.24	8.46	10.65
1890	8.07	7.35	7.92	9.65
1891	7.13	6.08	7.12	8.50
1892	8.63	6.36	8.82	10.87
1893	6.95	5.68	6.69	9.03
1894	6.09	5.01	5.99	7.98
1895	7.23	6.27	7.21	9.07
1896	6.26	5.35	6.35	7.68
1897	6.72	5.67	6.85	7.87

（续表）

年份	美国进口均价	中国生丝	日本生丝	意大利生丝
1898	7.24	5.71	7.29	8.75
1899	8.72	6.96	9.11	10.75
1900	7.08	6.07	6.90	8.61
1901	7.29	6.05	7.36	8.55
1902	7.92	6.34	8.00	9.23
1903	7.76	6.39	8.03	9.25
1904	7.37	6.20	7.66	8.02
1905	8.03	6.42	8.27	8.83
1906	9.26	7.65	9.44	10.17
1907	9.10	7.65	9.32	9.60
1908	7.45	5.63	7.76	8.45
1909	7.08	5.22	7.39	8.30
1910	7.16	5.61	7.50	8.41
1911	6.85	5.28	7.20	8.00
1912	6.95	5.41	7.24	8.20
1913	7.54	5.92	7.79	9.69
1914	6.82	4.95	7.12	8.36
1915	7.97	5.53	8.47	10.53
1916	10.16	8.76	10.46	14.91
1917	11.58	10.42	11.83	19.67
1918	12.09	9.70	12.60	27.00
1919	16.20	13.20	16.74	21.15
1920	20.90	19.98	21.16	20.53
1921	12.59	11.06	13.08	12.54
1922	15.90	14.89	16.04	17.79
1923	17.46	15.14	18.23	18.66
1924	14.08	12.66	14.23	16.15
1925	13.70	11.84	14.10	13.85
1926	13.04	10.75	13.48	12.56
1927	11.63	10.12	11.92	11.04
1928	10.75	9.62	10.94	10.03
1929	10.82	9.11	11.25	8.25
1930	7.86	6.46	8.15	6.87

资料来源：根据附表 6 和附表 7 的数据计算所得。

附表 9　纽约市场生丝价格的比较

单位：美元/公斤

年份	美国进口均价	日本丝	意大利丝	中国上海丝	中国广东丝
1894	6.09	7.80	8.62	6.55	6.06
1895	7.23	7.47	7.91	7.25	5.62
1896	6.26	7.56	7.96	8.00	5.49
1897	6.72	8.16	8.62	7.61	5.53
1898	7.24	8.29	8.88	8.22	6.50
1899	8.72	9.92	10.43	10.32	8.05
1900	7.08	8.22	10.01	12.21	8.02
1901	7.26	7.91	8.49	8.71	8.66
1902	7.92	8.62	9.08	9.41	6.99
1903	7.76	9.33	9.94	10.43	7.28
1904	7.37	8.25	8.53	9.28	6.79
1905	8.03	8.93	9.11	9.37	7.28
1906	9.26	10.19	9.61	10.01	8.18
1907	9.10	11.53	12.32	12.50	9.83
1908	7.45	8.29	8.93	9.68	6.79
1909	7.08	7.98	9.30	10.05	6.92
1910	7.16	7.78	8.58	9.19	6.79
1911	6.85	7.74	8.51	9.13	6.88
1912	6.95	7.67	8.25	9.11	6.97
1913	7.54	8.16	9.26	9.72	7.63
1914	6.82	8.18	8.99	9.04	7.19
1915	7.97	7.58	8.16	8.11	6.75
1916	10.16	10.69	12.59	12.15	9.24
1917	11.58	12.50	14.90	14.24	11.02
1918	13.02	13.96	—	16.16	12.04
1919	20.49	19.40	26.06	21.08	15.26
1920	13.61	19.44	22.31	22.86	17.81
1921	13.75	13.32	14.04	14.66	13.05
1922	16.98	16.16	18.10	18.06	16.51
1923	16.72	16.95	20.04	20.66	18.34
1924	13.17	13.51	15.32	15.37	11.99
1925	13.73	14.24	15.39	15.12	12.59
1926	12.38	13.49	14.66	14.18	10.38

（续表）

年份	美国进口均价	日本丝	意大利丝	中国上海丝	中国广东丝
1927	10.95	11.62	13.60	12.39	8.93
1928	11.05	11.42	12.30	11.44	9.26
1929	10.15	11.11	12.10	10.93	8.51

资料来源：日本农林省蚕丝局，《蚕丝业统计要览》，1930年版，第253—256页。

附表 10　法国国别生丝进口量比较

年份	进口总量（吨）	中国生丝 进口量（吨）	中国生丝 比例（%）	日本生丝 进口量（吨）	日本生丝 比例（%）	意大利生丝 进口量（吨）	意大利生丝 比例（%）	其他 进口量（吨）	其他 比例（%）
1863	3904.0	319.0	8.17	0.0	0.00	491.0	12.58	3094.0	79.25
1864	3235.0	278.0	8.59	3.0	0.09	337.0	10.42	2617.0	80.90
1865	3688.0	557.0	15.10	12.0	0.33	140.0	3.80	2979.0	80.78
1866	3121.0	523.0	16.76	74.0	2.37	211.0	6.76	2313.0	74.11
1867	3588.0	894.0	24.92	357.0	9.95	243.0	6.77	2094.0	58.36
1868	4138.0	1018.0	24.60	548.0	13.24	232.0	5.61	2340.0	56.55
1869	3224.0	681.0	21.12	332.0	10.30	279.0	8.65	1932.0	59.93
1870	3184.0	801.0	25.16	399.0	12.53	256.0	8.04	1728.0	54.27
1871	2987.0	379.0	12.69	160.0	5.36	602.0	20.15	1846.0	61.80
1872	4062.0	1248.0	30.72	495.0	12.19	413.0	10.17	1906.0	46.92
1873	3708.0	953.0	25.70	566.0	15.26	218.0	5.88	1971.0	53.16
1874	5133.0	1554.0	30.27	1053.0	20.51	601.0	11.71	1925.0	37.50
1875	5136.0	1844.0	35.90	1065.0	20.74	523.0	10.18	1704.0	33.18
1876	6183.0	2248.0	36.36	1048.0	16.95	527.0	8.52	2360.0	38.17
1877	3205.0	866.0	27.02	618.0	19.28	309.0	9.64	1412.0	44.06
1878	5192.0	2501.0	48.17	693.0	13.35	568.0	10.94	1430.0	27.54
1879	4888.0	2260.0	46.24	694.0	14.20	614.0	12.56	1320.0	27.00
1880	5091.0	2665.0	52.35	349.0	6.86	839.0	16.48	1238.0	24.32
1881	5397.0	2317.0	42.93	586.0	10.86	1318.0	24.42	1176.0	21.79
1882	4803.0	2024.0	42.14	636.0	13.24	872.0	18.16	1271.0	26.46
1883	5026.0	2072.0	41.23	747.0	14.86	972.0	19.34	1235.0	24.57
1884	5379.0	2598.0	48.30	684.0	12.72	871.0	16.19	1226.0	22.79
1885	4183.0	1443.0	34.50	535.0	12.79	1055.0	25.22	1150.0	27.49
1886	6136.0	3288.0	53.59	588.0	9.58	1022.0	16.66	1238.0	20.18

（续表）

年份	进口总量（吨）	中国生丝		日本生丝		意大利生丝		其他	
		进口量（吨）	比例（%）	进口量（吨）	比例（%）	进口量（吨）	比例（%）	进口量（吨）	比例（%）
1887	5515.0	2782.0	50.44	691.0	12.53	1114.0	20.20	928.0	16.83
1888	4817.0	2236.0	46.42	644.0	13.37	933.0	19.37	1004.0	20.84
1889	6297.0	3055.0	48.52	1169.0	18.56	930.0	14.77	1143.0	18.15
1890	4880.0	2137.0	43.79	833.0	17.07	807.0	16.54	1103.0	22.60
1891	6402.0	2548.0	39.80	1768.0	27.62	854.0	13.34	1232.0	19.24
1892	6725.0	3288.0	48.89	1292.0	19.21	959.0	14.26	1186.0	17.64
1893	5850.0	2714.0	46.39	903.0	15.44	1055.0	18.03	1178.0	20.14
1894	6340.0	2830.0	44.64	1136.0	17.92	925.0	14.59	1449.0	22.85
1895	6904.0	3542.0	51.30	1191.0	17.25	895.0	12.96	1276.0	18.48
1896	5356.0	2075.0	38.74	1266.0	23.64	988.0	18.45	1027.0	19.17
1897	7837.0	3961.0	50.54	1784.0	22.76	1025.0	13.08	1067.0	13.61
1898	6309.0	3344.0	53.00	944.0	14.96	1021.0	16.18	1000.0	15.85
1899	8358.0	4937.0	59.07	1310.0	15.67	1001.0	11.98	1110.0	13.28
1900	5773.0	3236.0	56.05	583.0	10.10	747.0	12.94	1207.0	20.91
1901	6972.0	3939.0	56.50	897.0	12.87	951.0	13.64	1185.0	17.00
1902	6724.0	3848.0	57.23	686.0	10.20	939.0	13.96	1251.0	18.60
1903	6347.0	3419.0	53.87	551.0	8.68	847.0	13.34	1530.0	24.11
1904	7218.0	4014.0	55.61	732.0	10.14	1027.0	14.23	1445.0	20.02
1905	5936.0	3196.0	53.84	475.0	8.00	872.0	14.69	1393.0	23.47
1906	7065.0	3021.0	42.76	757.0	10.71	1163.0	16.46	2124.0	30.06
1907	7363.0	3166.0	43.00	763.0	10.36	1113.0	15.12	2321.0	31.52
1908	7014.0	2501.0	35.66	785.0	11.19	1141.0	16.27	2587.0	36.88
1909	8015.4	3179.6	39.67	1417.7	17.69	902.3	11.26	2515.8	31.39
1910	8195.3	3614.3	44.10	1935.1	23.61	978.0	11.93	1667.9	20.35
1911	7377.9	3890.8	52.74	1489.2	20.18	749.8	10.16	1248.1	16.92
1912	7773.5	4267.3	54.90	1387.9	17.85	906.7	11.66	1211.6	15.59
1913	7721.9	3814.1	49.39	1659.9	21.50	1074.8	13.92	1173.1	15.19
1914	5202.1	2657.2	51.08	1336.3	25.69	539.7	10.37	668.9	12.86
1915	4762.9	2518.8	52.88	1359.3	28.54	574.1	12.05	310.7	6.52
1916	4429.8	2299.2	51.90	1231.4	27.80	616.5	13.92	282.7	6.38
1917	5200.1	2893.9	55.65	1444.9	27.79	616.1	11.85	245.2	4.72
1918	5640.6	1952.4	34.61	2145.2	38.03	523.9	9.29	1019.1	18.07

（续表）

年份	进口总量（吨）	中国生丝		日本生丝		意大利生丝		其他	
		进口量（吨）	比例（%）	进口量（吨）	比例（%）	进口量（吨）	比例（%）	进口量（吨）	比例（%）
1919	6072.6	2826.4	46.54	1079.5	17.78	1089.9	17.95	1076.8	17.73
1920	4683.1	2414.2	51.55	930.2	19.86	870.9	18.60	467.8	9.99
1921	3076.1	1534.0	49.87	412.8	13.42	838.7	27.27	290.6	9.45
1922	5757.2	2951.1	51.26	1510.6	26.24	915.9	15.91	379.6	6.59
1923	4075.6	2030.3	49.82	322.2	7.91	1400.9	34.37	322.2	7.91
1924	6544.6	3168.1	48.41	1279.6	19.55	1728.5	26.41	368.4	5.63
1925	6171.4	3417.9	55.38	523.6	8.48	1888.0	30.59	341.9	5.54
1926	6440.5	3678.1	57.11	422.3	6.56	1950.5	30.28	389.6	6.05
1927	5653.4	3400.6	60.15	436.7	7.72				
1928	7801.5	4850.2	62.17	799.1	10.24	1695.7	21.74	456.5	5.85
1929	5683.7	3751.1	66.00	270.8	4.76	1302.4	22.91	359.4	6.32
1930	4763.4	2329.6	48.91	327.1	6.87	1762.9	37.01	343.8	7.22
1931	3572.1	1996.9	55.90	240.0	6.72	1120.4	31.37	214.8	6.01
1932	2228.7	817.5	36.68	665.1	29.84	568.7	25.52	177.4	7.96
1933	3134.5	1432.9	45.71	876.1	27.95	730.6	23.31	94.9	3.03
1934	3210.6	656.7	20.45	2154.2	67.10	310.0	9.66	89.7	2.79
1935	4005.4	1483.0	37.03	2269.1	56.65	201.7	5.04	51.6	1.29
1936	2635.8	922.9	35.01	1636.5	62.09	67.4	2.56	9.0	0.34
1937	2596.6	770.1	29.66	1734.1	66.78	73.5	2.83	18.9	0.73
1938	2456.7	616.5	25.09	1777.3	72.35	58.2	2.37	4.7	0.19

资料来源：1863—1908 年，中林真幸，《近代资本主义の组织》，东京大学出版会，2003 年 6 月，第 478—482 页。1909—1938 年，日本农林省蚕丝局，《蚕丝业要览》，1953 年，第 303 页。

附表 11　意大利蚕丝生产与贸易统计

单位：吨

年份	蚕茧产量	生丝产量	生丝出口量	生丝进口量	纯出口量
1863	35620.0	2459.0	—	—	-794.1
1864	25965.0	1868.0	—	—	-687.7
1865	26430.0	1456.0	—	—	-879.3
1866	27000.0	1880.0	—	—	-218.2
1867	30000.0	2087.0	—	—	-228.6

年份	蚕茧产量	生丝产量	生丝出口量	生丝进口量	纯出口量
1868	28500.0	1947.0	—	—	−355.2
1869	32250.0	2204.0	—	—	213.1
1870	47700.0	3238.0	—	—	45.3
1871	52095.0	3551.0	—	—	9.6
1872	46875.0	3202.0	—	—	−178.2
1873	44400.0	3094.0	—	—	−27.1
1874	51450.0	3608.0	—	—	−69.0
1875	46095.0	3280.0	—	—	−77.0
1876	15150.0	1239.0	—	—	−875.4
1877	28101.0	2078.0	—	—	−279.0
1878	37202.0	2831.0	—	—	−882.4
1879	18931.0	1512.0	—	—	−680.3
1880	41573.0	3156.0	—	—	−265.0
1881	39564.0	3234.0	—	—	−27.4
1882	31869.0	2657.0	—	—	−277.6
1883	41625.0	3444.0	—	—	293.7
1884	36465.0	3117.0	—	—	189.3
1885	32266.0	2663.0	—	—	531.0
1886	41397.0	3490.0	—	—	298.4
1887	43026.0	3816.0	—	—	533.9
1888	43899.0	3821.0	—	—	1014.4
1889	34332.0	4175.0	—	—	714.0
1890	40774.0	4473.0	1720.1	834.3	885.8
1891	38337.0	4642.0	2117.7	892.6	1225.1
1892	34033.0	4408.0	2381.9	1530.6	851.3
1893	47394.0	4235.0	1943.2	1481.4	461.8
1894	43653.0	4960.0	2402.5	1490.0	912.5
1895	42074.0	4784.0	2546.4	1883.7	662.7
1896	41182.0	4798.0	2696.8	1537.1	1159.7
1897	36726.0	4581.0	2770.8	1970.5	800.3
1898	39612.0	4735.0	3408.6	1752.7	1655.9
1899	41587.0	5100.0	3758.9	2445.3	1313.6
1900	42716.0	5132.3	3458.6	1884.8	1573.8
1901	53527.0	5049.0	3813.8	2317.6	1496.2
1902	55531.0	5430.0	4409.4	2710.1	1699.3
1903	44598.0	5889.3	3891.3	2346.9	1544.4

（续表）

年份	蚕茧产量	生丝产量	生丝出口量	生丝进口量	纯出口量
1904	56607.0	4626.0	4294.8	2496.2	1798.6
1905	51940.0	5620.5	5159.4	2257.1	2902.3
1906	53838.0	6111.0	6256.2	2403.7	3852.5
1907	57058.0	6237.1	5177.9	2366.4	2811.5
1908	53193.0	5573.4	4802.5	2563.5	2239.0
1909	50760.0	5721.9	5189.3	2343.4	2845.9
1910	47964.0	4989.4	4062.9	2568.3	1494.6
1911	41951.0	4765.5	3601.2	2303.9	1297.3
1912	47470.0	5264.1	4445.5	2287.9	2157.6
1913	38490.0	4772.2	4526.4	2605.8	1920.6
1914	46668.0	4503.1	3268.8	1656.0	1612.8
1915	33897.0	3080.6	3604.2	1832.7	1771.5
1916	39411.0	3849.3	2286.8	1338.0	948.8
1917	30830.0	2874.2	1138.7	1212.5	−73.8
1918	29830.0	2714.2	821.5	719.2	102.3
1919	20561.5	2108.5	2039.1	1048.2	990.9
1920	38499.8	3667.9	1357.1	1067.5	289.6
1921	38120.2	3557.9	2543.7	338.2	2205.5
1922	41735.1	3987.4	2094.8	667.8	1427.0
1923	55624.1	5223.1	3165.1	226.9	2938.2
1924	56984.9	5593.9	3187.9	781.1	2406.8
1925	48242.2	5099.3	4124.8	255.8	3869.0
1926	43098.7	4367.3	3840.4	304.3	3536.1
1927	50702.0	5011.2	3102.6	504.9	2597.7
1928	52488.4	5568.7	3711.1	548.6	3162.5
1929	53348.8	5513.7	3873	369.5	3503.5
1930	52734.1	5289.1	4608.6	309.8	4298.8
1931	34458.5	3660.4	4039.7	373.6	3666.1
1932	38245.8	3926.7	2114.3	356.6	1757.7
1933	34586.8	3548.3	2751.8	258.8	2493.0
1934	28856.6	3080.5	870.9	407.9	463.0
1935	47354.4	1727.1	972.2	173.8	798.4
1936	32321.6	2812.0	2881.1	76.3	2804.8
1937	31959.7	2860.0	1527.5	207.5	1320.0

（续表）

年份	蚕茧产量	生丝产量	生丝出口量	生丝进口量	纯出口量
1938	19989.6	2738.0	2550.1	164.0	2386.1
1939	28412.6	2450.0	1405.4	—	
1940	34763.6	2865.0	2049.8	—	
1941	27476.6	3325.0	3055.4	—	
1942	26342.9	2462.0	1581	—	
1943	24047.0	1373.0	1868.2	—	
1944	17653.9	—	1509.7	—	
1945	15000.0	—	—	—	
1946	23474.2	1990.1	1705.5	10.0	1695.5
1947	26909.1	1253.1	834.6	56.0	778.6
1948	9518.0	1965.5	1388.4	85.0	1303.4
1949	10231.8	1136.1	263.1	146.0	117.1

注：—表示数据不详。

资料来源：1863—1900 年蚕茧产量引自日本第二次输出重要品要览，1901 年，第 369—371 页；1863—1900 年生丝生产量引自日本蚕丝科学研究会编，《伊太利蚕糸绢业の衰退原因と其现况》，1931 年，第 21—22 页。1863—1889 年生丝纯出口量引自 Stefano Fenoaltea. The Growth of Italy's Silk Industry, 1861—1913: A Statistical Reconstruction, Rivista Di Storia Economica, Vol5（3）: 284；1890—1900 年引自日本第二次输出重要品要览，1901 年，第 352—355 页；其他引自日本农林省蚕丝局，《蚕丝业要览》，1953 年版，第 305—308 页。

附表 12　中日美三国的生丝贸易价格和价格指数的变化

年份	美国生丝进口价美元/公斤	日本生丝出口价美元/公斤	中国生丝出口价美元/公斤	上海桑蚕丝出口价格美元/公斤	美国生丝进口价格指数 1913=100	日本生丝出口价格指数 1913=100	中国桑蚕丝出口价格指数 1913=100	上海桑蚕丝出口价格指数 1913=100
1874	9.01	9.17	7.25	6.81	119.5	119.2	108.1	107.4
1875	8.82	7.55	6.52	7.01	117.0	98.2	97.1	110.5
1876	12.63	11.18	9.60	10.28	167.5	145.4	143.1	162.2
1877	9.52	8.95	7.46	8.06	126.3	116.4	111.2	127.1
1878	9.77	8.31	7.38	7.66	129.5	108.1	109.9	120.8
1879	10.35	8.79	6.65	6.88	137.2	114.3	99.2	108.5
1880	9.41	8.89	6.65	6.70	124.8	115.6	99.2	105.7

（续表）

年份	美国生丝进口价 美元/公斤	日本生丝出口价 美元/公斤	中国生丝出口价 美元/公斤	上海桑蚕丝出口价格 美元/公斤	美国生丝进口价格指数 1913=100	日本生丝出口价格指数 1913=100	中国桑蚕丝出口价格指数 1913=100	上海桑蚕丝出口价格指数 1913=100
1881	9.87	8.82	7.32	7.63	130.9	114.7	109.1	120.3
1882	9.51	8.55	6.42	6.75	126.2	111.1	95.7	106.4
1883	8.54	7.67	6.43	6.80	113.2	99.7	95.8	107.3
1884	8.00	7.77	5.79	5.87	106.1	101.1	86.3	92.6
1885	7.99	7.50	5.43	5.46	106.0	97.5	80.9	86.1
1886	8.96	8.57	5.61	5.58	118.8	111.4	83.6	88.0
1887	8.16	7.83	5.85	5.98	108.3	101.8	87.2	94.3
1888	7.67	6.84	5.59	5.49	101.8	88.9	83.3	86.6
1889	8.64	8.09	5.80	5.64	114.5	105.2	86.5	89.0
1890	8.07	8.99	6.46	6.31	107.0	116.9	96.3	99.5
1891	7.13	7.14	5.73	5.38	94.5	92.8	85.4	84.9
1892	8.63	7.78	5.40	5.18	114.5	101.2	80.4	81.7
1893	6.95	7.85	4.82	4.57	92.2	102.1	71.8	72.1
1894	6.09	6.07	4.18	4.09	80.8	79.0	62.2	64.5
1895	7.23	7.04	4.56	4.47	95.9	91.6	67.9	70.6
1896	6.26	6.47	4.89	4.89	83.0	84.1	72.9	77.2
1897	6.72	6.61	4.63	4.75	89.1	85.9	69.0	74.9
1898	7.24	7.11	4.76	4.97	96.0	92.5	71.0	78.4
1899	8.72	8.74	5.87	6.08	115.7	113.7	87.5	96.0
1900	7.08	7.93	5.37	5.76	93.9	103.1	80.0	90.8
1901	7.29	7.08	4.77	5.00	96.6	92.1	71.1	78.9
1902	7.92	7.90	6.06	6.01	105.1	102.8	90.3	94.8
1903	7.76	8.45	6.78	6.75	102.9	109.8	101.0	106.5
1904	7.37	7.53	6.11	6.25	97.7	97.9	91.1	98.6
1905	8.03	8.14	6.73	6.90	106.6	105.9	100.3	108.9
1906	9.26	8.77	7.68	7.55	122.8	114.0	114.5	119.1
1907	9.10	10.32	8.72	8.17	120.7	134.2	129.9	128.9
1908	7.45	7.78	6.18	6.07	98.8	101.1	92.1	95.8
1909	7.08	7.63	5.90	5.84	93.9	99.3	87.9	92.2

（续表）

年份	美国生丝进口价 美元/公斤	日本生丝出口价 美元/公斤	中国生丝出口价 美元/公斤	上海桑蚕丝出口价格 美元/公斤	美国生丝进口价格指数 1913=100	日本生丝出口价格指数 1913=100	中国桑蚕丝出口价格指数 1913=100	上海桑蚕丝出口价格指数 1913=100
1910	7.16	7.28	6.29	6.15	95.0	94.6	93.8	96.9
1911	6.85	7.35	6.24	6.13	90.9	95.6	93.0	96.6
1912	6.95	7.24	6.00	5.64	92.2	94.2	89.4	89.0
1913	7.54	7.69	6.71	6.34	100.0	99.9	100.0	100.0
1914	6.82	7.76	6.52	6.07	90.5	100.9	97.1	95.7
1915	7.97	6.97	6.17	5.66	105.6	90.6	92.0	89.2
1916	10.16	10.27	9.21	8.51	134.7	133.5	137.2	134.3
1917	11.58	11.61	11.58	11.37	153.6	151.0	172.6	179.3
1918	12.09	13.30	14.23	13.42	160.3	173.0	212.0	211.6
1919	16.20	18.44	16.09	14.99	214.9	239.8	239.8	236.4
1920	20.90	18.18	15.18	14.46	277.1	236.4	226.3	228.1
1921	12.59	12.78	10.33	9.99	167.0	166.1	153.9	157.6
1922	15.90	15.55	13.99	12.62	210.9	202.2	208.5	199.1
1923	17.46	17.50	14.66	13.87	231.6	227.5	218.5	218.8
1924	14.08	12.87	11.96	11.23	186.8	167.4	178.3	177.2
1925	13.70	13.64	13.22	12.94	181.7	177.4	197.0	204.1
1926	13.04	12.67	11.96	11.94	172.9	164.7	178.3	188.4
1927	11.63	11.25	9.89	9.73	154.2	146.2	147.3	153.4
1928	10.75	10.34	10.47	10.43	142.5	134.5	156.1	164.5
1929	10.82	10.36	9.06	8.82	143.4	134.8	135.0	139.1
1930	7.86	7.22	6.05	6.24	104.3	93.9	90.2	98.4
1931		5.24	3.99	4.14		68.1	59.5	65.4
1932		3.08	2.52	2.46		40.1	37.6	38.7
1933		3.40	2.75	2.74		44.2	40.9	43.3
1934		2.56	2.44	2.89		33.3	36.3	45.6
1935		3.33	2.84	3.02		43.3	42.4	47.7
1936		3.76	2.90	3.21		48.9	43.3	50.6
1937		4.01	3.27	3.70		52.1	48.8	58.3

附表 13　日本丝绸出口额统计

年份	全国出口总额（千日元）	丝绸出口额（千日元）	生丝出口额（千日元）	蚕茧与废丝出口额（千日元）	绸缎出口额（千日元）	丝绸占出口总额比例（%）	生丝占出口总额比例（%）
1868	15553	6653	6425	227	1	42.8	41.3
1869	12909	6139	5722	417	0	47.6	44.3
1870	14543	4680	4288	391	1	32.2	29.5
1871	17969	8635	8019	615	1	48.1	44.6
1872	17027	5964	5237	718	9	35.0	30.8
1873	21635	7733	7208	521	4	35.7	33.3
1874	19317	5884	5302	578	4	30.5	27.4
1875	18611	6001	5425	569	7	32.2	29.1
1876	27712	14313	13200	1109	3	51.6	47.6
1877	23349	10328	9630	691	2	44.2	41.2
1878	25988	8792	7894	892	3	33.8	30.4
1879	28176	11631	9735	1874	18	41.3	34.6
1880	28395	10133	8607	1467	38	35.7	30.3
1881	31059	13210	10678	2440	29	42.5	34.4
1882	37722	19235	16255	2884	27	51.0	43.1
1883	36268	18600	16201	2306	25	51.3	44.7
1884	33871	13406	11009	2232	25	39.6	32.5
1885	37147	14710	13034	1406	58	39.6	35.1
1886	48876	21081	17414	2883	75	43.1	35.6
1887	52408	23398	19392	2526	149	44.6	37.0
1888	65706	30473	25967	2816	268	46.4	39.5
1889	70061	32155	26620	2621	629	45.9	38.0
1890	56604	20596	13859	2870	1181	36.4	24.5
1891	79527	36962	29438	2734	1771	46.5	37.0
1892	91103	48188	36321	3590	4460	52.9	39.9
1893	89713	40089	28174	3414	4147	44.7	31.4
1894	113246	55934	39355	3536	8489	49.4	34.8
1895	136112	67253	47872	3056	10091	49.4	35.2
1896	117843	44332	28831	2977	7439	37.6	24.5
1897	163135	72369	55630	3088	9853	44.4	34.1
1898	165754	61585	42047	2722	12787	37.2	25.4

（续表）

年份	全国出口总额（千日元）	丝绸出口额（千日元）	生丝出口额（千日元）	蚕茧与废丝出口额（千日元）	绸缎出口额（千日元）	丝绸占出口总额比例（%）	生丝占出口总额比例（%）
1899	214930	88288	62628	4090	17447	41.1	29.1
1900	204430	69659	44657	1281	18604	34.1	21.8
1901	252350	109251	74667	4469	25627	43.3	29.6
1902	258303	113857	76859	5114	27987	44.1	29.8
1903	289502	114168	74429	6957	29166	39.4	25.7
1904	319261	138873	88741	5591	39099	43.5	27.8
1905	321534	114228	71999	6331	30259	35.5	22.4
1906	423755	158834	110499	5839	35679	37.5	26.1
1907	432413	161138	116889	6403	31640	37.3	27.0
1908	378246	152211	108609	8631	30371	40.2	28.7
1909	413113	166026	124243	8216	28924	40.2	30.1
1910	458429	180404	130833	10727	32797	39.4	28.5
1911	447434	179064	128875	10123	34338	40.0	28.8
1912	526982	199765	150321	13004	30101	37.9	28.5
1913	632460	249160	188917	14400	39347	39.4	29.9
1914	591101	208008	161797	7937	34023	35.2	27.4
1915	708307	208999	152031	9232	43219	29.5	21.5
1916	1127468	339932	267037	15580	50632	30.2	23.7
1917	1603005	452609	355155	27450	62858	28.2	22.2
1918	1962101	543253	370337	42512	117533	27.7	18.9
1919	2098873	831864	623619	32883	162476	39.6	29.7
1920	1948395	591024	382717	35423	158416	30.3	19.6
1921	1252838	523722	417124	12654	89936	41.8	33.3
1922	1637452	801200	670048	17471	107928	48.9	40.9
1923	1447751	674693	566169	12167	92319	46.6	39.1
1924	1807035	842610	685366	24966	125840	46.6	37.9
1925	2305590	1036593	879657	31910	116985	45.0	38.2
1926	2044728	890070	734052	16638	133071	43.5	35.9
1927	1992317	900865	742266	11450	139615	45.2	37.3
1928	1971955	888532	733437	12430	134053	45.1	37.2
1929	2148619	953407	784150	10949	149954	44.4	36.5

（续表）

年份	全国出口总额（千日元）	丝绸出口额（千日元）	生丝出口额（千日元）	蚕茧与废丝出口额（千日元）	绸缎出口额（千日元）	丝绸占出口总额比例（%）	生丝占出口总额比例（%）
1930	1469852	497549	419107	5067	65775	33.9	28.5
1931	1146981	407880	356932	1376	43053	35.6	31.1
1932	1409992	445866	382950	3729	50287	31.6	27.2
1933	1861046	474757	391192	3179	63544	25.5	21.0
1934	2171925	395137	287084	6424	77488	18.2	13.2
1935	2499073	499865	387974	9178	77444	20.0	15.5
1936	2692976	499547	393518	10595	68027	18.5	14.6
1937	3175418	517272	409123	12934	72286	16.3	12.9
1938	2689677	436320	364344	6493	49352	16.2	13.5
1939	3576353	579492	506846	9068	47397	16.2	14.2
1940	3655850	505495	446060	8858	37699	13.8	12.2
1941	2650865	275090	215740	8445	42162	10.4	8.1
1942	1792543	73445	12500	6971	47895	4.1	0.7
1943	1627350	91524	23894	7289	49984	5.6	1.5
1944	1298198	53249	3675	3607	31851	4.1	0.3
1945	388399	7020	0	48	4810	1.8	0.0

资料来源：日本贸易统计。引自日本农林省蚕丝局，《蚕丝业要览》，1953年版，第232—235页。

附表14　日本生丝国别出口量统计

年份	蚕丝出口总量（吨）	美国		法国		英国	
		出口量（吨）	比例（%）	出口量（吨）	比例（%）	出口量（吨）	比例（%）
1863	790.2	2.6	0.33	10		488.8	61.86
1864	552.8	9.8	1.78	203.5	36.80	470.0	85.01
1865	641.4	2.6	0.41	189.1	29.48	347.9	54.25
1866	581.0	5.9	1.01	220.4	37.93	410.8	70.70
1867	719.2	25.5	3.55	295.7	41.11	259.8	36.12
1868	692.9	38.3	5.53	295.5	42.64	384.5	55.49
1869	406.4	12.5	3.07	278.6	68.54	401.9	98.88
1870	702.5	16.9	2.41	43.0	6.12	341.8	48.65

（续表）

年份	蚕丝出口总量（吨）	美国		法国		英国	
		出口量（吨）	比例（%）	出口量（吨）	比例（%）	出口量（吨）	比例（%）
1871	692.5	2.7	0.39	297.7	42.99	381.4	55.08
1872	692.5	8.3	1.15	264.8	38.23	353.5	51.05
1873	721.3	4.0	0.67	232.2	32.19	340.4	47.20
1874	587.5	44.9	6.33	240.4	40.92	233.8	39.79
1875	708.8	2.8	0.25	382.5	53.96	255.7	36.07
1876	1119.4	20.5	1.98	509.6	45.52	488.6	43.65
1877	1034.5	74.2	8.50	508.4	49.15	460.4	44.50
1878	872.0	171.9	17.50	539.0	61.81	240.7	27.60
1879	982.3	278.0	31.70	394.6	40.17	247.8	25.23
1880	877.0	329.7	30.31	384.6	43.85	150.9	17.21
1881	1087.7	260.5	15.00	611.1	56.18	204.6	18.81
1882	1736.6	602.5	32.07	844.0	48.60	259.7	14.95
1883	1878.9	621.9	49.38	958.9	51.03	284.2	15.13
1884	1259.5	636.2	43.15	564.7	44.84	55.8	4.43
1885	1474.3	793.0	49.47	629.3	42.69	37.2	2.52
1886	1603.0	852.5	45.15	651.5	40.64	67.0	4.18
1887	1888.4	1040.0	36.87	653.1	34.59	93.4	4.94
1888	2820.3	1418.5	57.27	1101.4	39.05	217.9	7.73
1889	2477.0	1362.8	107.63	1021.5	41.24	32.8	1.32
1890	1266.2	835.7	25.97	405.4	32.02	5.8	0.46
1891	3217.6	1869.0	57.35	1171.3	36.40	83.2	2.59
1892	3258.9	1982.4	88.93	1127.8	34.61	43.1	1.32
1893	2229.1	918.7	27.92	1135.5	50.94	88.3	3.96
1894	3290.8	1874.2	53.75	1162.0	35.31	17.3	0.53
1895	3486.9	2008.7	85.42	1231.2	35.31	18.7	0.54
1896	2351.4	1117.0	26.90	996.5	42.38	20.0	0.85
1897	4151.8	2367.1	81.56	1539.2	37.07	16.1	0.39
1898	2902.4	1746.7	48.95	978.4	33.71	21.8	0.75
1899	3568.1	2292.2	82.50	1082.0	30.33	17.2	0.48
1900	2778.5	1585.7	30.39	720.5	25.93	27.4	0.98
1901	5218.6	3085.4	63.66	1221.5	23.41	10.3	0.20
1902	4846.9	2927.0	66.69	945.1	19.50	27.8	0.57

（续表）

年份	蚕丝出口总量（吨）	美国		法国		英国	
		出口量（吨）	比例（%）	出口量（吨）	比例（%）	出口量（吨）	比例（%）
1903	4389.3	2751.0	47.47	992.4	22.61	2.0	0.05
1904	5795.2	3937.5	90.15	1138.4	19.64	14.9	0.26
1905	4367.7	3242.7	51.99	676.4	15.49	0.1	0.00
1906	6236.8	4407.0	78.52	1260.8	20.22	1.9	0.03
1907	5612.6	3804.7	55.04	1219.6	21.73	0.2	0.00
1908	6913.1	5114.2	63.28	1146.6	16.59	0.3	0.00
1909	8081.6	5528.8	62.07	1641.1	20.31	9.2	0.11
1910	8907.7	6250.9	72.07	1482.0	16.64	20.0	0.22
1911	8673.6	5969.9	58.18	1438.9	16.59	24.0	0.28
1912	10261.6	7783.8	64.13	1270.6	12.38	8.3	0.08
1913	12137.2	8004.4	77.79	2119.8	17.47	42.4	0.35
1914	10289.3	8561.2	80.10	984.8	9.57	67.2	0.65
1915	10688.5	8918.0	68.36	1446.9	13.54	58.4	0.55
1916	13045.2	10909.4	70.39	1558.6	11.95	100.0	0.77
1917	15497.4	13237.9	90.63	1606.5	10.37	312.4	2.02
1918	14606.6	12515.3	72.88	1613.6	11.05	297.8	2.04
1919	17173.4	16517.9	157.59	500.0	2.91	94.6	0.55
1920	10481.3	8832.4	56.18	1489.1	14.21	115.1	1.10
1921	15721.7	14860.3	71.96	815.6	5.19	0.3	0.00
1922	20651.5	18745.1	118.66	1780.3	8.62	0.9	0.00
1923	15796.8	12116.3	54.20	203.9	1.29	0.1	0.00
1924	22353.8	20135.8	76.54	2069.9	9.26	0.7	0.00
1925	26306.9	25379.0	95.49	808.0	3.07	0.5	0.00
1926	26578.7	25657.3	81.96	727.4	2.74	0.8	0.00
1927	31306.4	29464.7	89.41	1456.1	4.65	1.4	0.00
1928	32955.4	30886.3	88.61	1587.9	4.82	1.7	0.01
1929	34857.0	33658.6	117.50	608.5	1.75	1.9	0.01
1930	28646.3	27211.0	80.89	701.5	2.45	2.0	0.01
1931	33641.3	32439.5	92.86	190.8	0.57	5.5	0.02
1932	34933.0	30804.1	106.07	728.8	2.09	7.8	0.02
1933	29042.1	26257.4	79.25	1263.5	4.35	11.0	0.04
1934	33132.9	26024.3	78.15	2205.5	6.66	13.7	0.04

年份	蚕丝出口总量（吨）	美国		法国		英国	
		出口量（吨）	比例（%）	出口量（吨）	比例（%）	出口量（吨）	比例（%）
1935	33299.8	28032.2	92.46	2110.0	6.34	17.1	0.05
1936	30318.0	25680.5	89.43	1681.3	5.55	17.3	0.06
1937	28715.0	22811.9	79.55	1836.8	6.40	20.8	0.07
1938	28674.5	23605.6	101.92	1882.7	6.57	20.2	0.07
1939	23161.8	19891.4	112.88	392.3	1.69	8.0	0.03
1940	17621.5	15456.3	180.46	554.2	3.15	7.8	0.04
1941	8565.1	7509.1	1531.65			0.7	0.01

注：1863—1872 年为年度数值。

资料来源：1863—1911 年转引自永原庆二等编，《日本技术の社会史（第 3 卷）》，日本评论社，1983 年 6 月，第 209 页。1912—1941 年引自日本农林省蚕丝局，《蚕丝业要览》，1953 年版，第 204—209 页。

附表 15　近代日本蚕茧生产量统计

年份	蚕茧总产量（吨）	春茧		夏秋茧	
		生产量（吨）	比例（%）	生产量（吨）	比例（%）
1878	35332.4				
1879	37235.0				
1880	44030.4				
1881	50242.0				
1882	49801.3				
1883	41475.3				
1884	43622.4				
1885	32039.0				
1886	41715.7	30091.7	72.1	11624.0	27.9
1887	45714.8	34642.5	75.8	11072.2	24.2
1888	44413.4	33971.7	76.5	10441.7	23.5
1889	44425.5	34171.3	76.9	10254.2	23.1
1890	43960.2	32270.9	73.4	11689.3	26.6
1891	59259.0	45461.7	76.7	13797.3	23.3
1892	55526.4	42158.3	75.9	13368.1	24.1
1893	63258.5	45938.2	72.6	17320.4	27.4
1894	67419.1	47168.9	70.0	20250.2	30.0

（续表）

年份	蚕茧总产量（吨）	春茧		夏秋茧	
		生产量（吨）	比例（%）	生产量（吨）	比例（%）
1895	84681.5	63667.6	75.2	21013.9	24.8
1896	68676.7	51915.4	75.6	16761.3	24.4
1897	79572.9	62052.1	78.0	17520.8	22.0
1898	76025.2	56413.2	74.2	19612.1	25.8
1899	94221.1	68247.6	72.4	25973.5	27.6
1900	103226.8	76073.1	73.7	27153.6	26.3
1901	94731.8	67450.2	71.2	27281.6	28.8
1902	95595.9	66560.1	69.6	29035.8	30.4
1903	97015.6	61964.4	63.9	35051.1	36.1
1904	105962.9	69408.9	65.5	36554.0	34.5
1905	102125.0	66440.8	65.1	35684.2	34.9
1906	111402.3	69937.5	62.8	41464.7	37.2
1907	129636.3	84058.1	64.8	45578.2	35.2
1908	132381.3	82705.9	62.5	49675.4	37.5
1909	147370.0	86298.9	58.6	61071.1	41.4
1910	146286.1	90902.6	62.1	55383.5	37.9
1911	158823.4	96079.5	60.5	62743.8	39.5
1912	166886.5	96368.3	57.7	70518.3	42.3
1913	172183.1	97323.9	56.5	74859.2	43.5
1914	165459.0	97646.9	59.0	67812.1	41.0
1915	174278.6	97076.0	55.7	77202.6	44.3
1916	214067.4	114981.2	53.7	99086.2	46.3
1917	238891.4	125396.7	52.5	113494.8	47.5
1918	256200.9	133285.2	52.0	122915.7	48.0
1919	270824.6	134100.0	49.5	136724.6	50.5
1920	237493.2	118466.3	49.9	119026.9	50.1
1921	237479.3	120297.3	50.7	117182.0	49.3
1922	227103.6	131073.5	57.7	96030.1	42.3
1923	260774.0	149760.4	57.4	111013.7	42.6
1924	276819.2	148041.6	53.5	128777.6	46.5
1925	317999.2	160977.4	50.6	157021.8	49.4
1926	325220.6	165583.9	50.9	159636.7	49.1
1927	340734.6	173357.4	50.9	167377.2	49.1

（续表）

年份	蚕茧总产量（吨）	春茧		夏秋茧	
		生产量（吨）	比例（%）	生产量（吨）	比例（%）
1928	351934.1	185856.5	52.8	166077.6	47.2
1929	382849.5	189729.5	49.6	193120.0	50.4
1930	399238.2	210386.8	52.7	188851.4	47.3
1931	364021.7	197502.1	54.3	166519.6	45.7
1932	335813.8	173968.0	51.8	161845.7	48.2
1933	379363.4	187571.4	49.4	191792.0	50.6
1934	326774.2	181464.2	55.5	145310.0	44.5
1935	307747.7	165658.2	53.8	142089.5	46.2
1936	310845.7	155221.8	49.9	155623.9	50.1
1937	322396.4	170639.7	52.9	151756.6	47.1
1938	282211.1	153237.3	54.3	128973.8	45.7
1939	340569.3	167799.7	49.3	172769.6	50.7
1940	328298.9	164103.9	50.0	164195.0	50.0
1941	261932.2	140984.1	53.8	120948.1	46.2
1942	209441.6	115389.9	55.1	94051.7	44.9
1943	202636.4	108701.7	53.6	93934.7	46.4
1944	151170.2	87116.6	57.6	64053.6	42.4
1945	84635.8	58190.3	68.8	26445.5	31.2
1946	68283.9	36173.5	53.0	32110.4	47.0
1947	53478.0	28356.4	53.0	25121.6	47.0
1948	64058.1	32682.3	51.0	31375.8	49.0
1949	61936.3	34977.2	56.5	26959.1	43.5
1950	80415.1	39813.1	49.5	40602.0	50.5

资料来源：引自日本农林省蚕丝局，《蚕丝业要览》，1953 年版，第 26—29 页。

附表 16　日本生丝生产量统计

年份	生丝总产量（吨）	厂丝		土丝		同宫丝	
		生产量（吨）	比例（%）	生产量（吨）	比例（%）	生产量（吨）	比例（%）
1876	1229.0						
1877	1294.0						
1878	1359.8						

（续表）

年份	生丝总产量（吨）	厂丝		土丝		同宫丝	
		生产量（吨）	比例（%）	生产量（吨）	比例（%）	生产量（吨）	比例（%）
1879	1669.4						
1880	1998.6						
1881	1729.1						
1882	1856.4						
1883	1711.7						
1884	2137.6						
1885	1904.9						
1886	2695.9						
1887	3019.4						
1888	2793.5						
1889	3625.0	1338.4	36.92	1968.2	54.29	318.4	8.78
1890	3457.8	1381.8	39.96	1873.4	54.18	202.6	5.86
1891	4413.1	1690.4	38.30	2496.1	56.56	226.6	5.13
1892	4492.6	1940.6	43.20	2262.1	50.35	289.9	6.45
1893	4913.0	2205.8	44.90	2420.0	49.26	287.2	5.85
1894	5217.6	2753.9	52.78	2109.1	40.42	354.7	6.80
1895	6409.7	3388.8	52.87	2623.6	40.93	397.3	6.20
1896	5801.5	3045.4	52.49	2364.8	40.76	391.3	6.74
1897	6155.4	3131.7	50.88	2634.2	42.79	389.5	6.33
1898	5897.9	2954.6	50.10	2594.4	43.99	348.9	5.92
1899	7373.0	3502.8	47.51	3075.6	41.71	794.6	10.78
1900	7102.3	3716.3	52.33	2867.8	40.38	518.2	7.30
1901	7068.5	3890.3	55.04	2673.8	37.83	504.4	7.14
1902	7253.4	4002.1	55.18	2721.4	37.52	529.9	7.31
1903	7492.0	4361.6	58.22	2554.9	34.10	575.6	7.68
1904	7487.7	4486.3	59.92	2491.4	33.27	510.0	6.81
1905	7309.2	4526.6	61.93	2369.9	32.42	412.6	5.65
1906	8213.8	5282.3	64.31	2456.3	29.90	475.2	5.79
1907	9198.7	6137.0	66.72	2598.3	28.25	463.3	5.04
1908	10168.0	6666.3	65.56	2869.0	28.22	632.8	6.22
1909	10883.5	7595.5	69.79	2681.9	24.64	606.0	5.57
1910	11904.3	8384.1	70.43	2845.6	23.90	674.6	5.67

（续表）

年份	生丝总产量（吨）	厂丝		土丝		同宫丝	
		生产量（吨）	比例（%）	生产量（吨）	比例（%）	生产量（吨）	比例（%）
1911	12804.9	8993.7	70.24	3090.8	24.14	720.4	5.63
1912	13668.6	10101.5	73.90	2744.8	20.08	822.2	6.02
1913	14028.8	10692.9	76.22	2386.9	17.01	949.1	6.77
1914	14084.6	10844.8	77.00	2316.9	16.45	922.9	6.55
1915	15171.9	11933.5	78.66	2154.9	14.20	1083.5	7.14
1916	16949.5	13271.0	78.30	2386.7	14.08	1291.8	7.62
1917	19940.9	16047.4	80.47	2273.5	11.40	1620.1	8.12
1918	21733.3	17768.6	81.76	2213.6	10.19	1751.1	8.06
1919	23849.1	19381.8	81.27	2113.0	8.86	2354.3	9.87
1920	21877.0	18260.3	83.47	1953.9	8.93	1662.7	7.60
1921	23395.5	19567.7	83.64	1836.4	7.85	1991.5	8.51
1922	24260.9	20921.6	86.24	1543.0	6.36	1796.4	7.40
1923	25335.2	21872.5	86.33	1534.1	6.06	1928.6	7.61
1924	28414.4	24710.2	86.96	1651.4	5.81	2052.8	7.22
1925	31066.2	27117.6	87.29	1729.4	5.57	2219.2	7.14
1926	34129.9	30300.2	88.78	1469.7	4.31	2360.0	6.91
1927	37051.1	33004.5	89.08	1719.4	4.64	2327.3	6.28
1928	39690.9	35444.6	89.30	1790.8	4.51	2455.6	6.19
1929	42346.5	37694.8	89.02	1553.7	3.67	3098.0	7.32
1930	42618.8	38171.8	89.57	1727.8	4.05	2719.3	6.38
1931	43810.6	39466.7	90.08	1542.0	3.52	2801.9	6.40
1932	41590.2	37762.3	90.80	1264.6	3.04	2563.3	6.16
1933	42160.6	38609.8	91.58	1163.0	2.76	2387.8	5.66
1934	45243.4	41926.3	92.67	1332.7	2.95	1984.4	4.39
1935	43732.7	40955.4	93.65	1118.0	2.56	1659.3	3.79
1936	42327.5	39460.9	93.23	1174.3	2.77	1692.3	4.00
1937	41874.5	38746.7	92.53	1393.9	3.33	1733.9	4.14
1938	43152.1	40241.2	93.25	1519.0	3.52	1391.9	3.23
1939	41617.4	38636.2	92.84	1454.9	3.50	1526.3	3.67
1940	42768.2	39265.4	91.81	1705.1	3.99	1797.7	4.20
1941	39294.5	33892.6	86.25	3141.5	7.99	2260.4	5.75
1942	27176.5	23781.9	87.51	1802.9	6.63	1591.6	5.86
1943	21354.2	19623.0	91.89	925.6	4.33	805.6	3.77

（续表）

年份	生丝总产量（吨）	厂丝		土丝		同宫丝	
		生产量（吨）	比例（%）	生产量（吨）	比例（%）	生产量（吨）	比例（%）
1944	9241.6	8871.9	96.00	92.4	1.00	277.3	3.00
1945	5224.5	5020.1	96.09	64.8	1.24	139.6	2.67
1946	5651.5	5348.9	94.65	95.9	1.70	190.5	3.37
1947	7168.4	6692.8	93.13	279.5	3.89	214.1	2.98
1948	8658.9	8098.6	93.53	312.7	3.61	247.6	2.86
1949	10522.5	9852.8	93.64	416.2	3.95	253.6	2.41
1950	10619.6	9049.1	85.21	957.7	9.02	612.8	5.77

资料来源：引自日本农林省蚕丝局，《蚕丝业要览》，1953年版，第88页。

跋

栽桑养蚕、缫丝织绸是我们祖先的伟大发明。蚕桑丝绸业起源于中国，是具有5500多年悠久历史的"功勋产业"，丝绸是我国历史悠久、影响深远的具有传统特色的"高科技"商品，以丝绸贸易为主体而闻名中外的"丝绸之路"在中外文明交流与经贸互通中发挥了十分重要的作用。近代的中国和日本、法国、意大利、英国、美国等竞相发展蚕桑丝绸业，生丝成为世界市场最为重要的贸易商品之一，在近代国际贸易史上占有十分重要的地位。研究近代中国蚕丝业与生丝贸易，研究近代世界生丝市场的国际竞争，可为丝绸贸易史填补重要的一环，其历史经验与教训在我国培育新时代特色优势战略性产业，加快开放型经济高质量发展，高质量建设"一带一路"，促进人类命运共同体建设的当下，也具有重要的时代价值。

拙著《近代中国的生丝贸易与世界市场》，是以1995年3月在日本京都工艺纤维大学完成的博士学位论文《中国の生丝贸易と世界生丝市场の需给构造に关する经济分析（1842—1949）》，1993年以来在国内外发表的相关学术论文基础上，在国家社科基金（02BJL041）及国家现代农业（蚕桑）产业技术体系（CARS—Sericulture）产业经济岗位科学家项目资助下，经过系统整合与深化研究所取得的成果，全书由十四章和16个附表构成。在资料收集与研究过程中，得到京都工艺纤维大学教授滨崎实、宇山满、松本继男、松原藤好、林屋庆三、和久义夫、衣川强，京都大学教授荒木干雄、赖平，东京大学教授岸本美绪、石见彻，一桥大学教授清川雪彦，广岛大学教授曾田三郎，东京农工大学教授向山文雄、黄色俊一、小野直达，宇都宫大学教授平野绥，爱知学院大学教授铃木智夫，鹿儿岛经济大学教授田尻利，京都学院大学教授大野彰，大阪大学讲师夏晨啸和华中蚕丝研究会池田宪司；浙江大学教授陈子元院士、游修龄、徐俊良、冯家新、楼程富、周生春、李建琴，浙江理工大学教授张正荣，浙江省农科院研究员蒋猷龙，中国农科院蚕桑研究所研究员周匡明，中国丝绸博物馆研究员赵丰，中国丝绸协会秘书长王庄穆等先生的帮助与指导。日本京都工艺纤维大学图书馆、京都大学图书馆及经济、人文、农学、东洋史分馆，东京大学图书馆及经济、人文、东洋史分馆，大分大学经济研究所图书馆，日本国会图书馆，哈佛大学东亚研究中心图书馆，浙江大学图书馆，上海社科院图书馆，中国第二历史档案馆，中国国家图书馆，中国丝绸博物馆资料室等提供了资料借阅便利。在此，谨表示衷心感谢！

感谢浙江大学亚洲文明研究院执行院长黄华新教授，他从亚洲文明研究多元化视角，认为拙著以生丝为载体比较研究了中日两国蚕桑丝绸产业文明的交流与竞争，以生丝贸易为载体揭示了近代中日二国的生丝在美国、法国、意大利、英国市场的相互竞争关系，是中外贸易文明的重要成果，黄院长的推荐与支持使拙著得以入选《亚洲文明研究丛书》。

感谢中国工程院院士、中国蚕学会第六、七届理事长、西南农业大学原校长向仲怀教授，中国工程院院士、浙江理工大学校长、国际丝绸联盟副主席陈文兴教授，对蚕桑丝绸产业经济与丝绸贸易研究的支持与指导，他们百忙中为拙著作序，使本书得以增色添辉。

感谢浙江大学出版社的宋旭华与周挺启先生为拙著出版而付出的辛勤劳动。尤其是周挺启先生专业而认真的编校，使拙著在古文献引用及数据的前后一致性方面减少了错漏。

囿于时间、能力和水平所限，书中难免存在表述不够准确的地方或错误之处，敬祈专家、朋友们不吝赐教。

顾国达

2022 年 9 月 20 日于浙大紫金港